宮古島狩俣の神歌

その継承と創成

内田順子著

思文閣出版

口絵１　マンザ〔円陣〕の中心でフサをよまれるアブンマ。背後をウプツカサが支える。

口絵２　大城元の庭でフサをよみあげるウヤーンたち〔1997年１月〕

口絵３　蔓草の帯

口絵４　神酒を注ぐ時に用いるバタス〔中央〕とサラ

口絵５　大城元《うぷぐふむとう》

口絵６　宮古島・狩俣の位置図

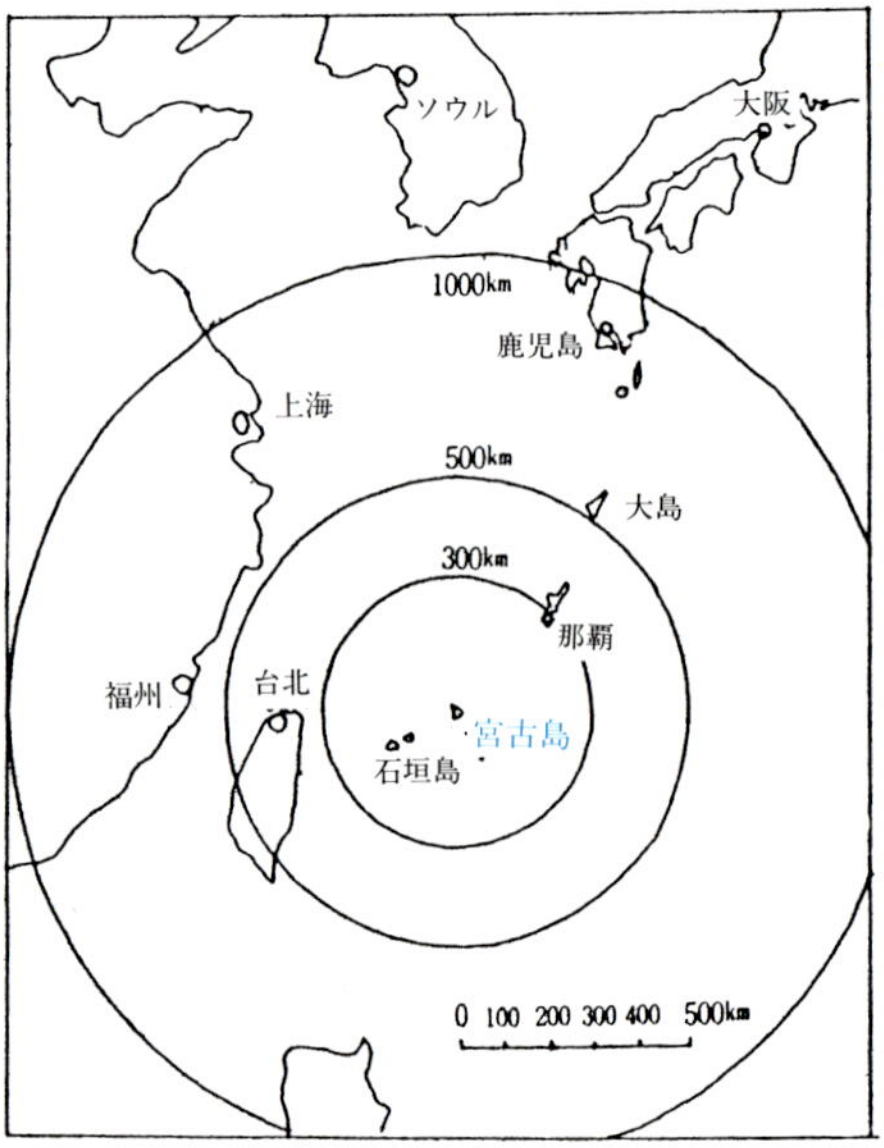

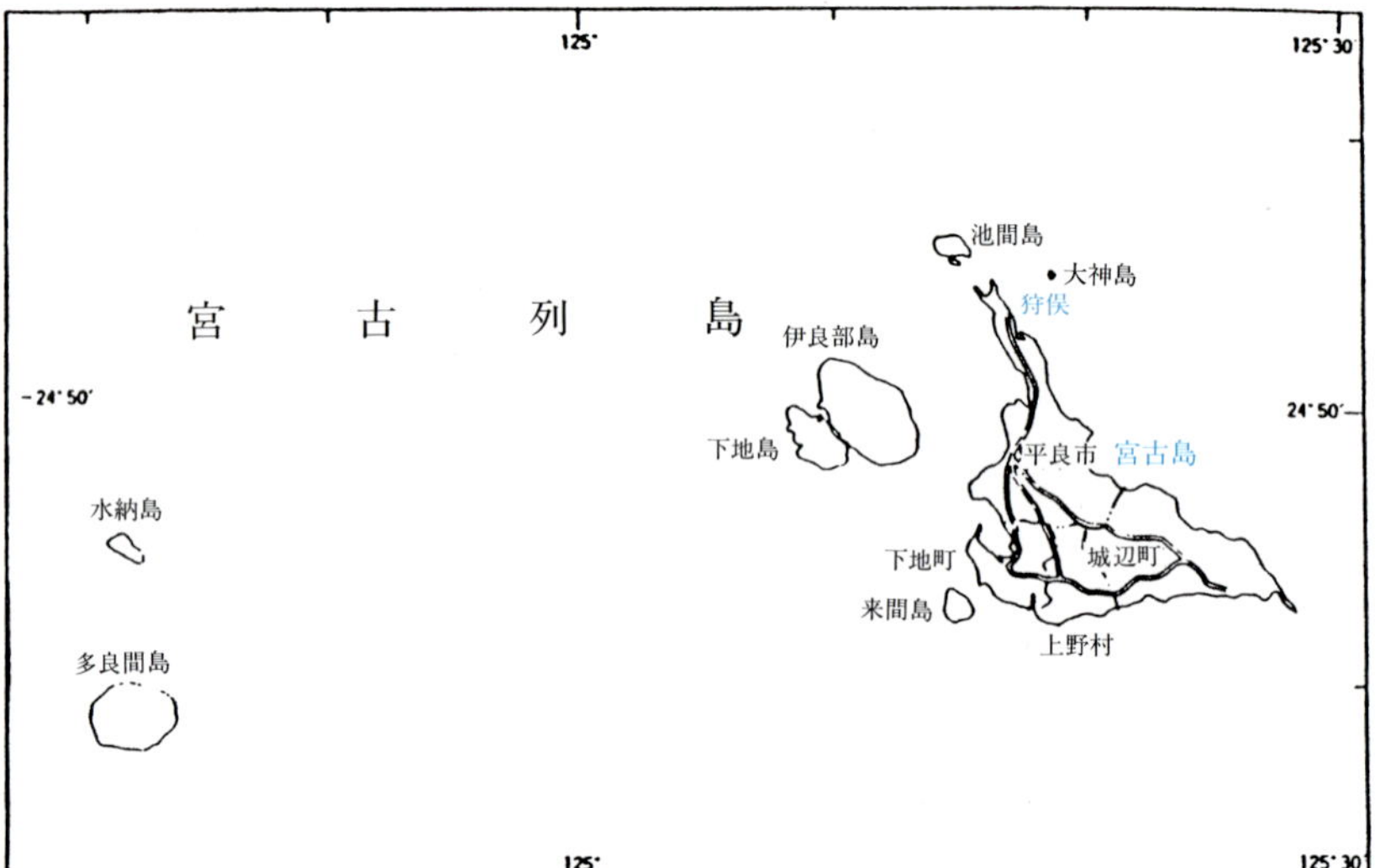

〔平良市史編さん委員会　1987：２～３〕

はじめに

本書は、一九九六年度に提出した学位論文「神歌の伝承と変成――沖縄県宮古島狩俣集落の事例から――」［総合研究大学院大学、以下これを「旧稿」と記す］を基礎とし、現在の私の論点から全体を構成しなおしたものである。

本書における考察の目的は、次の二点に要約できる。

第一点。長い時間をかけて歌い継がれてきた神歌――人が神に対して、あるいは神として歌う歌――は、狩俣という集落では変えてはならないものとされている。しかし、出来事としては、毎回が新しい演唱例なのであり、演唱の一回ごとに異なるものである。神歌は、演唱のつど、どのように変容するのか、それを明らかにすること。

第二点。「変容」を知るためには、「変わらないもの」を知る必要がある。そのために、神歌が成り立つための条件は何かを明らかにすること。

狩俣の神歌についての先行研究は、実際の祭儀の場で歌われた歌を対象とするのでなく、場と切り離されて記録された詞章のみを取り扱うものばかりであった。そこにおいては神歌の「不変性／普遍性」という特質が強調されていた。歌われている歌を考察の対象としたいと思っていた私は、そうした先行研究に、少なからず違和感を持っていた。「旧稿」の頃には「変容」を書くことに夢中だった。

しかし、演唱のつど、どのように変容しているのかという具体例は示せても、なにが「変容」を促しているのかということを論じようとすると、たちまちうまくいかなくなった。対象が神歌だけに、そうした違いを生むものを描こうとして、想定としてのシャーマンにその責を負わせてしまったようなところもある。

したがって、本書は、「旧稿」を基礎としつつ、それに対するものとして、先に掲げた研究の目的の第二点についての考察を、よりおしすすめる方向で書かれる。「旧稿」後に執筆した以下の二論考が、その転換のきっかけとなった。

①「沖縄県宮古島狩俣の神歌『フサ』のはたらき」〔『古代文学』三八号、一九九九年三月、古代文学会〕

②「神歌と憑依――宮古島狩俣の神歌を対象に――」〔『日本文学』一九九九年五月号、日本文学協会〕

①は本書第六章八節および九節に、②は終章に、それぞれ改稿して収録した。

もうひとつ述べておく必要があるのは、「旧稿」と本書との間には、約三年の隔たりがあるということ。この間にも、狩俣でのフィールドワークは続けられたが、狩俣はずいぶん、さまがわりした。

「旧稿」のころ現役の神役であった人が神役を引退されたことは、大きな変化である。とりわけ、一九九七年旧の二月に、神役組織の長であるアブンマという神役をつとめていた人が引退されてから、祭儀のほとんどは、これまでと同じようには行われなくなってしまった。役を継ぐ後継者が出ないからである。アブンマはたくさんの神歌を歌うが、この役を継ぐ人が出なければ、それらが歌われることはない。「旧稿」のとき歌われていた神歌を、今は聞くことができない。本書はだから、一回ごとの演唱に耳を傾けることができないという状況の中で書かれている。「旧稿」に比べて、本書が「変わらないもの」により多く注意を払っているのは、そうしたことも少しは関わっているかもしれない。

本書は、狩俣の神歌についての資料集ではない。狩俣の神歌の一覧表を見たいという人にはなんの役にも立たない書である。本書はただ、歌われている歌を対象に、そこから「神歌のかたち」――神歌が神歌として成り立つための条件――を取り出すことを試みるものである。神歌を歌う人が、最低限なにを知っていなければならないかということを考えてみた書である。

神歌の担い手たちは、「神歌のかたち」について語ることばを持っている。そして、それを用いて、神歌を歌っている。フィールドワークのある段階でそうしたことに気がついてから、私の神歌の聞き方は変わった。比喩的ないいかたになるが、ベタ塗りだったところが部分にわかれ、それが組み立てられつつ神歌が立ちあがってゆくように、立体的に聞こえるようになった。

本書では、神歌の担い手たちの「ことば」によって、神歌を部分に区切ってゆく作業が各所でなされている。それによって、歌い手が最低限知っていなければならないことがどのようなことなのかを示している。神歌の歌い手の方々から私が学んだことを、音楽とことばとの関係の一側面を明らかにするために、「神歌のかたち」という観点からまとめてみたのが本書である。

［付記］本書の研究の一部は、「松下国際財団　一九九五年度（後期）」および「文部省科学研究費補助金（特別研究員奨励費）平成九～十年度」の研究助成を受けて行われた。
また、本書の出版に際し、「日本学術振興会科学研究費補助金・研究成果公開促進費（一般学術図書）平成十一年度」の助成を受けた。

目次

凡例

①基本参考文献である『南島歌謡大成Ⅲ宮古篇』は『大成』、『日本民謡大観（沖縄・奄美）宮古諸島篇』は『大観』と略記する。

②「　」は呼称・引用・強調。［　］は参考文献・内田による補足説明。〈　〉は曲名を示す。なおインタビューの記述では、インフォーマントの語りは〈　〉にアルファベットか神役名の最初の文字をカタカナで、内田の語りは〈内〉と示した。

③曲名は、原則として『大成』『大観』にしたがう。

④宮古・狩俣に特有の語彙は、原則としてカタカナで表記した。ただし、当て漢字表記が定着しているものについては、漢字表記を採用した［例・ウプグフムトゥ→大城元］。

⑤宮古のことばを特徴づける中舌母音は、仮名を用いて次のように表記した。［　］内は国際音声子母。しかし筆者の聞き取り能力故に、厳密なものではない。

［ï］いぃ、［kï〜k^{s}ï］きぃ、［gï〜g^{z}ï］ぎぃ、［sï］しぃ、［dzï〜zï］じぃ、［tsï］ちぃ、［bï〜b^{z}ï］びぃ、
［pï〜p^{s}ï］ぴぃ、［mï］みぃ、［rï］りぃ

⑥宮古のことばには、子音一個で拍を形成することができるm［両唇を閉じ、呼気を鼻腔へ通して調音される有声の通鼻音］があり、これはnと区別されるもので、『大観』ではこれをそれぞれ「む゚」「ん」と表記している。しかし、神歌は、歌い手の近くで聞くことができないほか、録音できたとしても、マイクが音源から遠いなど、音の状態はきわめて悪いものである。筆者が宮古のことばに不慣れなこともあり、本書においてはnとmとを区別しなかった。

⑦歌詞の聞きとりが困難な箇所は?で示した。

⑧インフォーマントの内田に対する語りは、基本的には標準語でなされるが、複数のインフォーマントが同席する場所では、狩俣ことばによる語りが増加する。本書では、読みやすいよう、文体を標準語に改めた。

⑨本文中ではインフォーマントの実名は記さず、アルファベットか神役名で示した。それぞれの生年については、「語り手の生年」を参照。

宮古島狩俣の神歌——その継承と創成

序章

一 集落の概要

宮古島は、沖縄本島の那覇から南西におよそ三二六キロメートルのところに位置している。狩俣集落は、その宮古島の北端にある。平良《ひらら》市の市街地からは、一三・五キロメートルほど離れている［口絵6参照］。

一九九八年末現在、狩俣の人口は七九八人、世帯数は二八三戸。主な生業として、さとうきび、葉たばこを中心とする農業［農家戸数一一四、うち専業二四］と、もずく養殖、珊瑚礁海域での漁業とを営んでいる［平良市一九九九］。

平良から狩俣へ直通する県道は、狩俣ではウフンツ［大道］と呼ばれている。ウフンツをはさんで、現在は北と南とに集落が広がっている。かつて南側は畑地であった。大正初期にはじまる狩俣集落内からの移住によって、南側にも居住地帯が広がった。

それまでの居住地帯は、ウフンツの北側に限られ、東・南・西側が石垣で囲まれていた。北側には海抜五〇メ

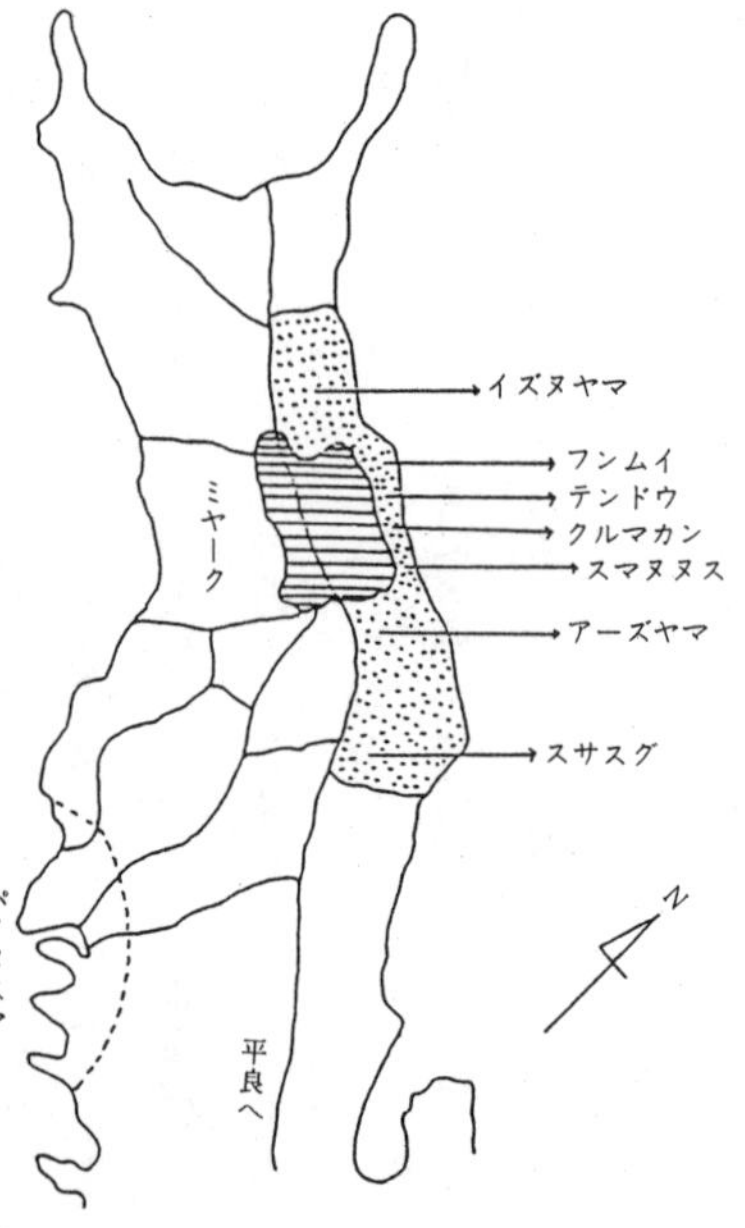

図1［平良市史編さん委員会　1987：279］

ートルほどの小高い丘陵が連なっている。石垣と丘陵で仕切られたこの生活空間を、ミャーク［図1］という。ことばの語義は明らかでないが、「中央」とか「この世」「現世」などの意味を含むものではないかという説がある［本永　一九七七：二五三］。

集落を囲む石垣には、東、中央、西の三ケ所に門［トーリャ］が設けられていた。ここが狩俣集落の出入り口であった。現在、中央の門は存在しない。東の門は、戦後、馬車の往来に支障をきたすということで取り壊されたが、その後コンクリートで造り直されている。西の門は、石積みの上に一枚岩をのせたもので、旧来のままであるという［沖縄県教育委員会　一九九一：二二二］。

居住地帯の北側の丘陵は、ヤマとよばれる。十数ケ所の拝所が存在する［図2］。拝所にはそれぞれ、異なる神々がまつられている。これらの拝所に、普通の人間が無断で立ち入ることは許されない。狩俣の女性神役たちが、これらの拝所での神まつりを司っており、彼女たちの案内なしに入ることは許されない。

居住地帯の南、および東西には、畑が広がっている。さらにその南、海に面したところにパイヌスマと呼ばれる墓地地帯がある［図1］。ここには、狩俣の昔からの墓が密集している。パイヌスマとは直訳すれば「南の島」で、居住地の南に位置していることに由来する名称と考えられる。かつては、ほとんどの墓は、海に面した岩壁

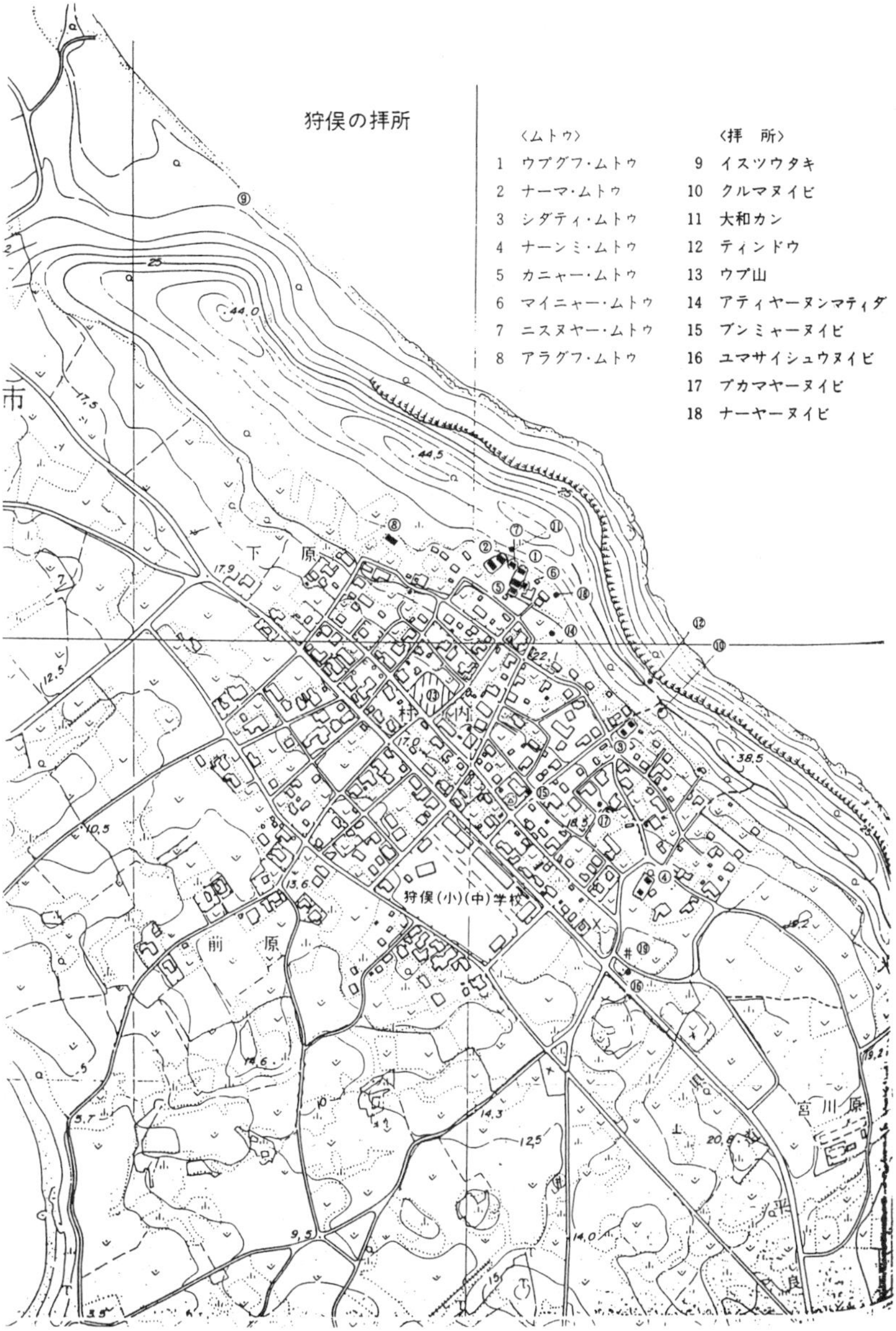

図2［平良市史編さん委員会　1987：277］

の中腹に掘り抜かれて造られていて、人が葬られた後は、ほとんど顧みられることはなかった。狩俣の人々は、この一帯を穢れた場所として忌み嫌い、よりつくこともなかったという［本永　一九七七：二五五］。

以上のように、狩俣集落は、北側に神々がまつられる聖なるヤマ、南側には穢れたパイヌスマ、その中間に、人間の生活空間のミャークがある、という、大きく三つの空間によって構成されている。

二　記録に残る集落

狩俣という集落の神歌を調べようとするとき、私たちの前には、狩俣の神歌に関わるいくつかの資料がすでに存在している。資料集成としての神歌のテクスト、神歌や祭儀を調査・分析・検討した論著、録音資料、写真やビデオなどの映像資料、ノートやメモなどである。それらの大半は研究者の手になるものだが、それればかりでなく、神役や郷土史家などの集落の人たちや、マスコミの手になるものもある。これらをあわせて、先行研究とよぶ。

狩俣は、こうした先行研究の蓄積が、宮古諸島の中でも特に多い集落である。

たとえば、狩俣で行われているウヤーンと呼ばれる祖先神の祭儀とよく似たタイプの祭儀は、狩俣のすぐ隣の島尻集落や、島尻から船で一五分ほどで渡ることのできる大神島においても行われているが、それについての報告はほとんど世に出ていない。狩俣のウヤーン祭儀では、フサと呼ばれる神歌が歌われており、その詞章や旋律の一部は、研究者の手によって公にされている。島尻や大神の場合、フサの詞章の断片でさえ、公にはされていない。公にすることを、集落の人々、神役たちが許していないからである。神様のことは、公にすることができないのである。

狩俣の祭儀や、そこで歌われる神歌が資料化されているからといって、狩俣の人たちの神に対する思いというものが、他集落より軽いということではまったくない。祭儀に携わっている人たちは、「狩俣の神は高い」という誇りを持っている。そうした人たちにとって、禁忌というものは、それを犯せば必ず災厄をもたらすものとして、厳しく守られている。それにも関わらず、狩俣は、「記録に残る集落」であるという特徴を、なぜか有している。

それは、現代においてだけではない。例えば、古くは一八世紀初頭、首里王府が編纂した『琉球国由来記』巻二〇には、「嶽々由来」として、宮古島の主要な聖地の由来が記述されているが［横山　一九四〇：五七五〜五八九］、狩俣の聖地としては、「大城御嶽」「中間御嶽」「新城御嶽」の三ケ所が記されている。そこが聖地としてまつられるようになった由来についての記述も具体的で、「大城御嶽」一一行・「中間御嶽」二八行・「新城御嶽」八行の記述がなされている。

一方、島尻集落は「野猿間御嶽」四行・「島尻御嶽」三行の計二ケ所、大神は「大御神御嶽」五行で、そこが聖地としてまつられるようになった由来については、具体的な記述はなされていない。

また、同書同巻は、「神遊ノ由来」として、狩俣ではじめられた「フセライノ祭礼」の由来を記載している。この記述は、現在のウヤーン祭儀に連なるものを記したものとして位置づけられているが［上原　一九九〇：四六］、注目したいのは、狩俣が発祥の地とされている祭儀が、次第に宮古中に広まり、それが「ヨナフシ神遊」というものとして各地で行われ、やがて「御法度」になったという記述である。狩俣を、宮古各地で行われている祭儀の発祥の地として、すなわち、神まつりの始源の地として語る言論が、すでに一八世紀から存するということを示している。(1)近世の史料を紐解くと、狩俣は、宮古の神々を語る上で重要な地として見いだされることになる。

『琉球国由来記』の元となった史料とされる『御嶽由来記』を参照しつつ、稲村賢敷は、宮古島開闢の神話と同種のものが狩俣の「大城御嶽」に存することを見いだす。それと関連づけながら、彼は、狩俣の男性たちが伝承している「狩俣祖神のにーり」という神歌を『宮古島庶民史』［一九五七年、私家版。一九七二年、三一書房］および『宮古島旧記並史歌集解』［一九六二年、琉球文教図書］において初めて紹介した[2]。これは、現在の狩俣ではニーラアーグと称されている神歌であり、狩俣の歴史を語る長大な叙事歌となっている［写真1］。これによって狩俣は、神歌研究の地として研究者の注目を集めることとなる。

稲村の仕事に触発された外間守善は、一九六四年から狩俣調査に入り、男性の歌うニーラアーグの研究を行った。そして狩俣には、ニーラアーグよりもさらに長大で、膨大で、多彩な神歌が存在していることが明らかにされていった。その担い手は、女性の神役たちであった。この後の展開については、次節に譲ろう。

写真1　大城元の庭でニーラアーグを歌う男性たち。左すみの建物が、男性の祭場のパイヌヤー　［1995年7月］

以上のように、狩俣は、記録されるという特徴を持った集落である。ひとつの記録が次の記録を生むという過程の中で、狩俣は、宮古研究の中心的存在のひとつとなっていった。一九七〇年代以降は、テレビ局などもその輪の中に参入するようになった。そうして狩俣は、「神高い集落」として、宮古においてのみならず、宮古の外においても、マスコミ・研究者・芸術家・宗教家などのさまざまな人たちの関心を集めてきた。私が狩俣を神歌研究の地として見いだした背景には、これらの言論があるということを確認しておきたい。

先行研究の言論は、なにを明らかにし、また、なにを明らかにできなかったのだろうか。以下、いくつかの先行研究をとりあげ、それらの意義を明確にした上で、「歌われる歌」を分析の対象とする本研究からみて、先行研究にはなにが不足しているのかを考えよう。そして、本研究が取るべき視点を設定しよう。

三　研　究　史

歌詞資料集

(1)外間・新里テクスト

狩俣において、数多くの多彩な神歌が歌い継がれていることが、活字を媒体として広く知られるようになったのは、外間守善・新里幸昭の調査・研究以来のことである。外間は、一九六四年から狩俣集落の神歌の調査に着手し、その成果を、『宮古諸島学術調査研究報告（言語文学編）』［一九六八年、琉球大学沖縄文化研究所］『宮古島の神歌』［一九七二年、三一書房］『南島歌謡大成Ⅲ宮古篇』［一九七八年、角川書店］として、段階的にまとめていった。その後の狩俣の神歌研究のほとんどは、このテクストをよりどころとしてなされてきた。狩俣の神歌研究の必須参考文献である。それゆえ、このテクスト自体がもっているある性格が、後続する研究に与えた影響も大きかった。その意味で重要な書であり、この書について、若干詳しく述べておきたい。

神歌は、神役が祭儀の中で、神に向かって、あるいは神自身となって、歌うものである。祭儀以外の場でそれを歌うことは、狩俣ではタブーとされている。

一九六〇年代の外間たちは、「学問研究」のためと神役たちを説得し、数日間に渡って、神歌を網羅的に歌ってもらった。祭儀の場ではなく、数名の神役たちにひとところに集まってもらい、すべてを歌ってくれるよう要請した。のちに外間は、それをふりかえって、次のように述べている。

記録を始めてちょうど七日めになると、神女たちが謡う途中でもうだめだと言い出し、神の祟りを恐れる不安げな眼つきを私に注ぐのだった。学問研究に協力するのだという得心で、いちばん積極的だった最高神女のアブンマですら、これ以上はもうだめだという心細げな顔をみせるのである。まだまだあるらしいいくつかの神歌に心を残しながら、ひとまず退くべきであろう、と私は判断した。［中略］いかにもほっとしたような顔つきの神女たちをみると、ひどく悪いことをこの人たちに強いたのではないかという罪の呵責に、やりきれない思いをした［日本放送協会　一九九〇：五六九］。

外間は調査を中断し、共同研究者の新里幸昭を狩俣に残して八重山へ赴いた。が、「ゼンブウタウトノコトスグカエレ」という、狩俣区長と新里の連名の電報に接し、狩俣の神歌調査は再開された。そして、ニーリ、フサ、タービ、ピャーシ、ニガリ、アーグと呼ばれる神歌が、それぞれに機能を分担しあいながら存在していることが、前掲の各書によって明らかにされていったのである。

この一連の仕事を、外間は次のように述べている。「歌詞の記述と解釈、それに言語研究の資料にするための音声記述と録音をすることだけでせいいっぱいの作業だった」［日本放送協会　一九九〇：五七〇］。

実際、外間・新里のテクストは、歌い手の発音を、可能な限り正確に表記しようというところに最大の努力をはらっている。このテクストが掲載する「歌詞の記述」の第一次的な性格は、「言語研究の資料にするための音声記述」であるということを、私たちは心得ておく必要がある。

なぜなら、このテクストは、外間たちの行う「言語研究」の利用にはたえうるかもしれないが、神歌を、歌われているその脈絡においてとらえようとすることへは、道を開いていないからである。たとえば、外間・新里テクストにおさめられた神歌のひとつひとつには、それが、どのような祭儀の、どのような場面で、誰によって、何のために歌われるものなのかについての情報が十分には記されていない。神歌のひとつひとつを、祭儀の脈絡の中に位置づけ、その表現がもっている意味、場に与えた効果を考えてみることが難しいのである。

このテクストのこうした性格は、後続する研究を、神歌の意味について考察することから遠ざけた。あるいは、祭儀の脈絡と関係ないところで神歌の意味が論じられる状況を生んでしまった。したがって、本テクストを利用した神歌論で特筆すべき論点を提供するにいたったのは、意味についての考察ではなく、歌のかたちについての考察である。それについては後述することとし、次に、外間・新里テクストとともに欠くことのできないもうひとつの歌詞資料集について述べよう。

(2)本永テクスト

琉球大学民俗研究クラブが行った狩俣の調査報告書『沖縄民俗』[第一二号、一九六六年一月]に、本永清は名前を連ねている。彼の主要な仕事は、狩俣の神話および世界観についての研究であるが、そのほかに彼は、狩俣の神歌の資料集をつくり、平良市史編さん委員会編『平良市史』第七巻・資料編五[一九八七年、平良市教育委員会]におさめている。これを本永テクストとよぶ。

本永テクストも、外間・新里テクスト同様、宮古のことばの発音をできるかぎり正確に表記することに腐心している反面、ひとつひとつの神歌が歌われた状況については、ほとんど情報を載せていない。この点については、外間・新里テクスト以上に曖昧である。したがって、個々の神歌がどのような状況で歌われるものかということを、本永テクストで補うことも困難である。ここで両テクストを比較し、なぜ私たちが、神歌のひとつひとつを、それが歌われた状況の中で聞こうとする必要があるのか、具体的に述べておこう。

(3)両テクストの比較——一　歌詞

外間・新里テクスト、本永テクストは、ひとつひとつの神歌が歌われた状況については極めて寡黙である。けれど、両テクストを手にすることができる私たちは、狩俣に行かずして、狩俣の神歌のカタログを閲覧することができるし、また、このふたつを比較してみることができる。

外間・新里テクストと本永テクストとを比較すると、同じ神歌であっても、部分的に歌詞が異なっているものがあることに気がつく。同じ歌なのに、なぜ異なる部分があるのだろう。一例をあげよう。フサというジャンルの神歌〈真津真良のフサ〉［本永テクストは「マーづミガ」という曲名で収録］の例である。

外間・新里テクスト	本永テクスト
1かんま　まきとぅりる	1カむマ　マキ　トゥリルヨ　イー
ぬっさ　ぷゆたりる	カむマ　すマ　トゥリルヨ
2にシまーら　うりんな	2ニすマカラ　ウリンナ
しらジから　うりんな	ウリずカラ　ウリンナ
3ばーんがふさ　うぷがん	3バンガ　フサ　ウプカむ

かんぬふさ　ぷさシ
4うシなうし　うりてぃ
ぬイなぬーり　うりてぃや
5コノジに　うりてぃ
コノにゃーコん　うりてぃ
6うりしゅりてぃからや
んみゃ　チみてぃがらや
7まやぬまチみがやよー
むむふさぬぬシがよー
8んまぬかん　みゅーぷぎ
やぐみかん　みゅーぷぎ
9ゆらさまイ　みゅーぷぎ
ぷがさまイ　みゅーぷぎ

カンヌ　フサ　ウプカむ
4**ムム　フサウ　プサンスゥ**
ヤスゥ　フサウ　プサンス
5ウすナ　ウシ　ウリティ
ヌーいナ　ヌーリ　ウリティ
6クヌ　ズウニン　ウリティ
クヌ　ミヤークン　ウリティ
7ウリシュリティガラヨ
むミヤつミヤキガラヨ
8マヤヌ　マつミガヤヨ
ムム　サーヌ　ヌすアヨ
9むマヌカむ　ミュープギヨ
ヤグミ　カむ　ミュープギヨ
10ユラサマい　ミュープギヨ
プガサマい　ミュープギヨ
11**バガ　ニフつ　ウクイユ**
カむム　ダマ　マクイユ
12**ウトゥム　ユむ　トゥユマ**

10むむふさ　なゆら
やソふさ　なゆら
11むむなゆイ　なゆらい
やソふさお　なゆらい
12**むむなゆい　なゆらい**
やソなゆい　なゆらい
13ふさう　ふまし　かいらい
なゆ　ピかし　かいらい
［後略］

ウツキ　ユム　ミヤーガラ
13ムム　フサウ　ナユライ
ヤスゥ　フサウ　ナユライ
14ムム　ナユい　ナユライ
ヤスゥ　ナユい　ナユライ
15フサ　フマシ　カイライ
ナユ　ぴカシ　カイライ
［後略］

外間・新里テクストが載せているものは、「調査覚書」によれば、一九六八年七月から八月の狩俣における調査の折、平良マツ・前里カマドメガ・上原カメの三氏によって歌われた神歌のひとつである［外間・新里　一九七八：五二四〜五二五］。この神歌は、旧暦十月から十二月にかけて行われるウヤーンという祭儀において歌われるものである。七月・八月の調査であれば、このテクストは、前掲の外間の文章にあったとおり、祭儀ではない場で特別に歌ってもらった神歌を書きおこしたものであることがわかる。

一方、本永のテクストは、この歌の歌い手については記載がなく、「出身地」に「字狩俣」、「採取者」に「本永清」とだけある［平良市史編さん委員会　一九八七：五三二］。祭儀で歌われたものなのか、そうでないのかも、ここからはわからない。

ところで、この神歌のふたつのテクストには、少し異なるところがある。発音の表記法による違いは問わないとして、ここでは、ゴシック体で示したところを見てもらいたい。その部分が、もう一方のテクストに欠けているのである。

同じ歌であるのに、なぜこのような違いがあるのだろう。変えてはならないはずの神歌である。どちらが正しいのだろう。出来事としての歌、という見方に立てば、いずれもそれが歌われた状況においては正しい神歌だったといえよう。ではその場合、いかなる場の状況が、それぞれの神歌に、その表現を選ばせたのか。

これらの歌が、誰によって、何のために、どのようにして歌われたのか、などの歌の状況がわからなければ、こうしたことは考察の射程に入ってこない。違う、ということは指摘できても、その表現が選び取られた状況、場に与えた効果を知ることへは、道が閉ざされているのだ。私たちは、その表現のつかいかたを、知ることができない。だからこそ、歌を、状況において聞きたいのである。

(4)両テクストの比較――二 対訳

外間・新里テクスト、および本永テクストには、歌詞とともに現代日本標準語の対訳が付されている。両テクストとも、どこからどこまでが誰による訳であるのか、そこに歌い手による訳が含まれているのか、については書かれていない。さらに、両テクストは、同じ詞章に異なる対訳を付けている。例として、タービというジャンルの神歌の定型詞章の一節、「うトもゆん　とよま／うチきゆん　みやがら」［本永テクストでは「ウトゥム　ユントゥユマ／ウつキ　ユン　ミャーガラ」と表記されている部分］という詞章を例にあげる。

外間・新里テクストはこの詞章を「(神の)お供〈神女〉も鳴響《とよ》もう／(神の)お付き〈神女〉も名を揚げよ

う」［外間・新里　一九七八：一七］と訳している。テクストの凡例を見よう［傍線は引用者、以下同］。

［前略］

一　訳文は、できるだけ逐語訳とし、原文の語に見合う漢字を充当したが、なおそれでもわかりにくいと思われるものには、〈　〉で注記した。

［中略］

一　主語・述語などが省略されていて、意味の通りにくいものには、（　）内に必要な意味を補った。

［後略］

この凡例にしたがって、訳文を見なおしてみよう。「うトも」に見合う漢字「供」があてられ、それでもわかりにくかろうと〈神女〉が注記され、「うトも」の前には「神の」という語が省略されているとして、それを（　）に補ったのが、「うトも」の対訳「（神の）お供〈神女〉」であることがわかる。

では本永テクストはどうか。こちらは同じ詞章をこう訳している。「他のタービにつけ加えてもらって　うたいあげて　豊かになろう！／他のタービにつけ足してもらって　歌いあげて栄えよう！」［平良市史編さん委員会　一九八七：五四三］。こちらも凡例を見ておこう。

［前略］

⑤共通語訳は方言に忠実に行ったが、理解しにくいところや表現が不自然、文脈が理解しにくいところは、（　）に言葉を補った。それでもなお理解しがたいというものについては、［　］に意訳を入れた。

［後略］

凡例に従うと、「他のタービにつけ加えてもらって」という訳は、「ウトゥム　ユン」という詞章を「忠実に」

「共通語訳」したものということになる。

「ウトゥム　ユン」を「忠実に」「共通語訳」すると「他のタービにつけ加えてもらって」となり、外間たちのように「逐語訳」すると「(神の)お供〈神女〉」となる。忠実な訳と逐語訳との間にこれほどの違いがあるというのは、どういうことなのか。

外間・新里テクストも本永テクストも、歌い手自身の歌詞の解釈についてはいかなる情報も載せていない。両テクストの対訳に、歌い手自身の解釈が含められているのかどうか、そうだとすれば、どこからどこまでが、ということについては、何も書かれていない。

これはいったい、なんのための、誰のための訳なのだろう。こんなふうに訳出することに、それこそ意味があるのだろうか。神歌を歌う人たちは、神歌の意味というものを、このような逐語訳、共通語訳できるという、その水準においてとらえているのだろうか。宮古のことばに不慣れな人間は、途方に暮れるしかない。歌う人たちの解釈については、両テクストは何も教えてくれないので、私たちはここで行きづまる。

両テクストの訳にこれほどの違いが生じているという現実は、私たちに、神歌の意味というものについて、根本的にかんがえなおすことを要請する。神歌の意味は、逐語訳や、方言に忠実な訳をしてみてわかるような意味なのかという問い。もちろん、こうした問いが私たちに可能になったのは、外間・新里、そして本永らの地道な努力があったからである。こうした方向の努力をさらにおしすすめてゆくことで、神歌の意味の探求の不可能性は、より明らかなものになるであろう。

狩俣の神歌が、楽譜資料として網羅的に収載されているのは、『日本民謡大観［沖縄・奄美］宮古諸島篇』［一九九〇年、日本放送協会編］のみである。

ここで楽譜化されている演唱例は、前述の外間・新里らの調査による録音資料のほか、東京芸術大学民族音楽ゼミナールが独自に行った調査による資料から選ばれたものである。

この資料集は、楽譜資料集であり、狩俣の神歌についての記述は、その音楽構造を明らかにすることに重点がおかれている。詞章に関する記述は、概ね『大成』にしたがっており、詞章に関しては研究の前進は見られない。しかし、楽譜化されて明らかになった次の三点は重要である。①狩俣の神歌の一曲一曲は、二種、あるいは三種の旋律から構成されているものが多い。②それらの旋律のうち、「○○声」という名前を持った旋律が存在する。③旋律の各部分は、曲やジャンルをこえて使用されている。ひとつの旋律が、それとはまったく別個に存在する曲でも使用されている。

本資料集において、狩俣の神歌の音楽的な分析と記述を行ったのは、狩俣康子である。彼女は、『大観』が刊行された翌年、「狩俣の神歌」と題する論文を世に出した［狩俣　一九九一］。ここでは、『大観』における記述よりさらに踏み込んで、神歌の旋律が、曲やジャンルをこえて使われていることを「借用」という概念でとらえ、神歌間の旋律の借用関係を紐解くことで、その背後に隠された神話体系が明らかになるという魅力的な説を打ち出している。

狩俣康子は次のように考えている。「一つの旋律が二種類以上の神歌と結びつ」いている場合、「これはどちらか一方が他方から旋律を借りてきたと解釈せざるを得ない」。その目的は、「元歌に付帯する属性を、借用旋律を用いることによって象徴的に代弁させる」ためであると［狩俣　一九九一：一六一］。

そうした「借用」は、①元歌で歌われた神自身、②元歌で歌われた神のイメージ・時代性・階級・姻戚関係、③詞章の類型的表現によって生ずる歌全体の雰囲気という、元歌に付帯する属性を根拠としてなされているので、旋律の連関を紐解いてゆくことによって、神歌の背後に広がる神体系が理解できるという。

狩俣の神歌は、このように、旋律によって相互に関連づけられているので、それを歌うもの、あるいは聞くものには、旋律が次のようにはたらくはずだと狩俣康子は考えた。

元歌であろうと借用旋律であろうと、演唱者や参列者がそのいずれかの歌を演唱したり耳にしたら、借用関係にあるもう一方の歌で謡われている神や詞の断片を、恐らく連想するであろう。［中略］これらの歌の旋律を一つ聞いただけでは、当然ながら連想は起きない。しかし、二つ三つと聞くにつれ、詞が全く理解できなくとも、これらの数曲の歌に相関がある事に気づくに違いない。ここに、祖神をめぐる情報、例えば神の名・元の由来・神話等があれば、それがきっかけとなり、絡みあった糸がほぐれるように歌の関係がつかめ、残りは連想で補う事ができる［狩俣　一九九一：一六三］。

「恐らく連想するであろう」「気づくに違いない」と述べられているように、これはあくまでも仮説である。実際はどうなのであろうか。神歌を歌う人には、旋律によってそうした連想がはたらくことがあるのだろうか。こうしたことは、歌詞資料集や楽譜集を眺めていてもらちが明かない。神歌が歌われる場で、そのはたらきを考える必要がある。狩俣康子の研究もまた、歌が歌われる場へと私たちを向かわせるものである。

外間・新里のテクストが出版されたのち、狩俣の神歌についての研究に、日本の古代文学の研究者、とりわけ、「文学の発生」というテーマに関心をよせる研究者が参与するようになった。谷川健一・藤井貞和・古橋信孝らである。

彼らがよっている神歌のテクストは、主として外間・新里テクストである。このテクストは、神歌を、意味の観点から考察することへは道を閉ざしているとすでに述べたように、これに基づいた研究で成果をあげたのは、当然のことながら、歌を意味の観点から考察したものではなく、歌をかたちから、すなわち様式の観点から論じたものであった。とりわけ、古橋信孝には、学ぶところがある。

一九八〇年代の古橋は、古代文学研究を、科学的な学として確立することを目論んでいた。彼にいわせると、当時の古代文学研究は、現代の研究者が、「こちら側を古代に投影し」ているにすぎないものだった。たとえば古橋は、土橋寛を次のように批判している。

［土橋は］八千矛神の「神語」の「そだたき　たたきまながり」の「たたく」について、当時の用例をさまざまに調べ上げたうえで、「タタクを撫でる意に解すると、十分に撫でまわすことになり、これはどうも変態的である」として「撫でる意」を退けている。ひとつの解釈を否定する根拠が「変態的」ということなのである。これは八千矛神と沼河比売の閨房の行為をうたっているのだが、そこに「変態的」と持ち出すのはおかしくはないか。いったい「変態的」とは近代の概念ではないのか。［中略］なんの実証もなく「変態的」と論者がみなすことで古代の解釈をするのは、近代に生きる自分を相対化していないことになる［古橋　一

九八二：八〜九]。

古橋はいう。「まずは古代・古代文学をこちらの思い込みを排してあるがままに把握しなければならない。古代・古代文学を古代に返し、そのうえでこちらとの距離を見定め、という古代文学との往還運動を常にしていかなければならない」[同前書：八]。

往還運動を可能にするために、古橋はあちらがわを設立する。それが「始源」という概念である。「村建ての神話」をもっている、すなわち、共同体のはじまりを言語表現として、観念、幻想としてもっている村落共同体を、古橋は「古代の原型」とみなす。この村落共同体は、「かならずしも実態を意味しない」と古橋は述べている。言語表現の始源を、村落共同体の始源的表現として規定し、そこからの距離をはかる、これが古橋の方法である[同前書：一四]。

「始源」としての村落共同体は、概念なのか実態なのか。「かならずしも実態を意味しない」という記述は、場合によっては実態としてもありうる、という含みを持っている。古橋の書においては、「始源」は、方法上の概念としてだけではなく、実態としても登場する。次に引用するように、八〇年前後の古橋にとって、それは、「オキナワ」であった。

本書はここ五、六年のオキナワとの接触に多くを負っている。古代日本《ヤマト》の歌謡の貧しさに、こちらの論理を翔ばすことで想定してきた古代は、極めて観念的にしかありようがなく、もどかしさに付き纏われていくものだが、オキナワの衝撃はこちらの観念を引き摺り倒すにじゅうぶんであった。なぜか。オキナワは古代日本の歌謡以前を口承で、つまり生きたものとして伝えていた。村落共同体とそこにおける神謡の意味、位置が現実にあった。それゆえこちらが想定によってみてきた日本の古代歌謡が、オキナワの神謡から具体的に位置を見定めることができるようになった〔同前書：一五〜一六〕。

先に述べた通り、古橋は、始源という概念をたて、そこからの距離をはかるという方法を用いて、日本の古代歌謡の位置を見定めようとしていた。「こちらが想定によってみてきた日本の古代歌謡が、オキナワの神謡から具体的に位置を見定めることができるようになった」と古橋が述べるとき、始源とはすなわち、沖縄の神謡、私たちが神歌とよんでいるもの、として設立される。神歌は、日本の古代歌謡を具体的に位置づけるための、支点におかれることになる。

沖縄の神歌を支点に据え、日本の古代歌謡は具体的な位置を与えられた。しかし、神歌それ自体は、それが支点とされる以前に、「こちらの思い込みを排してあるがままに把握」する聞き方がなされてきたであろうか。否である。

外間・新里テクスト、本永テクストが世に出てから、狩俣の神歌とは、すなわち、このテクストそのものであるかのような研究が続出するようになる。もっとも、祭儀の場に立ちあうことが、そもそもできなかった時期に書かれたものについてはいたしかたなかろう。しかし、実際の祭儀を見聞きしたはずの研究者が、自分の研究室に戻って生産した書においても、外間・新里テクスト、本永テクストは引用され続けた。しかも、誤って。自分の耳で聞かず、祭儀の印象をもとにテクストを見返し、おそらくここで歌われていたのは、この神歌であろうという憶測が隠されたまま引用され——引用している当人にはそれは憶測でなく、確信であったかもしれないが——、その上で、その祭儀の意味、その祭儀の場でその神歌が歌われる意味などが書かれていたりする。

ここで、狩俣の祭儀のひとつ、ウヤーンという神が新たに誕生する祭儀の一場面を例にとって述べてみよう。ウヤーンとは、祖先神のこと。「ウヤガン」と表記される場合が多いが、狩俣の発音ではウヤーンとなる。

ウヤーンは、現在では、姑から嫁に継承されてゆく。夫の母がウヤーンをつとめていた場合、嫁がそれを受け継ぐのである。

新たに受け継がれて誕生したウヤーンを、ミーウヤーン［新ウヤーン］といい、これが誕生する祭儀をイダスあるいはイダスカンという。

イダスの子《ね》の日、夜九時ごろ、ウヤーンたちが山からおりてきて、狩俣草創の家である大城元《うぷぐふむとぅ》の庭にあらわれる。庭の北側はウイヌヤーと呼ばれる女性たちの祭場、反対側にはパイヌヤーと呼ばれる男性たちの祭場がある。庭にあらわれたウヤーンたちは、約二時間にわたって、「フサ」と称される神歌を「よむ」。狩俣ではフサを「歌う」といわずに「よむ」という。(3)

ウヤーンの祭儀では、絶対に見てはならないとされる場面が二度ある。そのうちのひとつがこの場面だ。山からおりてくるのを見たものは、死ぬともいわれる。ウヤーンがあらわれる時間が近づくと、男性たちはパイヌヤーにこもって待っていなければならない。やがて明かりが消され、大城元は闇につつまれる。そしてウヤーンたちが、フサをよみながらあらわれる。

はじめには、狩俣の最高位の神役であるアブンマが〈祓《はら》い声《ぐい》〉〈ヤーキャー声《ぐい》〉というフサをよむ。そして「ヤーキャー　ヤーキャー」という絶叫がくり返されて、アブンマのフサが終了する。そののち、フサヌスと呼ばれるウヤーンがフサをよみはじめる。

大城元のパイヌヤーに隠れてこの場面を体験した古橋信孝は次のように記している。

　九時頃、異様な叫び声をあげながら、ウヤガンたちがウプグフムトの庭に走りこんで来たかと思うと、私たちが隠れている建物の戸や板壁をドンドン叩いた。私たちは禁忌を犯している気持ちで、震え上がったものだ。しかし、それはほんの一瞬のことで、ウヤガンたちは歌をうたい出した。その声を聞いて、私たちは、建物を裏からその庭に出た。そこには、白い神衣（パニ）を着、頭に草の冠（ハーフサ）を被り、輪をなしてうたうウヤガンたちと、それを囲んで、板壁に寄りかかり、またしゃがむ老女たちがいた。月明りに照らされたその光景は神々しくも異様だった。

『祓い声』と呼ばれる村建ての神謡から始まり、七つのフサ（神謡）が次々にうたわれていった。一一時頃まで、約二時間、単調な調べだが、飽きることはなかった。むしろ、別世界に入りこんでいるように感じられる、この静けさと厳しさと興奮の時間がこのままずっと続いて欲しいと思えた［古橋　一九九一：七四］。

問題は傍線の箇所、「『祓い声』と呼ばれる村建ての神謡から始まり」というところだ。

結論をいえば、たしかに〈祓い声〉というものはよまれている。しかしその内容は古橋のいうような「村建ての神謡」ではない。

このフサを先唱するアブンマの説明によれば、〈祓い声〉という「フシ」［旋律］で村建ての物語をよむのは、ウヤーンの祭儀の中では二度あるが、それは、この場面ではないということである。(4) 当然、古橋が聞いたものも、「村建ての神謡」ではなかったはずだ。なぜ古橋は、このように聞いたのだろうか。

外間・新里テクストに戻ろう。このテクストは、狩俣の始祖神のンマヌカン［母の神］が水を求めて彷徨し、ついに狩俣に居を定めたという村の草創に関わる神歌〈祓い声〉を収録している。古橋が「始源」として措定した言語表現である。

外間・新里テクストでは、〈祓い声〉というタイトルが冠せられた歌はこの「村建て」がよまれる一例のみである。外間・新里テクストに依拠しきっている人には、〈祓い声〉はすなわち「村建ての神謡」として存在する。

しかし、神歌をよむ人たちにとっては、〈祓い声〉という名は、「村建ての神謡」のみをさししるすものとしてではなく、「ハライハライ」というハヤシ詞を各節ごとにくりかえす特定の旋律をさししるすことばとしても存在する。だから〈祓い声〉という旋律が用いられていても、その内容が、「村建て」であるとは限らないのである。実際、この時に古橋が聞いた〈祓い声〉は、ンマヌカンの村建てではなく、神の名をあげて崇め、しずまっていてほしいということがよまれているのである。

「村建ての神謡が歌われている」と古橋に聞こえたのは、〈祓い声〉という旋律、「ハライハライ」というハヤシ詞に促されたためであろう。イダスの夜のこの場面は絶対に見てはならないとされ、女性神役以外は、家の中にある。〈祓い声〉を聞こうとする時、その人は、戸を隔てて耳をすますことになる。歌われているその場にあって歌詞を聞きとることはとても難しい。その上、祭儀の場に来ている研究者自身が興奮している場合もあって、〈祓い声〉を聞いておぼえているのは、単調な旋律と、各節ごとにくり返される「ハライハライ」というハヤシ詞くらいということになる。それにも関わらず、刊行されている活字資料を通して、「ハライハライ」というハヤシ詞があるのは〈祓い声〉で、それは村建てがよまれるものだと思い込んでいるから、実際によまれている詞章を聞かないで、〈祓い声〉は「村建ての神謡」として書かれてゆくことになる。ウヤーンの祭儀の中では、ンマヌカンの村建ての物語は二回しかよまれていないのに、「たいていの場面でよまれる」［古橋　一九九六b：二七六］などとも書かれることになる。

古橋をあげつらうために、こんなことを書いているのではない。こうした例は、他の研究者にも見られる。私自身、外間・新里テクスト、古橋の文章だけが〈祓い声〉であった一九九三年には、イダスの夜、〈祓い声〉に「村建て」を聞いていた。「あるがままに聞く」ことは、むずかしいのである。狩俣康子の述べていた「連想」という「声の機能」が、まさに連想される。ハヤシ詞や旋律の要素が、神話を喚起させるのである。聞いていないはずのものまで聞いているのである。しかし、この連想、この聞き方は、果たして神歌をよむ人のものなのだろうか。アブンマは、イダスのあの場面の〈祓い声〉を、井戸探しの物語と結び付けはしなかった。むしろ、違うということが強調されて語られた。いったい、神歌のよみ手でもない研究者は、どのようにして神歌を聞くことが可能なのだろうか。「〇〇がよまれている」と、その意味を理解してしまう前に、私たちは、何を聞いているのかという問題に真摯に取り組む必要がある。なにをどこまで聞くことができるのか、できないのかということを見きわめ、聞きわけつつ、祭儀の場における調査者の限界を知る努力を続ける必要がある。そうでなければ、神歌がいおうとしていること、神歌のいったいどこに「意味」が生ずるのかということを考えることができない。「意味」が設立されるその場を検討する機会を取り逃すことになる。

古橋は、言語表現のはじまり以前を考えることは無意味だという。古橋のいう言語表現のはじまりとは、ひとりの人が発したあることばが、ことばとして他の人にも共有されうる次元のことをいっている。ことばのはじまりとは、すなわち社会のはじまりでもある。だから古橋は、ある社会のはじまりについての言語表現である神歌＝「村建ての神謡」を、始源に据える。それより以前を考えることは、なぜ人は言語をもったのかということを考えることであり、それはことばの領域の問題ではない。

古橋にとって、始源の言語表現のかたちとは、もののはじまりが叙事されているということであった。「生産叙事」「巡行叙事」と名付けられた表現である。「生産叙事」とは、あるもの、たとえば家や農耕器具や太鼓などの楽器が、どのようにしてつくられたのか、その由来を歌ったもの。「巡行叙事」とは、たとえば狩俣の「村建ての神謡」のように、神が土地から土地を経巡って、ある土地が選びとられたその由来を叙事したもの。由来、すなわち、もののはじまりについての言語表現は、こうした「生産叙事」や「巡行叙事」というかたち、すなわち様式をもっている。それはあるもののはじまりをかたる言語表現として、特別な位置、すなわち神歌という位置に置かれている。神歌として存在していることの根拠は、その言語表現が、散文などの他の言語表現とは異なって、「生産叙事」や「巡行叙事」というかたちを有していること、それ自体である。もののはじまりをかたる言語表現が、どうしてそのようなかたちをもったのか、を考えることは、なぜことばがあるのかを考えるのと同じことであり、先にも述べた通り、意味がない。

歌のかたちを手がかりに歌を調べてゆく方法、私たちは古橋からこれを引き継ごう。つまり、次のように問いを立ててみよう。なぜその歌がそのかたちをもっているのかではなく、その歌をその歌として成り立たせている条件はなにかという問い。そう問うことによって、狩俣の神歌における歌の「かたち」――神歌を成り立たせている条件――を、歌われている歌から取り出すことを試みたい。

四　論文の構成

序章では、本書の研究対象である集落の概要、神歌の研究史、それをふまえた問題設定について述べた。

第一章では、神歌の担い手である集落の神役たちが、どのようにしてその役に選ばれているのか、また、神役としての仕事をどのように分担して受け持ちながら、集落の祭儀を執り行っているのかについて述べた。さらに、そうした神役たちが、別の領域の神をまつる仕事に携わっている巫者たちと、如何なる関係を取りながら狩俣の祭儀世界を構成しているのかについて述べた。

第二章では、神歌をよむ人が、いかにしてそれをよむ人になってゆくのかについて述べた。神歌の継承過程についての考察である。どのように継承されているのかについて具体的に知ることによって、神歌がどのようにつくられているのかということと、神歌の意味がどこに生まれるのかということへの考察の道が開かれる。

第三章から第六章では、個々の神歌の分析を行った。狩俣の神歌は、連綿とうち続く長歌である。しかし、神歌をよむ人たちは、この長い歌をさまざまなやり方で部分に区切り、その部分を「入れたり抜いたり」して神歌をよんでいることが明らかになった。その出し入れの方法を、個々の神歌を具体的に分析することで明らかにした。

なお本書では、カミフツ、ピャーシ、タービ、フサという四ジャンルの神歌を分析の対象とした。狩俣には、このほかにもさまざまなジャンルの神歌が存在しているが、それらを網羅的に紹介することはしていない。それだけで、本書の分量の倍ほども必要な書ができてしまうからである。そうした書があり、そして本書がありというのが理想だが、今のところ、前者の役割は、外間・新里の『大成』や本永の仕事、および『大観』に負ってもらうよりほかにない。

第七章では、「神歌のかたち」という観点から、それまで論じてきたことをまとめ、狩俣の神歌が成立するための条件がなんであるかを考察した。

終章では、集落創世の神歌として知られている〈祓い声〉を例に、「神歌のかたち」という観点から、神歌の伝承における可変と不変の問題を憑依との関係から考察し、これを本書の結びとした。

〈祓い声〉には神の一人称の表現が登場する。神役に神が憑依して、神役は神自身としてよんでいるということになる。しかし〈祓い声〉は伝承されているものであるから、神役は現実に憑依されているのではない。だから、〈祓い声〉を憑依による神託には直結できないという、堂々めぐりの議論が先行研究においてなされてきた。

しかし、実際に演唱される〈祓い声〉では、予期せぬ変化がまさに一時的なものとして生ずることがある。これはどうしてか。外間等が文字テクストに固定した〈祓い声〉のみを研究対象とせざるを得なかった先行研究は、この問題について具体的に検討する術をもとより持たなかった。本書における実践――神歌のかたち、すなわち神歌を神歌として成り立たせている条件を、よまれている神歌から取り出すという実践――によって、演唱の一時的な変化を聞き分け、それを検討することを可能にした。

五　フィールドワークの経過

本書は、短期的なフィールドワーク――その長さはまちまちで、短いものは二日間、少々長いものでは約一ケ月間――を、一九九一年から現在にいたるまでくり返し行うことによって書かれたものである。滞在延べ日数は、現在までで二〇四日になる。研究対象とする社会に長期間にわたって住み込み、そこでその社会の人たちと生活をともにしながら社会を観察し、記述し、分析し、当該社会の特色を明らかにしたり、その社会を動かしているシステムを明らかにしたり、というものではない。

私のフィールドワークが、このような短期的なものの積み重ねであることが、得られた資料の取り扱いに際して、次のような態度をとることを余儀なくする。すなわち、資料は常に断片である、ということを心に留めておくように、と。集落全体、そこでの人々の生活全体、集落の人々の精神世界を貫徹しているような世界観、まるごとひとりの人間。それらは、私の知の及ぶところにはない。私が手にしているのは、常に、あるものの断片だけであり、すべてではない。その断片ひとつひとつを、どのように調べることができるだろうかということが、本書の出発点であり、方法であり、課題である。

（1）それはなぜなのか。狩俣が、士族の多い集落であったこと［添付資料「宮古郡各村別士族・平民人口比率」］がその一因をなしているかもしれない。『琉球国由来記』の巻二〇の記述は、士族の多い集落にはあつく、少ない集落にはうすいという傾向をもっている。

（2）一九二二年［大正一一］二月、鎌倉芳太郎は狩俣を訪れ、ニーラアーグのノートを入手した。池宮正治によれば、このノートの成立は一九二〇年［大正九］で、そのころアーグシュ［アーグ主。アーグは歌の意で、ニーラアーグを先唱する男性神役］に任命された狩俣新茂［一八七九年生］によって記されたものであるという。このノートが稲村の仕事より早く世に出ていれば、神歌の研究史も違っていたかもしれない。このノートは、その後しばらく鎌倉の所有となっていた。一九七二年頃、沖縄の音楽研究家の高江洲義寛に寄贈され、両氏の承諾のもと、池宮によって公表された［池宮　一九八二］。

（3）狩俣の神役の女性たちが、フサと呼ばれる神歌を「歌う」といわずに「よむ」といっていることに最初に注目したのは、古橋信孝である。

古橋は、狩俣のフサと、『古事記』允恭天皇条の「読歌」とが、ともに口承されている歌を「よむ」といっていること、また、大嘗祭において諸国の語部が奏する「古詞」が文字に書かれたものを「読む」ものであることをふまえて、「ヨムの内容」について次のように述べている。「固定化した詞章はヨムものだったと考えられる。固定化している詞章とは、誤りなく伝えねばならない詞章ということである。神謡はまさにそういう神聖な詞章であった」［古橋　一九九六a：二一八～二二〇］。

狩俣の神歌が「神の帳《かんぬちょう》」とも言われ、「神によって定められた文句を謡う歌」［長浜　一九七九：四八］と説明されることから考えて、古橋の論理は説得力がある。なお、「よむ」は、狩俣の発音では「ゆん」という。なお、「歌う」に相当する狩俣のことばは「あいぃ［いう］」である。

（4）アブンマによれば次の通りである。ウヤーンの二回目［イダス］と五回目［トゥディアギ］の子《ね》の日、ウヤーンたちが午後三時ごろ山からおりてきて、西の家元《にしぃぬやーむとぅ》、大城元《うぷぐふむとぅ》、前の家元《まいにゃーむとぅ》の計三元の庭でフサをよむ。大城元の庭でフサを主唱するのはアブンマである。狩俣の草創神ンマヌカンが水を求めてやってきたという物語がよまれるのは、この場面だけであり、夜九時の場面はもちろん、山の中でもよまないという。

第一章　神をまつる人たち

南西諸島における従来の神役・巫者論では、共同体祭儀の従事者［ノロ・司＝プリースト］と私的祭儀従事者［ユタ＝シャーマン］とを対比的にとらえ、二元論的にそれぞれの性格を明らかにするという方法がとられてきた［桜井　一九七三：三］。こうした二元論的神役・巫者論は、徐々に検証し直されている。宮古島の事例検証からは、神役と巫者とが、単に対比的な関係にあるのではなく、「連鎖的なつながりをもちつつ、活動領域を微妙に連ねて、人々の宗教的な要求にこたえている」［大本　一九八三：九五］ことが指摘されている。また、神役と巫者とは、「コンテクストにより対立もすれば補完的でもある」ので、両者の相互関係は、「さまざまなコンテクストにおいて検討されるべきである」［佐々木　一九九五：三〇五］というように、方法論の観点からの見直しもはかられつつある。さらに、神役個々の体験に即した考察に基づき、神役も、夢や身体の不調などによって神の意を知るなどの巫者的属性を持つ場合もあることが指摘されている［佐々木　一九八八／高梨　一九八九］。

神をまつる人たちが相互にどのような関係を形成しているのかについて、さまざまなコンテクストにおいて検討すること、さらに、神役ひとりひとりに即したアプローチを試みること、それが、現在の神役・巫者論で目指されている。神役と巫者とを一気に説明し尽くすような論理の存在を想定して議論をはじめるより先に、神に関わる人々の、具体的で多様なありさまを如何に提示できるかということが、現代の民俗宗教研究の課題のひとつとなっている。

こうした動向をふまえ、本章では、狩俣において神をまつる仕事に携わっている人たちが、いかなる関係をつくりながら神まつりを行っているのか、ということについて、可能な限り具体的に記述してゆくこととする。

一　神の司祭＝サスたち

(1) 元《むとぅ》のサス

生活空間であるミャークには、元とよばれる祭場が全部で九つある。そのうち七ケ所は、夏の祭儀の祭場となる。旧暦十月から十二月にかけて行われる冬まつり［祖神祭＝ウヤーン］には、三ケ所の元だけが使用される。夏も冬も使用されるのは、大城元《うぷぐふむとぅ》［ウプムトゥともいう。ウプは「大」の意で「大元」ということ］とよばれる元のみである。

集落の家々は、それぞれ夏の七元のいずれかに所属して、「うちは、○○元のファーマーだ」といういい方をする。ファーマーは、通常「氏子」の字が当てられている。現在の神役たちは、「ファーマー」という語だけでなく、「うじこ」を使う場合もしばしばある。以下の記述では、「氏子」を用いる。

氏子は、いくつかの小さな男系の血縁集団によって構成され、それが元という場に集って祭儀を営んでいる。(1) 女性の場合、結婚後は、嫁ぎ先の家が所属する元の氏子となる。婿養子の場合は、妻方の家が所属する元の氏子となる。冬には、大城元を含めた三元のいずれかに所属する。

元には序列がある。一番位の高い元が大城元である。次に仲間元《なーまむとぅ》、その次が志立元《しだていむとぅ》、次が仲嶺元《なーんみむとぅ》。この四つの元をあわせてユームトゥ［四元］という。大城元には、狩俣集落の始祖神であるンマヌカン［母の神］がまつられている。仲間元は航海安全の神、志立元は五穀の神、仲嶺元は水の神をまつる。この四つの元が集落祭儀の中核となっている。

元には、その元に固有の神役がおかれている［資料1］。それぞれの元のもっとも位の高い神役をウヤパーという。その元の祭神の司祭である。特定の神の司祭となる神役を、サスともいう。たとえば、大城元の祭神ンマヌカンの司祭であるアブンマのことを、「大城元のウヤパー」ともいうし、「大城元のサス」ともいう。

神役をつとめている女性は、自分の家がどの元に所属していようとも、その神役をつとめている間は、神役が所属する元の祭儀に従事する。神役を引退したあとは、自分の家が所属する元の祭儀に参加する。たとえば、アブンマをつとめていたIさんは志立元の氏子であるが、アブンマ在任中は、神役の所属が優先されるので、大城元での祭儀に参加する。アブンマ引退後は、志立元の祭儀に参加する。

(2)イビマをまつるサス

元のほかにも、ミャークとヤマには、神がまつられている場所がたくさんある。それらをイビマという。大城元の後方、山を少し登ったところにヤマトイビがある。「あまてらす　おおみかみ」をまつる。ここをまつるのはヤマトゥンマというサスである。

東の門の近くには門の守り神とされる世勝り主《ゆまさいしゅ》がまつられている。サスはウイカンマとよばれる神役である。世勝り主は、学問の神様でもある。

資料1　元の神役組織

夏の七元	神役名
大城元《うぷぐふむとう》	◎アブンマ マンザンマ ヤマトゥンマ ウイカンマ フサヌヌス ヤーヌヌス サズンマ
仲間元《なーまむとう》	◎ミューニヌスツカサアン ウプツカサ サズンマ
志立元《しだていむとう》	◎ユーヌヌス ユーヌヌスツカサ ヤーヌヌス サズンマ
仲嶺元《なーんみむとう》	◎ミズヌヌス ミズヌヌスツカサ サズンマ
カニャー元	◎カニャームトゥツカサアン [冬の所属は不詳] ブンヌンマ サズンマ
新城元《あーらぐふむとう》	◎スバーギ [冬の所属は不詳] サズンマ
イツカフ元	◎ウパラズ [冬の所属は不詳]

冬の三元	神役名
大城元	◎アブンマ ヤマトゥンマ フサヌヌス ウプツカサ ヤーヌヌス サズンマ ブンヌンマ
西の家元《にしいぬやーむとう》	◎ミューニヌスツカサアン ユーヌヌス ユーヌヌスツカサ サズンマ ブンヌンマ
前の家元《まいにやーむとう》	◎マンザンマ ミズヌヌス ミズヌヌスツカサ サズンマ ブンヌンマ

注1：ゴシック体は四元とよばれる位の高い元。四元の中での序列は、大城元、仲間元、志立元、仲嶺元の順になる。
2：◎は元のサスであるウヤパー。

遠見台の東には、クルマイビとクバラパーギィのイビとがある。クルマイビのサスはクルマンマとよばれる。「輪のついたものすべてをあつかう」［外間・新里　一九七八：五一〇］とも、「航海安全を祈願するところ」［平良市史編さん委員会　一九八七：二七五］とも書かれている。私の見聞では、クルマとは、もともとは、サトウキビから搾汁するときに使用された金輪車のことだったという。

クバラパーギィのサスをスマヌヌスという。クバラパーギィは狩俣までの道を整備した神とされ、現在は、交通安全の神としてまつられている。

アージヤマのサスをウイヌピャーという。豆の神とされ、豆の豊作祈願の祭儀はアージヤマで執り行われる。イスンマとよばれるサスは、大漁祈願を司る。イビマは、山沿いに、クルマイビからずっと東に行ったところにあるという。

このように狩俣には、多くの神々と、それをまつるサスと呼ばれる神役とがある。ここで強調しておきたいことは、ひとりのサスは、ひとりの神の司祭として存在している、ということ。集落の人たちは、サスを通してでなければ、それぞれの神を拝むことはできない、とされている。そのサスの案内なしに、拝所に入ることも許されない。ンマヌカンを拝む人は、アブンマに依頼し、アブンマから祈ってもらう。世勝り主を拝む人は、ウイカンマに依頼する。ヤマトゥにわたっている人の安全を祈願する時には、ヤマトゥンマに依頼する。サスの案内なしに、自分勝手に拝所へ行って拝むことはできないのである。また、あるサスが、自分の管轄以外の神への祈願を依頼されたとしても、それを行うことはできない。ひとりのサスは、特定の神の司祭であり、その神をまつる専門家として存在しているのである。

二　サス以外の神役

サスのほかに、サスたちのしごとを補佐する役割を担う神役がある。

元における祭儀では、ヤーヌスンマ、サズンマ、ブンヌンマ［冬のみ］たちが、その役割を担う。ヤーヌヌスンマは、線香に火をつけて、それを香炉に立てたり、お茶や供物を神前に供えるなどのしごとを担当する。サズンマは、祭儀に使用する器を準備したり、片づけるなどの雑務を引き受ける。ブンヌンマは、冬のウヤーンの時のみの役で、ウヤーンに差しあげる料理を賄う。

また、ナツブーイィ［粟の豊年祭、アーブーイィともいう］には各元でピャーシという神歌がよまれるが、その先唱役として、マイビィとよばれる役が置かれている。

ヤーヌスンマやサズンマ、ブンヌンマ、マイビィなどは、元を単位として行われる祭儀に携わる役であり、集落全体の祈願のために、サスたちが一堂に会して行う祭儀に関わることは少ない。そうした祭儀では、ツカサ、トゥムンマとよばれる役の人が、その役割を担う。ツカサは、各祭場で、線香や供物を捧げる仕事をする。トゥムンマは雑事を担う。

ヤーヌスンマ、サズンマ、ブンヌンマ、マイビィ、ツカサ、トゥムンマは、サスとは異なり、特定の神の司祭ではない。したがって、村の人から祈願の依頼を受けて、それを執り行うということはできない。

ほかに、ウヤーンとよばれる役がある。ウヤーンとは祖先神のことである。姑がウヤーンをしていた場合、嫁がそれを継承することになっている。

ウヤーンの祭儀では、フサと称される神歌がよまれる。フサには、①先唱者が一節歌うと、残りの人がそれを復唱するという音頭一同形式でよまれるものと、②斉唱によるもの、との二種がある。フサの先唱役をつとめるのは、サスと、フサヌヌスとよばれる神役である。

フサヌヌスは、通常、二名でつとめる。サスが、特定の神と一対一の関係であるのに対し、フサヌヌスは特定の神の司祭というわけではない。したがって、ある神への祈願の依頼を引き受けることはない。

以上のように、狩俣の祭儀は、サスと称される神役と、そうでない神役とが、それぞれに与えられた責任をそれぞれがつとめることで成り立っている。ひとりがすべてを、ではなく、ひとりひとりがそれぞれ自分の責任を全うすることが、結果として、共同体の祭儀の結実をもたらすのである。狩俣における神のつとめは、分業制である。

さて、彼女たちは、選ばれて、共同体の神をまつる人になった人たちである。これまでは、神をまつる場や職掌という観点から彼女たちを類別してきた。次に、神役の選出方法という観点から、神役を眺めてみよう。

三　神役選出の方法

現在の狩俣の神役は、その選出方法から、大きく次の三つに分けることができる。

①神籤《かみふず》によるもの

旧暦二月に、「二月マーラマイ」という行事が行われる。アザマーラマイともいう。集落外部のユタを三ケ所訪ね、過去一年の間に行われた祭儀について、それが神に対して不足なく行われたかどうかなど、集落祭儀に関わるさまざまなことを占ってもらう行事である。(2) この時、どの神役には何年生まれの女性がふさわしいのか、干支が示される。その干支によって複数の候補者を決め、その中から籤をひいて選ぶ。元《むとう》祭儀の責任者であるウヤパーや、特定の神の祭儀を任されるサスたちは、この方法によって選ばれている。ただ、夢をみて、自分はこの役になるべきではないかと感じた人が、自分からやるという場合もある。もっともその場合でも神籤はひかれるらしい。ある元のウヤパーを、その元の氏子の中から選出するという決まりはなく、また、サスを継承すべきであるという特定の家もない。ただし、場合によっては、家の「血筋」が、神役継承の根拠として、強調して語られる場合もある。それについては、第二章「一　サスにえらばれる」を参照されたい。

②ウヤパーの依頼によるもの

元の祭儀に従事する神役のうち、サスではない役は、主にこの方法によって選ばれている。大城元《うぷぐふむとぅ》の例では、サスであるアブンマ、ヤマトゥンマ、ウイカンマは籤で選ばれるが、ヤーヌヌスンマ、サズンマなどは、籤はひかず、大城元の氏子の中からアブンマによって依頼された人がつとめている。この役を継承すべき特定の家というものはない。

③姑から嫁に継承されるもの

姑がウヤーンをつとめていた場合、その嫁は、ウヤーンを継承する。ウヤーンは、①②とは異なり、「家」を中心として継承される役である。

姑から嫁に継承されるウヤーンの例は、嫡男を中心として構成される「家」を単位とした継承方法といえる。その他の神役の継承方法では、神役が、特定の家と結びついているとはいいにくい。

いくつかの男系の血縁関係から構成されている氏子という祭儀集団の中から選定する②の場合は、一戸の「家」から出す③よりも、神役候補の対象者がひろがることになる。

①の場合は、さらに対象者がひろがり、家も、氏子という祭儀集団もこえて、集落をあげての選出ということ

になる。

一九二〇年代の田村浩の調査によれば、狩俣の神役継承のありかたは次のようであった。「大司ノ死去又ハ其ノ他ニヨリ後継者ヲ定ムル場合ハ神人ニ於テ選定シ、其ノ他ノ司、神人ハ女子世襲トス」〔田村　一九二七：一三七〕。田村は、この報告において、大城元を司る神役を「大司」、他の元を司る神役を「司」と記述しているので、引用文中の「大司」をアブンマとよみかえることができよう。アブンマの死去やその他の理由で後継者を定める場合は、神役をつとめているものの中から選定するということ。つまり、大城元の氏子に限らないということ。家や氏子という単位をこえた選出法である点は、現在の選出法にも通じている。異なるのは、現在の狩俣では、アブンマ候補者を、すでに神役をしているものから選ぶという決まりはないことである。実際、神役経験のない人に、アブンマの籤が当たった例はある。その人たちはアブンマ就任を引き受けなかったので、そうしたアブンマが生まれていないだけである。一九九七年春までアブンマをしていたIさんは、アブンマになる前にはユーヌヌスという神役をつとめていた。また、Iさんの前の代のアブンマは、アブンマ就任前にはミズヌヌスツカサという役をしていた。この事実だけを見れば、アブンマの後継者選びは、田村の報告の頃と変わらないことになる。

狩俣の神役たちは、選出方法という観点からは、集落、氏子、家という、異なる選出母胎から選ばれていることが指摘できる。しかし、神役たちは、選出母胎となっている共同体の祭儀にだけ携わっているのではない。家から選出されたウヤーンは、集落のサスたちが一堂に会する祭儀にも参加して、集落祭儀の一翼を担っている。一方、集落から選出されたアブンマなどのウヤパーは、各家庭での祭儀も執り行っている。

従来の神役・巫者論で強調されていた論点、すなわち、神役は共同体の祭儀に従事し、巫者は私的な祭儀に従事するという論点は、狩俣の神役組織を論ずる際にはあまり有効でないといえる。アブンマなどのウヤパーが、各家庭での祭儀も執り行っていると述べたように、狩俣の神役たちは、個人の祭儀にまったく携わらないということはない。では、個人の祭儀においては、神役たちは如何なるはたらきをしているのだろうか。そして、巫者たちとの関係はどのようになっているのだろうか。以下、個人祭儀について、仔細に検討してみたい。

四　サスとヤーキザス

元のサス、すなわちウヤパーは、自分の元の氏子の祈願であれば、個人の祈願の依頼を引き受けることができる。ウヤパーは、共同体祭儀に携ることもあれば、個人祭儀に従事することもある。

このウヤパーたちと、微妙に領域を重ねているのが、ヤーキザスとよばれる人たちである。サスを引退したあと、後継者がきちんと出て、その役がしなければならないつとめを譲った人は、その後、ヤーキザスとして、集落の人たちの個人的な祈願を引き受けることができる。引退しても、その役の後継者がでるまでは、ヤーキザスになることはできない。現役のウヤパーと、サスを引退したあとのヤーキザスとは、ともに、集落の個人の祈願の依頼を引き受けることができるのである。

では、現役ウヤパーと、サス引退者であるヤーキザスとは、個人祭儀の領域において、まったく同じものとして活動することができるのだろうか。

現在ヤーキザスをつとめているMさん、Rさん、元ウヤパーのJさんによれば、ウヤパーとヤーキザスとは、個人の祭儀において、「できること」と「できないこと」によって、次のように区分されている。

①ウヤパー在任中でも個人の祭儀を執り行うことはできるが、それは自分の元の氏子のものに限られている。

集落のどの人の依頼でも引き受けられるようになるのは、ウヤパーを引退し、かつ後継者が出てヤーキザスになったあとである。
②ヤーキザスが行う種々の祭儀のうち、各家庭のリュウグニガイ［宮古を離れている人の安全祈願］・ンマリニーヌウサギ［厄年の祈願］については、ウヤパーが行うことはできない。これはヤーキザスが行う。
③②の通り、個人のリュウグニガイ・ンマリニーヌウサギはヤーキザスが行うが、集落の祭儀として神役たちが行うリュウグニガイ・ンマリニーヌウサギが終わるまでは、これを執り行うことができない。
このように、ウヤパーとヤーキザスとは、個人祭儀において、「できること」と「できないこと」によって区分されている。

サスを引退した人が、ヤーキザスとして活動する場合には、一番上位の元である大城元において、集落の神役たちに祈ってもらい、神から許しをもらう必要がある。サスを引退して現在ヤーキザスをつとめているRさんは、ヤーキザスの仕事を、「おばあさんたち［アブンマたち、すなわちサスたち］の補佐みたいな仕事だ」と語っている。サスとヤーキザスとは、個人祭儀において、相互補完的な関係にあるといえよう。

さて、これまで、ヤーキザスになれる人を次のように定義してきた。「サスを引退し、かつ後継者がでたもの」と。

しかし、狩俣のヤーキザスは、このような人たちだけがつとめているのではないようである。島村恭則の報告によれば、サス未経験者であっても、神と直接交流する能力を持ち、さらに、ヤーキザスとしての活動を神から許されたと認められた人は、ヤーキザスとして活動することができるとされる(3)。

しかし現在の狩俣には、そのようなヤーキザスが存在しないので、子細は不詳である。現在ヤーキザスをつとめているRさんに、そうしたヤーキザスがいるかと尋ねたら、「そういう人のことは、ムヌスというよ」との答えだった。

ムヌスとは、自らの神体験によって神の世界と交流する術を身につけ、それを使いこなすことで報酬を得ている人たちのことである。狩俣では彼らをムヌスとかユタと称している。一九八九年から一九九〇年には、四名存在していたというムヌスは［島村　一九九三：七五］、現在一名になっている。次に、ムヌスと、集落の神役たちとの関係について考えていきたい。

五　ムヌス

狩俣における個人祭儀は、これまでみてきたように、サス・ヤーキザスによって執り行われているが、それ以外に、ムヌス・ユタとよばれる人たちが関わる領域がある。

ムヌス・ユタは、神霊を見て、それによって霊のメッセージをアカス［明かす］ことができ、その対処方法をクライアントにハンジする［示す］ことのできる人である。サス・ヤーキザスは、クライアントの願い事を神の世界に通すことが主たる責務で、アカス・ハンジの能力がなくてもできる。アブンマは、「ムヌスなんかは、霊をみるよ。私たちはみないけど」と、サスとムヌスとを区別する。

ヤーキザスのRさんは、個人の家でお祈りすると、線香の燃え方で、その祈願が神に受け入れられたかどうかがわかるという。花が咲いたようにきれいに線香が燃えればよいのだが、いつまでも線香が黒く残っているような場合は、神に対してなにか不足があることを示しているのだという。そういうとき、何度も祈りのことばをくり返すと、ぱっときれいに燃えることもあるという。そこで私は、Rさんに次のように質問した。「どんなにお祈りしても、どうしてもきれいに燃えないときには、どうするのですか」。答えは以下。

そのときはもう、おうちのかたをよんで。こういうふうにしているんだけど、一応、ユタのところにも行ってごらんって。そういうふうに、話もするさ。わたしなんかはユタではないもんだから。ヤーキザスして、拝む。

このように、サス・ヤーキザスが執り行う個人祭儀では、神に対して祈ることが主たる仕事となっているが、ムヌスの場合は、神と直接交流してその意図を知り、それを体系的に解釈・説明して対処方法をクライアントに示すことが主な仕事となるのである。男性であっても女性であっても、能力があればムヌス・ユタになることができる点も、女性に限られているサスとは大きく異なるところである。

こうしたムヌスが、集落の神役になることもある。すでに述べたように、神役は、神籤《かみふず》で選ばれるので、籤が当たれば、ムヌスでも神役をつとめることができる。ただし、神役をつとめている間は、ムヌスとしての活動はできないということが、神役間で共通に了解されている。神役引退後に、再びムヌスとして活動することは問題ない。したがって、ひとりの人間が、ある期間はムヌスであり、ある期間はサスであるという事態が生ずるのである。

ムヌスとしての能力を持った人が神役になった場合、ムヌスの活動は中断せざるをえないとしても、神や霊との直接コミュニケーションの能力まで失うわけではない。神の姿を見たり聞いたりしてそのいわんとするところを知り、他者に対してそれを示すことのできる人が、神役として集落の祭儀を担うことになる。集落祭儀の場では、こうした能力のある神役が、今、神様がこういっていると話して聞かせることもあったという(4)。

また、このような人たちの個人的な宗教体験が集落の神役たちに対して示された場合、それまでの既成の知識――先輩から伝えられた通りのことがら――と競合してしまう事態が起こりうる。実際、そうした事態が発生し、祭儀に変更が加えられる場合もある。その変更事項が定着したのちは、変更後の姿が「昔のまま」として認識されるようになるという［島村　一九九三］。狩俣という集落の祭儀がかたちづくる「昔のまま」は、先輩神役から伝えられてきた「昔のまま」と、巫者的能力の持ち主が神から示された「昔のまま」とが、相互に交渉しあい、「昔のまま」を時々刻々、再生産し続けてきた世界としてある。

六　カンカカリャ

カンカカリャ［神がかる人］は、宮古の他地域ではムヌスやユタの別称として使用される場合もあるが、狩俣では、死者の口寄せができる人をいう。ムヌスと同様、女性でも男性でも、能力があればなることができる。狩俣には現在、カンカカリャはいない。必要な場合は、集落外部のカンカカリャに依頼している。ムヌス・ヤーキザス・サスは、死に関わる祭儀をする能力を持たない。

桜井徳太郎によれば、狩俣の通常死の死者祭儀は、およそ次の通りである。死者を埋葬した後、三七《さんしち》日目か五七《ごしち》日目の昼間に寺僧を招いてカイゲンという儀式をする。その夕方にカンカカリャを招き、墓の御願《うぐわん》をするという。それをカンピトゥバカーズ［神人別れ］という。「カンとは神の意で死者をさし、ピトゥは人を示し遺族のことである。死者が現世界の遺族と別離の挨拶を交わし、いよいよ他界へ赴くための儀礼」とされる。これが済むと、以後は墓参はせずに、供養の儀はすべて、死者の位牌をまつった神棚《かんたな》の前で行われる［桜井　一九七三：九二〜九三・一〇〇］。

狩俣は、集落の南にパイヌスマとよばれる墓地地帯を有し、ここが穢れた場所と見なされていることについてはすでに述べた。村の人たちは、所定の死者祭儀が済めば、通常はここを訪れることはない。

狩俣の神役は、死の穢れに近づいてはならないとされている。近づいてはならず、また、たとえ身内の者が死亡したとしても、神役についている間は神役のつとめが優先される。サス経験者のMさんは、神役をつとめている時にご主人を亡くされた。その直後にウヤーンの祭儀が始まった。Mさんは、宮古島祥雲寺住職の岡本恵昭さんの教示で、仏壇に白い布をかけてから神のつとめに入ったという。

死の穢れに近づいてはならないというのは、単なる約束事にとどまらない。神役の中には、死の穢れにあうと、頭痛や腹痛、嘔吐などの症状としてあらわれる場合があるからだ。

神役だけでなく、ムヌスの中にも、死の穢れに対応できるものとできないものとがある。その区別は、多くの場合、心身の不調が生ずるか生じないかによって決定される。死の穢れに対応でき、死者祭儀を行える能力のあるムヌスは、カンカカリャとよばれることになる。死者祭儀を行えるかどうか、死の穢れに対応できるか否かということが、宗教的職能者を類別するポイントのひとつになる。

不浄な状態に対応できる能力は、生得的に定まっている場合もあるが、修行によってその能力を開発してゆく人もある。佐々木伸一は、成巫したてのある巫者が、はじめは死の穢れに対してほとんど耐性がなかったのに、しだいにそうした祭儀も執り行えるようになったという事例を報告している(5)。佐々木によれば、死者の肉体を不浄性の頂点として、死の穢れにはいくつかの段階があるという。不慮の死をとげた人の魂を鎮め、すみやかにあの世へ去ってもらうためのキガズンニガイや、墓の移動のための祈願が、最高の段階であるという。そして、どの段階に対応できるかということは、巫者のその時点での能力の差によって異なり、修行によって不浄性に対する耐性を強化し、より広い範囲の死者祭儀に対応できるようになる場合もあるという［佐々木　一九八三：一〇三〜一〇四］。

死者祭儀を行うことができる巫者の中には、自分は巫者の中で最高の能力を持つ存在だと自負し、清浄な神への祈願を行うものもいるという［佐々木　一九八三：一〇五］。

狩俣では、これとは逆の話を耳にした。死者祭儀を行う能力のある巫者に、清浄な神への祈願を依頼したところ、その巫者は、「自分はそのようなきれいな祈願をするものではない」といって断ったという。(6)

死者祭儀を行う能力を最も高いとする巫者が存在する一方で、死者祭儀を行う自分自身を穢れた者と見なす巫者もいる。死者祭儀を執り行う巫者を穢れたものと考えずに、あるいは、そうした区別を知らずに、神への祈願を死者祭儀の専門家であるカンカカリャに依頼するクライアントもいる。ブソウズについての捉え方を一元的に束ねることは、宮古においてはできそうもない。(7)

狩俣の祭儀従事者は、その職能から、集落の神役と巫者、祈願だけするヤーキザスとアカス・ハンジができるムヌス、死者祭儀のできないムヌスとできるカンカカリャとに類別することができる。これら個々の宗教的職能者は、それぞれの能力に応じて、依頼者の需要に応えている。

その境界は、神籤という制度や、宗教的職能者自身の能力によって決定されている。サスなどの集落の神役、ヤーキザス、ムヌス［ユタ］、カンカカリャという名前で呼び分けられる程度に、それらを区別することは可能である。

ある程度の時間の経過の中では、宗教的職能者を分ける線は、ひとりの人間の中で、二重にも三重にも重なる場合がある。ひとりの女性が、ある時にはサスであり、そののちにはヤーキザスになったりする。またある女性は、ある時にはムヌスであり、そののち神役になり、またムヌスになったりする。さらに、能力の拡大によって、それまで当人にとってタブーであった領域との境界を取り払い、ムヌスがカンカカリャへとなってゆく場合もある。

神の人たちは、このように、変身してゆく場合がある。誰でも、いつでも、というわけではない。狩俣において、宗教的職能者たちが、サス、ヤーキザス、ムヌス［ユタ］、カンカカリャという名で呼び分けられているように、それらは、時間のある一点を切り取ってみるならば、別々のものとして存在しているのだから。

神歌を扱う本論において重要なのは、神歌がよまれているときには、これらの宗教者たちを区分する境界が、消失してしまうような場合があるということだ。このことについては、個々の神歌の具体的表現に即して述べてゆく必要があるので、ここでは踏み込まない。今確認しておくべきことは、狩俣においては、サスなどの神役、ヤーキザス、ムヌス、カンカカリャなどの宗教者たちが、それぞれの領域でそれぞれの責任を果たして、村人のさまざまな宗教的需要に応えてきたということ。彼らは、それぞれの領域の専門家として存在しているのであり、通常彼らは、その専門性によって区別されているのである。

（1）元の組織については、琉球大学民俗研究クラブの報告［琉球大学民俗クラブ　一九六六：一六〜一九］以上のことはわからなかった。

（2）狩俣では集落の祭儀について、集落の神役が、自ら直接神と交流して神意をたずねることはしていない。現在の神役たちの中にも幻視や幻聴を体験するなど、巫者的性質を持っている人もいるが、それは偶発的なものにすぎず、意図して神意を汲み取り、それを体系的に説明できる能力とは異なっている。また、たとえそういう能力があったとしても、集落の内部事情を知っている人では、神の真意が公正に伝えられているかどうかが疑わしいから、他集落の巫者にたずねるのだという。

（3）島村はこれを、ニガインマという名称で報告している［島村　一九九三：七三〜七五］。

（4）元サスのMさんによれば、ムヌスをしていた女性Uさん［一九〇三年生。故人］が、籤にあたってウプツカサという役になった。Uさんは有能なムヌスであったが、ウプツカサをつとめている間は、それに専念した。ウヤーンの祭儀の時には、Uさんは、「今神様がこんなふうにいっている」と、自分が見たり聞いたりした神からのメッセージを話して、神役たちに聞かせたそうである。

（5） 私が知っている例では、平良市街地で巫者をしているNさん［男性］も、成巫したてのころは死の穢れにはまったく対応できなかったものの、修行によってそれを克服しつつある。その姉もまた能力が高いと有名な巫者であるが、彼女は死の穢れにはまったく対応できず、弟が努力してその能力を開発しようとしていることを高く評価している。

（6） 元サスのMさんによる。

（7） 奄美諸島では、死霊の口寄せをするユタフゾンと呼ばれる巫者は、卜占や家庭の祈願などにも携わっており、死者儀礼に関与するかしないかというところで巫者を峻別する傾向は、宮古ほど顕著ではないという［山下　一九九三：六一］。不浄性の問題は、「地域」ごとに、そして「人」ごとに、それぞれのコンテクストの中で考えてゆく必要がある。

第二章　神歌をならう

一　サスにえらばれる

神役になるということ、とりわけ、多くの神歌をよまなければならないサスになるという経験は、当人にとってはどのようなものとしてあるのだろうか。ここでは、狩俣の神役組織の長であるアブンマを、一九八三年から一九九七年春までつとめられたＩさんの例にしたがって述べてゆく。

Ｉさんは、志立元《しだていむとう》の氏子である家に嫁がれ、まず志立元のサズンマとして、元の祭儀に携わるようになった。サズンマとは、祭儀に使う諸道具の運搬や食器洗いなどを担当する役である。狩俣の女性たちは、五〇歳くらいになると、よい年を選んで元の祭儀に参加するようになる。祭儀に参加し、先輩の神役たちの行う神まつりのやり方をなんとなく見聞きして、馴染んでゆくのである。こうした経験をまったく積まずに、いきなり元のサスに就任すると、はじめはなにがなんだかさっぱりわからず、ずいぶんとまどうそうである［後述］。

Ｉさんはサズンマとしてだけでなく、同時にウヤーンもつとめられた。姑がウヤーンをしていたからである。

同じウヤーンでも、フサという神歌の先唱役をつとめる役と、そうでない役とがある。Iさんはまず、フサの先唱役をしないウヤーンとして参与した。フサをよむ責任のない役を、Iさんは、「なんの責任もないおばあ」と形容する。ウヤーンひとりひとりは、それぞれの祖先をまつるという重大な責任を負っているわけだから、この「なんの責任もない」ということばは、あくまでも、フサをよむ責任を負っているか否かという観点から発せられたものである。同じウヤーンをつとめる人たちの間にも、フサをよむ責任を負った人と、そうでない人という区別があることがわかる。

サズンマ、そしてウヤーンになったばかりのころ、Iさんは病気に悩まされていた。最初はリューマチ関節炎、次には骨髄炎。病院を転々として治療を続け、長い入院生活をおくり、もう治る見込みはないと思って、子供たちにお別れのことばをいったこともあるほど、つらい闘病生活をおくっていた。(1)

Iさんは、「神のことをやる人は、どこか弱いところがあるよ」と話して下さったことがある。アブンマ以外の狩俣の神役たちにも、神のつとめをすることによって、身体が丈夫になった、幸福な家庭生活をおくれるようになったと話す人は多くある。彼女たちは、これをやらなければ、自分自身や家族の安全が脅かされるというところで、否応もなく神のつとめをする人間として運命づけられている人たちである。(2) この場合、家柄や血筋、籤という制度は、彼女の運命を裏から支えるものとしてはたらいている。

ところで、神役をつとめる女性たちを十把一絡げにして、このように運命づけられているものとしてのみとらえ、そのように記述すると、狩俣の神役個々の現実とは異なってしまう場合がある。たとえば、狩俣の神役経験者の中には、籤があたり、神役を継がなければならないといわれて就任してはみたものの、別にどうということもなく、神など実感することはなかったと語る人もある。また、神役になってからも病いが癒えず、ほんの短い期間だけつとめて終わる人もある。神役になるという経験は、ひとりひとり異なっているのであり、神役になったからどのようになれるとは、だれも保証することはできない。そのような側面は、あるべき神役像、想定の神役像としては記述することができないようなネガとして存在する。

注目されるのは、狩俣のフサという神歌は、そうしたネガティフな世界について、きわめて饒舌にかたる神歌だということ。神役をつとめたけれど、神様なんて実感しなかったと語った女性は、フサについて次のように、口ごもりながら語った。「神様の歌というけれど、あんまりいい歌とはいえないものもあるよ」。狩俣においては、神役になるという経験によって、神の世界のネガティフな側面を知る場合もあるということを示している。

さて、Iさんが志立元《しだていむとぅ》のサズンマをつとめはじめて二年が過ぎた時、同じ志立元のサスであるユーヌヌス［世の主］となるよう、神籤が当たった。志立元のサスが引退し、後継者を決めなくてはならないので、籤がおろされたのである。当時、サズンマであったIさんは、籤をおろしたということも知らなかったという。志立元のサズンマは、この行事に関わることがないからである。前述の通り、二月マーラマイで集落外部のユタが占った干支によって候補者を出し、その中から選ぶ。この行事は大城元《うぷぐふむとぅ》で行われる。(3)

夕方、志立元のおばあたちがIさんの家にやってきて、まだなにも知らないIさんに、「あなたはユーヌヌスになるんだよ」と告げた。Iさんは突然のことにあんまり驚いたので、その場に座りこんでしまったという。すると、「あなたがいやといったら、おじいたちが来て、引っ張っていくよ。それよりも、おばあたちといっしょに志立元に行ったほうがいいでしょう」といわれたので、Iさんは、「断わることは許されない」と思って、おばあたちといっしょに志立元へ向かった。「最初はこわいよ」とIさんはいう。

籤が当たった人は、原則として断わることができないのだが、現在では、頑として引き受けない人も多く、神役数は減る一方である。昔は本人がいやといっても、おじいたちがやってきて、力ずくで引っ張って連れて行ったという。

二　最初はこわい

Iさんは、「最初はこわいよ」と語った。なにが「こわい」というのだろうか。

Iさんは四、五名のおばあたちに連れられて、志立元へむかった。そして、「ユーヌヌスが座るところに、西側の戸口からあがりなさい」といわれた。このことばを聞くと、Iさんは不安が込み上げてきて、涙がぽろぽろこぼれたという。「なにも知らない人がユーヌヌスになるんだねぇと思えば、こわいさねぇ」と。それまでサズンマをつとめていたIさんは、いつも南側の戸口から元にあがっていた。サズンマが西側の戸口を使うことは許されない。西側からあがるという行為が、Iさんに、ユーヌヌスになることを実感させたようである。

ところで、「なにも知らない人がユーヌヌスになる」ということが、どうしてこんなにこわいことなのか。「なにも知らない最初の人は、いっぱいものをおぼえなくちゃならないし、心配で二、三日はものが食べられなかった」とIさんはいう。

ユーヌヌスに選ばれてこわかったこととは、「なにも知らない」Iさんが、「いっぱいものをおぼえなくちゃならない」ということ。祭儀のやり方のあれこれや、神歌としてよみあげるものを、たくさんおぼえなければならないのである。神歌を書いた帳面がたとえあったとしても、「神のところでは絶対みてはならない」ので、「全部のみこまないとならない」のだそうだ。心配のあまり、Iさんは食べ物ものどを通らなくなった。見舞いにおとずれる人もいた。四日目にはIさんの長女がお粥などを持って励ましにやって来た。そして「命がけで入院生活から帰ってきたんだから」と気をとりなおして、長女の作ったお粥を食べたという。それからユーヌヌスがよまなければならない神歌を一生懸命勉強したそうだ。

狩俣の神役および神役経験者たちは、神歌をおぼえることのつらさは、経験した人でないとわからないと語る。涙を流しながらおぼえたという人もある。普段の生活では使わない、難解な、意味不明なことばが多くあり、その上、長大である。祭儀の場で忘れてしまったりすると、嘲笑されることもあったという。おぼえるまでは針の筵にいるようなものなのである。(4)

神歌をおぼえなければならないという重圧をのりこえたIさんは、一年間、志立元のユーヌヌスをつとめ、次には、一番位の高い神役である大城元のアブンマになるよう、籤が当たった。アブンマがよまねばならない神歌は、ユーヌヌスのそれよりはるかに多い。それでもIさんは、ユーヌヌスがよむべき神歌をおぼえることができたという経験から、アブンマになるときにはまったく不安を感じることはなく、「やればやれないことはないと思った」という。

ウフムトゥ［大城元］には大丈夫と思ってのった。ユーヌヌスのとおんなしと思ってのったけど、これの倍あった。それでも、ユーヌヌスのをおぼえられたんだから、一生懸命勉強したら、大丈夫と思った。だから自分の力。やればやれないことはないと思ったさ。

注目したいのは、アブンマのよむべき神歌がどのようなもので、どれくらいの数があるのかを知らず、志立元のユーヌヌスのよむものと「おんなしと思って」いたということ。いざアブンマになってみたら、これまでにおぼえたものの倍もあったという。サスをつとめるものであっても、ほかのサスがどのような神歌をよんでいるのかを、すべて知っているのではないということがわかる。

アブンマは、次のようにも語った。

したっぱしにおったらわからないこともある。それぞれの責任があるから。上になったために、大城元の民話もわかるし、志立元のものも、一ケ年やったからみんなわかる。

「上」であるサスと「したっぱし」とは、それぞれ別の責任を分かちもっている。神歌を先唱する「上」になったために、神歌をよまない役をしていてはわからない「民話」がわかるようになったというのだ。また、志立元のユーヌヌスを一年つとめたから、志立元の民話もわかるし、大城元のアブンマをつとめたから、大城元の民話もわかる、と。神歌をよむ人になるということは、「民話」を知るということに通じているらしい。神歌をよむ人になると、どうして「民話」がわかるようになるのか。ここでいわれている「民話」とはなにか。他のサスたちの神歌についての語りも考慮に入れつつ、それについて考えてゆこう。

三　なにも聞かない／なにも知らない

サスに選ばれると、とにもかくにも、神歌をおぼえなければならない。神歌を書いた帳面があっても、祭儀の場でそれを見ることは許されないので、祭儀がはじまるまでに、しっかりおぼえなければならない。まったく祭儀に立ち会ったことのないMさんは、数え五〇歳の時、突然サスに選ばれた。そのときのことを次のように語っている。

お茶をあげる声［神様にお茶を差しあげるときによむ神歌］、お祝いをあげての声、なにも聞かないでサスに出されたもんだから、大変困ったんです、よみかたが。

狩俣で生まれ育った人であっても、神歌をよむ人になるまでは、なにも聞いたことがなかったというのである。

Mさんの場合、氏子として元の祭儀に参加する前にサスに選ばれた。だからそれまで、神歌をなにも聞いたことがなかったというのだ。

神歌は、ジャンルによって、よまれる場や時、よみ手が厳密に規定されている。その場に参加する資格を有していなければ、神歌がよまれている場に立ち会うことはできない。狩俣において、神歌は誰でも聞くことができるものとして存在してはいない。どのような神歌のよみ手であるのかということとともに、どのような神歌の聞き手であるのかというところから、狩俣の人たちは、さまざまな規定をうけているのである。

神歌を聞くということに関連した規定について、具体的にタービというジャンルの神歌を取りあげて述べてみよう。ここでは、神歌の場と、その場への参加条件との関わりという観点から述べることにする。

タービというジャンルの神歌では、祖先についての物語がよまれる。ウヤパーがひとりでよむ。独唱であり、その場に参加している他の神役・氏子が復唱するということはない。

①性別

ムギブーイィ［麦の豊年祭］、ナツブーイィ［粟の豊年祭、夏まつりともいう］においては、各元において、タービがよまれる。元という祭場は、基本的に、ウイヌヤーとパイヌヤーとのふたつからなる。女性が集う場がウイヌヤーで、男性が集う場がパイヌヤーである。タービはウイヌヤーでよまれるので、男性がタービを聞くことはない。

一九六六年から一九七五年まで狩俣自治会長をつとめた上地太郎さんは、その著『狩俣民俗史』において、狩俣創世の女神を「テラヌプズ」と記している。女神「テラヌプズ」が大蛇と交わり、「マヤーマツメガ」を生み、それから幾世か経た後、「ウプグスクマダマ」という人が七人の子を生んだ、と［上地　刊行年不詳：九］。

一方、神歌のよみ手であるアブンマは、「テラヌプズ」は男の子で、狩俣創世の女神ンマヌカンの子供だと語る。フサやタービでそうよんでいるという。「テラヌプズ」が狩俣創世の女神であるなど、フサやタービという神歌のよみ手であるアブンマにとっては、ありえない話なのである。フサやタービがよまれている場には、男性は立ち会うことができない。上地太郎さんのように、狩俣の民俗伝承を熱心に勉強した人であっても、狩俣で生まれ育った男性であるからには、村の創世に関わる神歌がよまれる場に立ち会うことは許されなかった。神歌によまれている世界は、すべての村人に平等に開かれているのではないのである。

②所属の元

元が違えば、よまれるタービも異なる。大城元では、ウヤパーであるアブンマが〈山のふしらいぃ〉などのタービをよむが、志立元ではユーヌヌスンマが、〈舟んだぎ司〉などのタービをよむ。大城元の氏子の女性は〈山のふしらいぃ〉を聞くことができるが、〈舟んだぎ司〉を聞くことはない。逆に志立元の氏子の女性は、〈舟んだぎ司〉を聞くことができても、〈山のふしらいぃ〉を聞くことはない。ユーヌヌスンマをつとめていたIさんが、アブンマになる前は、ユーヌヌスンマとアブンマのよむ神歌が同じようなものであると思っていたというのは、そもそも、別のサスのよむ神歌を聞く機会が制限されているからである。

③神役

旧暦二月に行われる豆の祈願では、ウフミナーという祭場において、ミズヌヌスンマがタービをよむ。この祭儀に出席するのは、アブンマをはじめとするサスたちと、ツカサ、トゥマなどの神役である。元の祭儀のみに携わるヤーヌヌスンマやサズンマ、マイビィなどは、この祭儀には関わらない。したがって、元の祭儀のみに携わる神役は、ウフミナーにおけるタービを聞くことはない。

以上のように、性別、所属の元、神役の違いによって、聞くことのできるタービにも違いがあることがわかる。これはタービのみならず、ほかの神歌についてもそれぞれの規定がある。その人が、どのような神歌がよまれる場に参加することができるかということは、狩俣という社会によって規定されているのである。神についての伝承のすべてが、すべての村人に平等に開かれているのではないということが指摘できる。

このように、神歌の場への参加条件ということから、開かれている神歌、閉ざされている神歌の違いを考えることができる。

けれど、神歌が開かれている／閉ざされているという問題は、これですむことがらではない。神歌がよまれている場に立ち会う条件を有していても、なお、聞くことができないという事態が生じる場合がある。ひとつは、神歌のよみかたが関わっている。

タービは低い声でよみはじめるという決まりがある。(5) したがって、よんでいるウヤパーの近くにいないと、モンクをはっきりと聞き取ることは難しい。神役たちも氏子たちも、元のどこに座るのか、その位置が厳密に決まっている。ウヤパーから離れて座っている人ほど、聞き取りにくくなる。タービは、元に来ている人たちすべてに、一語一句をはっきりわかるようによみきかせようという「よみかた」はされていないのである。

また、周りの神役や氏子たちは、ウヤパーのよむタービに全神経を集中させている様子はない。タービでよまれることを聞こうと熱心に耳を傾ける人もあるが、すべての人がその時間をそうして過ごすのではない。タービがよまれている間、他の神役や氏子たちは、お茶を飲んだり、物を食べたり、タービのじゃまにならない程度に小声でおしゃべりしたりとさまざまである。(6)

タービによまれる内容は「部落創成の歴史を語る重要なものである」［外間 一九七八：四七二］とか「各元の由来や歴史を謡う」［狩俣 一九九一：一七〇］とされる。その通りである。しかし、タービによまれる「歴史」にどのように接触できるのかは、男であるか女であるか、神役であるかそうでないか、元のどこにすわるのか、どれほどの関心をもってタービを聞いているのか等々に応じて異なってくるのである。

神歌の世界が、村の人々すべてに対し、平等に開かれてはいないということについては、次のような証言もある。

サス経験者のJさんは、「狩俣の歴史は、おばあたち［サスたち］になってからだけわかるようになっている」と語った。これは、神歌のよみ手となることによってのみわかるようになる歴史が、狩俣にはあるということを示す。アブンマが、神歌をよむ上の役になったおかげで、「民話」がわかるようになったと語っていたことが思いおこされる。神歌のよみ手としての責任を負った人にのみ開かれる「民話」「歴史」というものが、狩俣にはある。

四　聞いてもわからない

神歌をよむ責任というのは、自ら意志的に負う類のものとしてあるのではない。それは、次の語りからうかがうことができる。

元サスのRさんは、現在はサスを卒業され、ヤーキザスとして村人の個人の祈願を執り行っている。サスを卒業するまでは、個人の祈願に携わることが許されない役だったので、卒業するまでは当然していなかった。そのことについて、次のように語った。

全然だめ。できない。自分のおうちのお祈りさえできない。だから、別のかたにお願いする。自分のつとめしか、その当時は頭に入らない。おばあさん［アブンマ］なんか連れていってお祈りさせても、なにをいうてるかわからない。

自分がつとめなければならないこと以外は、頭に入らないし、何をいっているかもわからないという。自分の意志で、「聞く／聞かない」を選択する余地はここにはない。神歌がよまれているその場に同席していたとしても、聞くことができないというのである。狩俣という社会のルールが規定している「聞く／聞かない」は、神歌がよまれているその場に参加しているから聞くことができる、その場に参加していないから聞くことができない、という常識的な理解だけでは間に合わない。たとえ耳にすることがあっても、それを聞いて頭に入れることができないというのである。その神歌を聞く責任が発生するまでは、神のことばというのは、「頭に入らない」もの、「なにをいうてるかわからない」もの、すなわち聞くことのできないものとして存在するということ。狩俣においては、神歌はそのように存在するものとして語られる。

そうした語りの例を若干あげよう。

アブンマのIさんは、ユーヌヌスンマに選ばれたときのことを、「なにも知らない最初の人は、いっぱいものをおぼえなくちゃならないし、心配で二、三日はものが食べられなかった」と語った。当時Iさんは、ユーヌヌスンマがウヤパーをつとめる志立元のサズンマをしていた。ユーヌヌスンマのよむ神歌を、Iさんがまったく聞いたことがなかったということはないだろう。それでも、「なにも知らない」と語られるのである。それほど、神歌を知るというのは、難しいことなのである［本章八「十年かかる」参照］。

また、サス経験者Tさんは、「神のつとめは、フズ［籤］をおろされて、なんにも知らないで与えられたものだから。それからが勉強だから」と語った。

神歌は、狩俣においては、それを聞いたりよんだりする責任が発生したときにはじめて知ることのできるものとして存在する。そういうものとして語られる。現実には神歌を耳にしたことがあっても、神歌をよむ人／聞く人になるまでは、なにも聞かない、なにも知らないと語られるのである。神歌を聞くことができる、それが頭に入るという事態は、狩俣においては、神歌をよむ責任を負ったことに等しい。神歌をよみ、それを聞くということは、それだけ特別な経験としてあるということ。

だからこそ神歌は、それをよむ責任を負ったものだけが継承できる。ひとりの神役が責任を負っている神歌は、それをよむべき神役から神役へと、ひとりからひとりへと継承される。他の人がそれに関われないのは、責任を負っていないからである。

では、神歌をよむという責任が、ある人に発生したあと、神歌はどのように継承されるのであろうか。

五　口から口へ

「神様の前では一字たりとも見てはならない」とアブンマはいう。たとえ神歌を書いた帳面を持っていたとしても、神様の前でよみあげるときには、決してそれを見ることはできないのだと。だから、自分がよむべき神歌は、すべておぼえなければならない。

では、おぼえるときには、帳面が使われるのだろうか。

Mさんが数え五〇歳でサスに就任した時には、帳面はなく、たいていは口伝えであったという。Mさんは、自分が口伝えでならった神歌の歌詞を帳面に書き、自分の後継者にはその帳面を譲ったという。Rさんが数え五〇歳でサスになったときには、前任者は、自分の帳面を持っていたようだったが、それをRさんに見せることはなく、すべて口伝えでならったという。Rさんは、ならったことを家に帰ってから帳面に書きとり、それをくり返し見ておぼえたという。後継者に役を譲るときには、きれいに清書しなおして、それを渡したという。

このように、現在の神役および神役経験者たちは、自分で書いたものにせよ、先輩から譲られたものにせよ、神歌の帳面をもち、それをくり返し見ておぼえるという方法をとっている。

しかし神歌は、歌詞としてのみ存在しているのではない。狩俣では歌詞のことをモンクというが、モンクを書いたものだけがあっても、それだけでは実際に神歌をよむことはできない。なにが必要かといえば、「フシ」、すなわち、実際にどのように歌という現象として出現させるのかということに関わる諸要素――旋律やリズム、声の出し方、身振りなど――である。これを知らなければ、いくらモンクを書いたものがあっても、神歌を歌という現象としてこの世に出現させることはできない。

狩俣の神役たちは、「カンクイ［神声］」ということばを使う。この語は本稿の「神歌」にほぼ対応する。「クイ［声］」とは、モンクであり、フシである。どちらがなくても、カンクイにはならない。モンクが帳面に書かれていても、それだけではカンクイとしてよみあげることができない。アブンマが「フシなんかはおばあからならうさ。誰だって最初はなにもわからないから」というように、神歌が書きとめられ、継承に帳面が用いられるようになっても、口伝えでならい／ならわすという関係がなければ、神歌は十分に伝えきれないものとしてある。

六　神の帳面

神役経験者のKさんによると、サスになるような神高い人は、就任前に、神様から歌の帳面をもらう夢を見るという。狩俣においては、歌の帳面をもらう夢が、サスになることの知らせとして解釈される場合がある。(7)サス経験者のRさんは、次のような夢をみたという。先輩のおばあさんから帳面をもらった。そこには五文字のことばが書かれてあり、それはよめるのだが、その下がよめない。するとおばあさんが、「私のあとからよんでごらん」といった、という。

すでに述べたように、現在の狩俣では、神歌をよまねばならない神役たちは、備忘録として自分がよむべき神歌の帳面を持っている。自分で書いたという人もあれば、前任者から譲り受けたという人もある。前任者から譲り受けた人の場合、こうした実在の「帳面」によって、「あの夢でもらったのはこれであったか」という意味づけがなされても、現在であれば不思議はない。

ただ、夢を語ってくれたRさんは、実際には帳面をもらわなかった。彼女は口伝えですべての神歌を継承した。まさに「私のあとからよんでごらん」といわれたのである。夢と同様、彼女は「あとからよむ」ことなしに、神歌を継承することはできなかったのである。

狩俣には「カンヌチョー［神の帳］」ということばがある。このことばは、「『神によって定められた文句を謡う歌』と説明される」［長浜　一九七九：四八］。この説明にしたがえば、「帳」とは「謡う歌」そのものであって、実在する「帳面」ではない。

狩俣においては、神歌は書かれたものとして、すでに神の側に書かれて定められている帳面として存在している。それは、「カンヌチョウ」ということばによって存在するものであり、実在ではない。だからそのままでは、決してよむことができない。「あとからよむこと」なしには、うけとることができないものとして存在している。

七　先輩不在

狩俣の神役は、それぞれ、ある神をまつる専門職として存在するため、その神役の行うべきつとめは、基本的に、その神役の前任者と後任者との一対一の関係の中で継承されてゆく。しかし、自分のすぐ前につとめていた人が、病気や死亡などによって、教えることができないという事態もありうる。このような場合はどうなるのか。

Mさんは、数え五〇歳のときにカニャー元のウヤパーに選ばれ、六六歳までつとめたが、彼女の前任者は、病いのためにMさんに教えられる状態ではなかったという。そこで彼女は、ピャーシという役だけを、マンザンマという役をつとめていた女性からならった。Mさんが就任した神役がよむピャーシと、マンザンマがよむピャーシとは、モンクがだいたい同じだったからだという。また、Mさんがウヤパーをつとめるカニャー元には、ミズヌヌスツカサ［神役名］、イスンマ［神役名］をつとめて卒業した人がいた。彼女たちは、カミフツというジャンルの神歌をよむことができるひとたちである。カミフツは、サスたちが共有している部分を多く含む神歌なので、これについては、サスを卒業した彼女たちから、「ひと声ひと声教えられて、ようやくおぼえた」という。

しかしMさんは、Mさんが就任した役だけがよむことになっているタービとフサという神歌もならわなくてはならなかった。これは、この役をつとめた人でないとわからないので、Mさんはならうことができずに困っていた。けれど、Mさんのおばさん［母の兄嫁］が、以前同じ役をつとめていたことがあって、この人からなんとかならうことができたという。

もう一例あげよう。Jさんがサスを継承したとき、前任者は入院しており、神歌をならうことができなかったが、さらにもう一代前の前任者が沖縄本島に暮らしていた。そこでJさんは、沖縄本島在住の先々代によんでもらった神歌を録音し、それを用いておぼえたという。

以上の例から、前任者から後任者へすみやかに神役を継承できない場合でも、神役が共通して知っている神歌については、別の神役も含めた何名かによって、ひとりの神役の継承すべき神歌を再構成し得ることがわかる。また、その神役にしかわからない神歌であっても、前任者より以前にその役をつとめていた人が存命である限りは、その人からならうことが可能な場合もある。

狩俣においては、神歌は、ある役の先輩から、その役の後輩へと継承されるのが基本だが、それがどうしてもできない場合は、他の神役の協力を得たり、もっと前の代の先輩からならうこともある。狩俣では生前に神役の交代がなされるので、同じ役の経験者が複数存命する場合もあり、こうしたことも可能なのである。

ひとりからひとりへという神歌の継承方法は、その神役にしかわからない独自の部分を生む。先輩の死亡・病気などの非常事態には、この継承方法では神歌の消失をまねきやすくなる。しかし神歌には、各サスが共有する部分があり、その部分については、別の神役が教えることも可能である。また、生前に神役を譲るというありかたが、先輩のさらに先輩からならうことを可能にしている。非常事態にあっても、複数の神役経験者によって、ひとりのサスの神歌を再構成することができるのである。狩俣の神役継承のありかたは、前任者の急死や急病という非常事態が生じても、神歌が、変容・消失する危険をより少なくしているといえる。

八　十年かかる

なにも知らない、わからない人に、突然神歌をよむ責任が発生する。責任を負った人は、先輩からひと声ひと声教えられて神歌を学んでゆく。そのあとはどうなってゆくのか。

仲嶺元《なーんみむとぅ》でナツブーイィ［粟の豊年祭］を見学させていただいた折、行事の合間に、神歌の詞章の意味をあれこれとサス経験者たちにたずねたことがある。丁寧なご教示を賜ったが、サス経験者のTさんがこんなことを二、三度くりかえし語った。

　こんなものがわかりますか？　私なんかは十年つとめてようやくわかるようになったのに、取材に来る人なんかは、ちょっとだけ見て、わかるのかねぇと思うさ。四、五年ではわからないよ。ことばもおぼえないといけない。やり方もおぼえないといけない。また、意味もおぼえないといけない。十年はかかる。

「取材に来る人」、「ちょっとだけ見」る人のひとりである私には耳の痛いことばだったが、狩俣で生まれ育った人であっても、神歌がわかるようになるまでには十年もかかるということには、少なからず驚いた。神歌が「わかる」ようになるためには、「ことば」「やり方」「意味」をおぼえなければならないと。それには四、五年では足らず、十年はかかるというのだ。

　すると、この場に同席していた別のサス経験者Rさんも、次のように話しはじめた。

　並大抵のもんじゃないよ。うちなんかは、もうおぼえられているから大丈夫だねーと思っていたときに、位置にすわったら、ドキドキドキドキしてくるわけね。よみながらも、何かぽっと考えたら、そこでもうぽっと消えていくさね。二、三年までは、まちがえたらいけない、という集中があるもんだから、そうはならないけど、五、六ケ年、七、八ケ年となったら、少し油断がくる。だけど、八ケ年、九ケ年、十ケ年となったら、順序がわかってくる。だいたい意味もわかってくる。よみあげながら、こっちはこう、あっちはこうだ。

ここでは、神歌を修得してゆく過程が、三段階に分けられて語られている。サスになりたての初心者段階では、「まちがえたらいけない、という集中」によって、神歌が「ぱっと消えていく」ようなことはおこらない。ところが慣れるにつれて、「もうおぼえられているから大丈夫」という「油断がくる」。そうすると、いざ神歌をよみあげようというときに「ドキドキ」したり、神歌が「ぱっと消えて」しまったりもする。その時期が過ぎて、サス経験が十年にも及ぶようになると、「順序がわかってくる」し、「意味もわかってくる」。神歌をよみあげながら、「こっちはこうだ、あっちはこうだ」というようなこと、すなわち「順序」と「意味」とがわかるようになるという。

初心者段階と熟練段階とでは、表面的には同じようにすらすらよんでいるように見えるかもしれない。けれどこの両段階が大きく異なるのは、この「こっちはこうだ、あっちはこうだ」というようなことがわかっているか否かという点である。

狩俣においては、神歌は変えてはならないものとされ、前任者から教えられたものを、そのままおぼえてよみあげる。だから、神歌の「順序」というのは、サスになりたてのころであっても、十年たっても、変わるものではない。教えられた順序のまま、その通りよみあげるだけである。ただ、十年もサスをつとめていると、神歌をよみあげつつ、「こっちはこうだ、あっちはこうだ」というようなこと、すなわち「意味」がわかってくるのだという。よみあげる順序自体は変わっていないのだが、それから意味がうけとれるようになるのである。与えられていることばそのものは変わっていない。神歌をよむ人は、与えられていることばに順序を見いだし、意味をうけとるのである。それができるようになるまでには十年を要する。なぜなら、誰も、意味を教えてくれないからだという。

サス経験者のTさんは、「むかしのおばあたちは、ぜったい無言だったのに」と語る。神歌をならったときには、詞章については「話も聞いていない」と。だから、「ことばじたいがわからない」と語る。

別のサス経験者Mさんもまた、「意味はいちいちは聞いていない。モンクだけサーサーサーっといって、意味はならわない」と語った。

アブンマも次のように語ったことがある。「私なんかはいちいち意味を聞いていないさねえ。昔のエイゴだから」と。昔のエイゴのように、意味不明のことばがあるというのだ。

けれど、アブンマは次のようにも語った。「なんの意味かわからない、最初はね。慣れてからは少しは考えられてくるさ、意味がね。意味がとれる」。特に意味をならわなくても、慣れるにしたがって意味がわかるようになるという。はじめ意味のわからなかったものが、慣れるにしたがって、意味がとれるようになるのだと。

慣れるにしたがって、意味がとれるようになる。このことは、先述のサスのことば、「順序がわかってくると意味がわかってくる」ということばを思い起こさせる。神歌の継承者にとって、神歌の意味というのは、先輩からならうようなものでなく、神歌を継承する人が、自分でみつけだしてゆくものという一面を持っていることが指摘できる。神歌のモンクはすでに決まっている。フシも決まっている。声の出し方、所作、よみあげる場等々もすべて決まっている。先輩からならうのは、第一にそうした決まりであり、神歌の継承においては、意味は第二のものである。意味は、個々の人が、それらの決まりを継承することでそれぞれ受け取るものとしてある。意味が受け取れるようになるまで、十年という長期間にわたる実践が要請されるのである。

日常生活には用いない特殊なことば、「昔のエイゴ」のように意味不明のことばを一方的に与えられ、意味も知らされぬまま、それをよむことを要請される。神歌をよむ人になるということは、それまでのことばの世界とは異なることばの世界へ強制的に送り込まれることである。それまで使ってきたことばの常識では通用しないことばの世界へ有無をいわさず投げ込まれてしまうのである。意味が結びつかないことば、意味がはぎ取られたことばの世界。

私たちの通常のことばの世界からみれば、このことばの世界は、とても居心地が悪いものであろう。私たちは、日常生活を営むとき、意味を伝えるものとしてことばを使っている。ひとつのことばは、ある意味と、言語共同体の成員が共有している「記号体系＝コード」によってしっかりと結びつけられているので、私たちはその結びつきにしたがってことばを用いれば、その結びつきを共有するものどうし、意味を伝えあえると信じて疑わない。だから私たちは、通常は、ことばを意味を伝えるものとして用いている。コミュニケーションの道具として使っている。意味のないことばというものを、ふつうは考えない。神歌の歌詞の意味がわからないということが、神歌をよむ人たちによってしばしば強調されて語られることそれ自体が、狩俣においても、通常は、ことばが意味を伝えるものとして考えられていることを示している。

意味がはぎ取られた状態で与えられることば。それが神歌のことばである。それをよむ人は、与えられた「昔のエイゴ」を、ただただよむだけである。与えられるのは、かたちのみ。意味は、神歌を十年もよみ続けなければ得られないものとしてある。よみ続けていると、順序がわかるようになり、意味がとれるようになる。神歌をよむ行為それ自体が、意味を探求する行為となる。

けれども、ただよんでいるだけで、なぜ意味がとれるようになるのだろう。これについては、個々の神歌についての各論で具体的に考察してゆく。

九　サスを卒業する

狩俣の女性神役たちは、七〇歳前後になると、神役を引退する。引退することを「卒業する」といっている。(8) その際、神が許しているという根拠が必要になる。

その根拠は、主に、ユタの占いと、本人のみる夢とによって与えられる。例として、ふたりのサス経験者の語りを紹介する。

五〇歳の時にサスに出されて、六六で終わった。十二ケ年目に主人が亡くなった。だからうちの都合もあって、やめようかと思って、ユタの前に行ったら、もうあぶないよーと、今おわったらあぶないよーといわれた。自分でじゅうぶんおぼえて、また、後継者につがないといかないから、そうだなーと思って、やったさ。十六ケ年［元サスのMさん］。

九ケ年サスをつとめてから、生みのお母さんが病気になった。親孝行しようと看病するつもりで、やめるとおばあさん［アブンマ］に話した。おばあさんは、ユタの前に行ってごらんと。そうしたらユタは、お母さんをとりますか、家庭をとりますかというから、びっくりした［元サスのRさん］。

Rさんは、その後もサスを引退することなく、さらに三年つとめ、ほんとうに引退してもよいというときには、次のような夢をみたという。

サスになってから今年でちょうど十二年というときに、夢で、大城元の西の戸口から、白い着物をつけたおばあさんがおりて来て、私の前に来て、十二年もつとめてご苦労さんといって、涙を流して握手した。

この方の場合、サスを長いことつとめられたのだが、卒業されたときには、もっと続けてほしい、と周りの人たちから惜しまれたそうである。そういうときに、「夢からも、神様からも、十二ケ年もつとめてごくろうさんといわれてね、心残りなく卒業しました、ありがとうございました」と周りの人に事情を説明したという。神役を卒業するときには、本人と周囲の人たちが、ともに納得できるような、神から許されたということの根拠が必要とされるのである。それがなければ、「もっと続けたらいいのに」という人たちを十分に納得させることは難しい。と同時に、神高い人にとっては、自分自身が納得できないだろう。「心残りなく卒業」というわけにはいかない。だから、ユタがまだだめだといったり、夢をみていなかった場合には、続けるのである。集落の神役になるのも、それを卒業するのも、自分の意志によるのではなく、神からの命によってなされるのであり、彼女自身が、そして、彼女の周囲が、それを要請しているのである。

こうしてサスをつとめあげ、卒業し、後継者も定まったあとには、ヤーキザスとしてのつとめが待っている。個人的な依頼をうけてなされる祈願事は、サスをつとめている間は、限られたものしか行うことができない。したがって、サスを卒業してさらにヤーキザスをつとめようという人は、種々の個人の祈願を行うために、祈願の手順や、その祈願に必要な神の名前を、さらに学び続けなければならない。神のつとめをするものとしての勉強は、サスを卒業してもまだ終わらないのである。

さて、私たちはこれから、具体的に個々の神歌の検討にはいってゆくわけだが、ここで目指す第一のことは、十年以上も神歌をよみ続けることで得られる意味それ自体を明らかにすることではない。

なぜなら、すでに述べた通り、神歌の意味というものが、狩俣においては、神歌をよむことを余儀なくされた人たちひとりひとりが、自分の実践を通して、個々に見つけてゆくものとしてあるからである。したがって、神歌の意味に、スタンダードはない。「これこそが狩俣の神歌の決定的解釈である」というものは、存在しない。もっとも、スタンダードがないということを明確にするために、個々の意味を記述することは、私たちには可能であるし、必要なことでもあろう。

以上により、私たちの探求は、次のように目標を定めて進んでゆくことになる。すなわち、神役になった当初においては、まったく意味不明だった神歌が、それをよんでいるうちに、なぜ意味がとれるようになるのかを明らかにすること。神歌をよむ人にとって、意味のなかったものが、意味あるものとしてはたらくようになるのは、なにゆえにか。これから行う神歌個々の検討は、そうした目標をもった試みであり、神歌の詞章や旋律の断片の各々が隠しもっているかもしれない、神秘的意味を探る試みではない。

（1）その病気は、やるべきでない役をつとめていることに対する、神の知らせであったとIさんはふりかえっている。Iさんの生家は平氏の子孫であると伝えられており、この一族の男性は名前の最初に「平」の字を使う。平氏の子孫であるのに、それに不相応な役をやっていたので病気になったのだとIさんは考えている。現在では、元のウヤパーを決定する際、家柄・血筋が問題にされることはないが、このように、ひとりの神役の体験としては、家柄・血筋がその神役になるための重要な条件として意味づけられることもある。

ところで、平家の落人伝説は、南西諸島では奄美諸島に顕著に見られるが、沖縄には流布していないとされる［山下　一九八三：四一二］。『中山世鑑』に見られるように、首里王府は、源為朝が沖縄をさすらっている間にもうけた子供である尊敦を琉球最初の王とする伝説を持っていた。狩俣が、首里に繋がる源氏ではなく、平氏の伝説を伝えていることは、首里を介さないで、狩俣と日本《やまとぅ》とを直結させる世界観を有する点において注目される。なお狩俣には、平家に由来するとされるこの一族のほか、首里王府から家譜を下賜され、士族として認められた人が数多く存在していた［添付資料「宮古郡各村別士族・平民人口比率」参照］。

（2）従来の南西諸島の神役・巫者論で指摘されているように、虚弱体質や心身の不調、原因不明の病気などは、神の意に沿っていないために引きおこされるのであり、神の意にしたがうことによってそれらが解消するという考え方は、神をまつる人がそれになったあとで過去を意味づけようとするときに共通にあらわれるようである。神役の巫者的属性については、沖縄本島のカミンチュ［村落祭儀の神役］の就任過程を子細に検討した高梨一美の論稿［高梨　一九八九］、および、宮古島の民俗宗教を全体的に調査している佐々木伸一の論稿［佐々木　一九八八］を参照。

（3）籤で選ぶ方法は、狩俣だけでなく、宮古のあちこちで行われており、男性が籤をひくのがふつうである。伊良部島の佐良浜という集落では、候補者の夫の名前を書いて小さく丸めた紙を盆の上に乗せ、区長がそれを左右に振る。五回先に落ちた人が当選者となる。狩俣では右側に落ちた人が当たりになる。

（4）ウヤーンをつとめていたことのあるNさんによると、昔は神歌を忘れた人は、周囲の人たちから、「あの人は昨夜は練習もしないで寝ていた」と陰口をいわれたという。またIさんも「なにもわからないおばあがいたといわれたら、子や孫の代までの恥になるからと思って」、神歌を懸命におぼえたという話をして下さったことがある。

（5）元サスのMさんによる。

（6）外間守善によれば、「アブンマがタービを謡い、他の神女達は、芭蕉布の着物の襟を手に持ち、自分に向けて振るわせながら謡い終わるまで黙って聞いている」［外間　一九七八：四七〇］という。これが実見した事実であるとすれば、現在の状況とはずいぶん異なっていることになる。私は大城元、仲間元［仲間元のウヤパーではなく、アブンマが仲間元へ出向いてよむタービ］、志立元、仲嶺元でタービがよまれるのを聞いたが、ウヤパー以外の神役が、芭蕉布の着物をふるわせてタービを聞いているということが行われたことはなかった。

（7）宮古の巫者たちの中には、「神の人」としての活動を許されるとき、神から「帳簿」をもらうと語る人がいる。「帳簿」とは神まつりの許可証・免許証であると説明される［滝口　一九九一：二七三／佐渡山　一九九三：一九三／島村　一九九三：七五］。したがって、「神から歌の帳面をもらう」ということばが、宮古においては、「神をまつるものとして神歌を歌ってもよいという許可のしるし」と結びつくのは難しくないだろう。巫者の資格を持つことの証明書として神から帳簿をもらうという体験をするのは、宮古のみならず、沖縄の巫者たちにも見られる。たとえば池上良正が次のような報告をしている。沖縄本島のある巫者は、成巫する以前、長年神ダーリィ［一般に、幻視・幻覚・幻聴・夢遊歩行・原因不明の病気・心身の不調を伴う巫病］に苦しみ、神から「さあ、もう良いだろう」と最後の催促をうけた。そのユタは覚悟を決めて「はい、うけたまわります」と答えた。すると神は、「では、ムニチョウ（胸帳）シンチョウ（心帳）の七チョウブ（帳簿）を受け取れ」といって、「目の前で巻物をパラパラと見せ」たという。池上は、「『七帳簿』あるいは『天の七帳簿』は、沖縄のユタたちがよく口にする言葉で、先祖や神から与えられる、いわばユタの聖典である。ユタが真のユタであることを保証する資格証明書のようにも考えられている。『胸帳、心帳』とは、それが心のなかに授けられたという意味であろう」と述べている［池上　一九九二：一一七～一一八］。

（8）　はじめて祭儀に参加することを、狩俣のことばでウンミイィーイディという。「卒業する」に相当する狩俣ことばについては未調査である。

第三章　神の名

一　初めての神歌

狩俣では、旧暦二月に「二月マーラマイ」という行事が行われる。集落外部の巫者を三ケ所訪ねて、過去一年の間に行われた祭儀に神が満足しているかどうかなど、集落祭儀に関わるさまざまなことを占ってもらう行事である。卒業するサスがいる場合には、後継者に何年生まれの女性がふさわしいのかということも占われ、干支が示される。その干支によって複数の候補者を決め、その中から籤をひいて選出するのである。元《むとう》のサス、すなわちウヤパーや、そのほかのサスたちは、この方法によって選ばれる［第一章二］。

二月にウヤパーに選ばれると、まず最初におぼえなければならない神歌がある。元の神様にお茶を差しあげてよむカミフツである。(1) 元の神役と女性氏子たちは、毎月朔日に、それぞれチョーキ［お茶請け］を持ち寄って朝早くから元に集まり、元の神様にお祈りする。この行事のはじめに、神様にお茶・線香をあげて、ウヤパーはカミフツをよまねばならない。氏子たちは、それを聞いている。旧暦二月にウヤパーに選ばれた場合、旧暦の三月朔日までに、そのカミフツをマスターしなければならない。

カミフツは、毎月一日によまれるだけにとどまらない。元やイビマなどの各聖地、また各家庭における祈願の際にもよみあげられる。アブンマが、「これをおぼえなければ、サスのつとめはなにもできない」と語るように、カミフツは、神に祈る仕事をする人にとって、基本中の基本の神歌である。

また、サスを卒業してヤーキザスになった人も、カミフツを用いて祈願をする。カミフツは、サスとヤーキザスとの両領域にまたがる神歌として存在しているのである。神に祈る仕事をする人が、最初におぼえるのがカミフツであり、ヤーキザスとなったあとも、神の人である限りは、生涯にわたってこれをよみ続けるのである。

では、そのカミフツとはいかなるものであろうか。ここでは、大城元で行われたカタフチィウプナーという祭儀のおり、お昼のお茶を神様に差しあげるときによみあげられたカミフツの例を引く。大城元のウヤパーであるアブンマと、アマテラスのサスであるヤマトゥンマの二名が、神棚に向かい合掌し、声を合わせてよむ。他の大城元の氏子たちは、神棚のほうに向かい、合掌して聞いている。

〈大城元のカミフツ〉(2) [?は聞き取り困難を示す]

A1んまぬかん　やぐみがらまいぃ　てぃどぅ　ふからまいぃ
うぷかんがなしぃ　みょーぷぎ

とーどぅ

「『あさてぃだ　うやてぃだ』、いや」

A2ゆーむとぅ　ゆーにびぬ　うぷかんがなしぃ　みょーぷぎ

うぷゆぬしぃ　てぃだゆぬしぃ　かんがなしぃ　みょーぷぎ
うぱらじぃ　かめらじぃ
いせいうらまいぃ　ふみゃいぃ　うらまいぃ　かんがなしぃ　みょーぷぎ
とーどぅよー　とーどぅー

A3うぷむとぅ　にーむとぅ　にがーりうらまいぃ
とぅくるがん　ふだみうぷがんがなしぃ　みょーぷぎ
やふつ　やむてぬ　かんがなしぃ　みょーぷぎ
うかまぬしぃ　まーまぬ　とぅゆみゃー　みょーぷぎ
あさいん　ゆういん　まのしぃかん　みょーぷぎ
きたふみうらまいぃ　ばいぃふみうらまいぃ　かんがなしぃ　みょーぷぎ
うすぬいん　みがばい　びゅーりさまいぃ　んきゅーりさまいぃ
むむぱーきぃ　やすぱーきぃ　まのしぃぬ　みょーぷぎ
いつまい　なーたり　ぶーたり　うらまいぃ　かんがなしぃ　みょーぷぎ
とーどぅよー　とーどぅー

A4あまてらすおおみかみ　かんがなしぃ　みょーぷぎ
やまぬふしらいぃ　ふぁーぬうぱらじぃ
?ー?ー??????ぬ　かんがなしぃ　みょーぷぎ
てぃらぬぷじぃ　ういなおす

むむちょう　やすちょうん　あたいうらまいぃ　かんがなしぃ　みょーぷぎ
うしぃみがー　かんがなしぃ　みょーぷぎ
うぷぐふとぅぬ　やふだみぬまぬしぃかんがなしぃ　みょーぷぎ
やーぬうやんまぬ　かんがなしぃ　みょーぷぎ
まやーまつめが　むむかんぬぬしぃ　みょーぷぎ
まやーまぶくい　とぅゆんしゅーがなしぃが　かんがなしぃ　みょーぷぎ
まーるうやぷじぃ　とぅゆんしゅーがなしぃが　かんがなしぃ　みょーぷぎ
にーぬゆまさいぃ　とぅゆんしゅーがなしぃ
ういかぬしぃ　くらいぬしぃ　かんがなしぃ　みょーぷぎ
とーみだい　にがーりうらまいぃ　かがんぬしぃ　てぃらぬしぃ　かんがなしぃ
いしゃーまい　ふみゃいうらまいぃ
ういかぬしぃ　くらいぬしぃ　かんがなしぃ　みょーぷぎ
じんむてんのう　めいじてんのう　みのうえさま
じぃとーぬかんがなしぃ　みょーぷぎ
みろくぼとけ　さかいぼとけ　くばらぱぎぃ　しぃまぬぬしぃ
?ーがぬしぃ　とぅゆみゃー　かんがぬしぃ　みゅーぷぎ
にふちぃぬしぃ　まぬかなしぃ　かんがなしぃ　みょーぷぎ
このいびま　このぴぃかん　なーぴぃかり　うらぴぃかり　うらまいぃ

いびまがん　ぴぃきぃまがん
とーふたぽー　じゅーにぽーぬ　かんがなしぃ　みょーぷぎ
んまぬぱん　あがいん　うらまいぃ
ゆーぬぬしぃ　ふぃーぬぬしぃ　かんがなしぃ　みょーぷぎ
とーどぅよー　とーどぅー

B

きゅーぬ　ぴゅーが　のーがぬ　いーぴぃかじぃ　かぽーなぴぃかじぃ
なまぬ　いーどぃき　かぎどぃき　つきんなか　まにんなかぬ　うや
たんでぃゆー　とーどぅゆーちまた
やーぬそーびぬ　そーみどぅんばな　あんだばなぬ
しぃしぃてぃから　やぱてぃから
こうすず　まこうすっざ
すすりいだし　ぱだーいだし
うざーゆーさぶが
ゆーちゃ　かぽーちゃ
かぎうさぎ　ちゅらうさぎ　あーしみさまい
うりゃーやいぃ　かまーやいぃ　まうまう　うたむとぅー　しぃみさまい
すさいうみきむぬ　のーゆい　いからまん
とーどぅよー　とーどぅー

んきゃぬたや　にだてぃままやらまりば
くとぅしぃぬ　かりゅーなとしぃとぅり　ぱだあきのーさまじが
おるずみゃ　ばかなちゃー
うぬにがい　つくさぎ　つくいりかーたー
？からまじが
うやまー　うやばいや
しぃまぬに　ふんぬ　にーや
むつどー　だくとー　しぃみさまい
てぃんがら　なーびがら
かたふちぃうぷなーぬ　むむくい　やすぐい
しぃたいどん　ゔぁーいどん
ゆーゆん　しゅんくみ　ぎすみさまじが
きゅーぬ　いーぴぃかず　かぽーなぴぃかずぬ　うさぎびー　みゃーしびぬ
しぃしぃてぃから　やぱてぃから
てぃんとー　ういんとー　さまい
ゆーかい　ぶんかい
ばー　かんだしぃき　ういだしぃき　あーさまい
にーぬしぃま　むとぅぬしぃま　ういばー

しぃまみしぃら　むらみしぃら　ふぃーさまい
うぷゆー　てぃだゆ　んな　ぱいすみさまい
じぃーなみ　うらすなみ
あやみにゃーだ　ぶんみにゃーだ　じちきゆー　かさんゆーや　ふぃーさまい
やーきどぅ　きないどぅ
あまやー　みっちゃん　ぱいすみさまい
あまやー　みっちゃん　なかんな
よーいぶだ　しゅーぎぶだ　ふぃーさまい
みゃーく　かたぱら　みゃーく　よんそにぬ
しぃまぬ　ゔぁーてぃ　むらぬ　かさん
ふぃーさまじっち　また

C
〔以下、ふたりそれぞれが自由によみあげる〕
？？？？？ぬ　かぎとーとぅ　？？？？？

詞章の上にA・B・Cで示したように、カミフツは大きく、三部分に区切ることができる。まずはじめにAにおいて、祭儀に関わる神々の名がよみあげられる。

次にBでは、祭儀の手続き・祈願内容がよまれる。神役の女性が、「自らの手で神にお供えをして、こうして祈願しておりますので、このようにして下さい」ということがよみあげられてゆくのである。

A・Bの両部分の詞章が定型であるのに対し、続くCは、「かんそう」〔以下「感想」と表記〕と呼ばれている部分で、詞章に定型はない。サスそれぞれが、自分の思ったことを、自由によみあげてよいとされている部分である。現在のサスたちは、この部分を感想と称しているが、以前はスラグイといっていたという。スラとは、植物の梢、先端部をいう語である。歌の先端〔終わりの部分〕のクイ〔声〕ということか。

では、各部分について、具体的に述べてゆこう。

二　神々の名

まず冒頭のA1で、「んまぬかん　やぐみがらまいぃ　てぃどぅ　ふからまいぃ　うぷかんがなしぃ　みょーぷぎ」とよまれる。

「んまぬかん」は母の神のこと。「やぐみがらまいぃ」はおそれ多い。「てぃどぅ　ふからまいぃ」は、サス経験者三名にたずねてみたが、意味はわからないとのことだった。ただし、「神のことばはふたつでひとつになっているから、『んまぬかん　やぐみがらまいぃ』と『てぃどぅ　ふからまいぃ』は、おんなし」ということだ。狩俣の神役たちは、「神のことばはふたつでひとつになっている」ということを、「神の声はふた声」ということばによっていいあらわす。アブンマは、「ひとつでいえないから、ふたつになってる」と語る。母の神の名をいうのに、「んまぬかん　やぐみがらまいぃ」だけでなく、必ず、「てぃどぅ　ふからまいぃ」もそえてよまなければならないというのだ。「んまぬかん　やぐみがらまいぃ　てぃどぅ　ふからまいぃ」で、母の神の名前ということ。

その名のあとに、「うぷかんがなしぃ」がついている。「うぷ」は、大きいの意。「かん」は神。「がなしぃ」は

写真２　「とーどぅよー」の所作
［1995年９月、ウフユダミ、志立元にて］

敬称。つまり「大神様」ということ。母の神の名前である「んまぬかん　やぐみがらまいぃ　てぃどぅ　ふからまいぃ」に、「大神様」をつけたかっこうになる。

それにさらに「みょーぷぎ」がつく。アブンマはこの語を、「ありがとう」という意だと教えてくださった。(3) したがって、この一節は、母の神の名をよみあげて、それに感謝のことばをそえたものと理解することができる。

次に登場する「とーどぅ」というのは、「尊い」という意のことば。これについては後でふれる。

次の「ゆーむとぅ　ゆーにびぬ　うぷかんがなしぃ　みょーぷぎ」も、母の神の名前をいうのと同じ構造になっている。「ゆーむとぅ」というのは、四つの元、すなわち、大城元・仲間元・志立元・仲嶺元のこと。四つの元の神様の名前を一度にいっていることになる。「ゆーむとぅ」だけではひと声になってしまうので、もうひと声の「ゆーにびぬ」がそえられている。それに「うぷかんがなしぃ［大神様］」という敬称がつき、「みょーぷぎ」という感謝のことばがそえられている。

以下、「うぷゆぬしぃ　てぃだゆぬしぃ　かんがなしぃ　みょーぷぎ」から、「んまぬぱん　あがいん　うらまいぃ　ゆーぬぬしぃ　ふぃーぬぬしぃ　かんがなしぃ　みょーぷぎ」まで、同様の構造でもって、神々の名前がよみあげられてゆく。

これらの神々の名は、Ａ１・Ａ２・Ａ３・Ａ４によって示したように、四つに区切ることができる。それぞれの部分の終わりのところでは、「とーどぅ」ないし「とーどぅよー　とーどぅー」とよまれている。「とーどぅ」「とーどぅよー　とーどぅー」の抑揚は、神の名前をよむ抑揚とは異なっているため、聴覚的に、そこに区切りを感ずることができる。また、神の名前をよんでいる時には、サスは手のひらを合わせて合掌しているが、「とーどぅよー　とーどぅー」とよむときには、なにかを捧げ持つように手のひらを上に向けるという所作をするので、視覚的にもここに区切りを感ずることができる［写真2］。

ところで、Aを「とーどぅ」によって区切ることは、それをよむ人にとって、いかなるはたらきをなすのか。

三　入れるものと抜くもの

A1の終わりに、「『あさてぃだ　うやてぃだ』、いや」という、中途半端な詞章がある。これは、「んまぬかんやぐみがらまいぃ　てぃどぅ　ふからまいぃ　うぷかんがなしぃ　みょーぷぎ」のあとに、「あさてぃだ　うやてぃだ」という詞章をよもうとして、それが間違いであることに気づいたアブンマとヤマトゥンマが、「いや」と訂正して、次の「ゆーむとぅ　ゆーにびぬ　うぷかんがなしぃ　みょーぷぎ」に移行したことを、そのまま記述したものである。「あさてぃだ　うやてぃだ」という神の名は、本来このカミフツには登場しないものである。なぜこの神の名が、ここに登場しようとしたのだろうか。

アブンマにカミフツについて、次のようにたずねたことがある。「カミフツでは、お茶をあげるときには『んまぬかん』からよみあげますよね」。アブンマは次のように答えた。「お茶をあげるときには『んまぬかん』から。お酒をあげて願うときには、『やぐみ　てぃんどー』からよみあげる。行事によって、よむのとよまないのがあるさ」と答えてくださった。お茶をあげるときと、お酒をあげて祈るときとでは、冒頭の詞章が異なってくるのである。

お酒をあげて祈るとき、冒頭は次のようになる。

【参考】

やぐみ　てぃんどー　やぐみがなしぃぬ　みょーぷぎ

とーどぅ

あさてぃだ　うやてぃだがなしぃぬ　みょーぷぎ

ゆーちぃきぃ　ゆーぽーがなしぃぬ　みょーぷぎ

なーぐらまいぃ　しぃどうらまいぃ　かんがなしぃぬ　みょーぷぎ

にだてぃぬしぃ　やぐみうぷがんとぅゆみゃー　みょーぷぎ

ゆーむとぅ　ゆーにびぬ　うぷがんかなしぃぬ　みょーぷぎ

うふゆぬしぃ　てぃだゆぬしぃ　かんがなしぃぬ　みょーぷぎ

うぱらじぃ　かめらじぃ　いせいうらまい　？？？　かんがなしぃ　みょーぷぎ

とーどぅよー　とーどぅー(4)

［後略］

アブンマによれば、「てぃんどー」とは天の神様のことである。お酒をあげてお祈りするときには、必ず「てぃんどー」からよむのだという。狩俣の神々で、一番位の高い神様が、この天の神様だという。

「やぐみ　てぃんどー　やぐみがなしぃぬ　みょーぷぎ［おそれ多い、てぃんどー、おそれ多い神様、ありがとう」」という詞章は、四元のサス、すなわち、大城元・仲間元・志立元・仲嶺元のサスしかよむことができない、とアブンマはいう。[5] 他の元のサスたちは、天の神の名をよみあげることは許されないという。サス経験者のDさんは、「ティンドーをよみあげるのは、ユームトゥ［四元］だけができるはず。ほかのサスは、位が違うからできない」と語る。天の神の名をよみあげる行為は、狩俣の神役組織の上層部にのみ許されている、特別な行為としてある。どの神の名をよむことができるのかということ、すなわち、詞章の違いがそのまま神役組織の序列を映すのである。

この天の神の次に、「あさてぃだ　うやてぃだ」という神がよみあげられる。「あさ」は父、「てぃだ」は太陽、「うや」は親。「父太陽・親太陽」といったところ。アブンマはこのようには説明せず、ただ、「おやがみさま」と語っている。それに続く「ゆーちぃきぃ　ゆーぽーがなしぃぬ　みょーぷぎ／なーぐらまいぃ　しぃどぅらまいぃ　かんがなしぃぬ　みょーぷぎ／にだてぃぬしぃ　やぐみうぷがんとぅゆみゃー　みょーぷぎ」までの部分、すなわち□で囲んだ部分は、お茶をあげるときにはよみあげない。お茶をあげるときには、「んまぬかん」をはじめによみ、□の部分はよまずに、「ゆーむとぅ　ゆーにびぬ　うぷがんかなしぃぬ　みょーぷぎ」に繋がるのである。お茶をあげてよむときに、「んまぬかん」の次に「あさてぃだ　うやてぃだ」とよんでしまいそうになったのは、「てぃんどー」からよみはじめるときには、「あさてぃだ　うやてぃだ」が二番目によみあげられる神様だからであることがわかる。

ところで、ここでよみあげられる神様がどういう神様であるのかについては、アブンマは、「ひとつひとつは先輩から聞いていない」と語った。アブンマが熟知していることは、歌詞のことばのひとつひとつの解釈よりも、むしろ、お茶をあげるときと、お酒をあげて祈るときとでは、神様の名前のよみあげかたが異なるということと、実際にどうよむかということについての実践的な知識なのである。それは、アブンマだけでなく、ほかのサスたち、サス経験者も同様である。四元のサスが知っていなくてはならないことは、お茶をあげるときには、「んまぬかん」をはじめによみ、お酒をあげて祈るときは「てぃんどー」からよむということ。そして、「んまぬかん」からよむときには、□の部分はよまずに、「ゆーむとぅ　ゆーにびぬ　うぷがんかなしぃぬ　みょーぷぎ」に繋がるということ。

前章でとりあげたひとりのサス経験者のことばを思い出そう。

　八ケ年、九ケ年、十ケ年となったら、順序がわかってくる。だいたい意味もわかってくる。よみあげながら、
　こっちはこうだ、あっちはこうだ。

狩俣では、サスに選ばれて神歌をならうとき、先輩はひとつひとつの歌詞の意味を教えてくれないという。ただ、よみなさいというだけ。はじめはだから、意味もわからず、教えられたものを丸暗記するしかない。それをそのままよむ。しかし、実際の祭儀の場で「八ケ年、九ケ年、十ケ年」とくり返しよんでいると、「順序がわかってくる」。「こっちはこうだ、あっちはこうだ」ということがわかってくる。つまり、連綿と連なっていただけの神歌の詞章に、「こっち」と「あっち」という区別が生まれるのである。この祭儀のここの場面では「こっち」のモンク、あの場面では「あっち」のモンクということがわかってくるのである。お茶をあげるときにはンマヌカンから、お酒をあげて祈るときにはティンドーからという違いがわかってくるのだ。そうすると「意味もわかってくる」。歌詞のどこからどこまでを、出し入れ可能なひとつの単位であるのかを知ることが、神歌をよむ人にとっては、神歌の「意味」を知ることに直結しているのだと考えられる。

四　返事する

Ａ１・Ａ２では、集落全体であがめられている神々の名がよまれてゆく。「んまぬかん」は集落草創の母の神である。「ゆーむとぅ　ゆーにびぬ　うぷかんがなしぃ」は、狩俣の四大元である大城元・仲間元・志立元・仲嶺元の神のこと。「うぷゆぬしぃ　てぃだゆぬしぃ」は豊穣の神、「うぱらじぃ　かめらじぃ」は命を司る神。

Ａ３では、祭儀が行われているその家の神々がよまれてゆく。引用のカミフツは大城元でよまれたものなので、「うぷむとぅ［大元］　にーむとぅ［根本］　にがーりうらまいぃ［いらっしゃる］」とまずその場所が示され、所の神、お釜の神、桁にいらっしゃる神など、屋敷の神々がよみあげられる。

Ａ４では、イビマの神々がよみあげられてゆく。イビマとは、神様が鎮座している聖地である。どこのイビマの神様をよみあげるのかは、祭儀が行われている場所が集落のどこに位置しているかによって異なってくる。

カミフツの世界では、狩俣は、ニシシブ、ナカシブ、ヒガシシブと大きく三つに区切られている。正確にいえばさらに細分化されているのだが、ここではそれについてはふれない。とにかく、大きく三つに区切られている。祭儀を行っている場所が、ニシ・ナカ・ヒガシのどこにあるかによって、Ａ４でよみあげる神の名は違ってくるのである。このことについて、アブンマは次のように語っている。

ニシと、ナカと、ヒガシとでは全部違う。そえるのがあるし、抜くものがある。大城元でよむのも、ほかとは違う。志立元も仲間元も、取るのは取るし、入らすのは入らすから。それを全部のみこまないと、こんなのはできない。

カミフツをよまない人の耳には、カミフツは、変わりばえのしない神様の名前が連綿とうち続いてゆくだけの

写真3　お茶とチョーキ［お茶うけ］をあげている。左は返事をするアブンマの手。右は、返事をする場面ではないので合掌したままのヤマトゥンマの手
［1995年7月、バンプトゥキィ、大城元にて］

単調な響きにすぎない。けれど、カミフツをよむ人は、それを部分として認識している。そうでなければ、ここではこの神、あちらではこの神というふうに、「取るのは取るし、入らすのは入らす」ことはできない。どこまでがひとりの神の名前になっているのかがわからなければ、取ったり入れたりはできない。どこからどこまでがひとりの神様の名前なのだろう。

たとえば、A4の冒頭では、「あまてらすおおみかみ　かんがなしぃ　みょーぷぎ」とよまれる。すると、ヤマトゥンマというサスが、合掌していた手をはなし、手のひらを上に向けるという動きをした。

　祭儀の合間に、私はこの動作をしてみせながら、「よまれているときにこうするのは、なぜですか」とたずねてみた。アブンマ、ヤマトゥンマ、ウイカンマ、ヤーヌヌスンマは、「はーい、という返事みたいなもの」、「名前をよばれたら返事をするでしょう？　あれみたいなもの」と教えてくださった［写真3］。

　神役たちは、祭儀の場でも、日常の場でも、神役をつとめている間は、それぞれの役の名前でお互いを呼びあう。アブンマ、ヤマトゥンマ、ウイカンマ、ヤーヌヌスンマ、サズンマなどがそれである。神歌の中での「名前」は、これとは別で、ヤマトゥンマの場合は「あまてらすおおみかみ」なのだという。サス経験者のJさんが、このことを次のように明確に語った。「ヤマトゥンマはね、ヤマトゥンマともいうけど、お祈りするときには、

『あまてらす　おおみかみ』という」。

「あまてらす　おおみかみ」という名前は、日常においては使われず、お祈りするとき、すなわち、神歌がよまれるときにだけ使われる名前なのである。したがって、祭儀の場に参加することがなければ、ある神の名と、そのサスである神役とを結びつけるのは難しいものと考えられる。

「あまてらすおおみかみ　かんがなしぃ　みょーぷぎ」の次の詞章は、「やまぬふしらいぃ　ふぁーぬうぱらじぃ　?-?-?????ぬ　かんがなしぃ　みょーぷぎ」である。これは、マンザンマというサスの名前であるという。現在この役をつとめる人がいないので、この名がよまれているときに「返事」をするサスはいないが、マンザンマがこの場にいれば、このサスが「返事」をするという。

そうすると、「○○かんがなしぃ　みょーぷぎ」というまとまりを、ひとりの神の名前と考えることができる。ただ、「○○かんがなしぃ　みょーぷぎ」がふたつ組合わさって、ひとりの神の名前になっている場合もあるようだ。たとえば、シィマヌヌシィという神様のよみあげかたについて私が質問したおり、Jさんは次のように語った。

〈内〉シィマヌヌシィっていうのは、クバラバギィ?

〈J〉そう。シィマヌヌシィのひとつに、「くばらぱぎぃ　しぃまぬぬしぃ　ぶぃーがぬしぃ　とぅゆみゃー　かんがなしぃ　みょーぷぎ　しぃますずん　ふんすずんにがーりうらまいぃ　かんがなしぃ　みょーぷぎ」。こっちまでひとつの神様。

〈内〉ひとりの神様をいうのにそんなにたくさん?

〈J〉そうよ。ここまでがセットになってる。こっちまでがひとつになってる。

「○○かんがなしぃ　みょーぷぎ」ひとつで、ひとりの神の名となっている場合と、それがふたつ組合わされてひとりの神の名になっている場合とがあるようだ。ともあれ、カミフツをよむ人は、どこからどこまでがひとりの神をいう部分であるのかを知っている。また、知っていなければ、実際にカミフツをよむときに困ることになる。なぜなら、すでに述べたように、カミフツでよみあげる神様の名前を、祭儀の種類や場所によって、入れたり抜いたりしなければならないからである。

ところで、神様のことばで名前を呼ばれたときに返事をするという動作は、おそらく、神様のことばがなにをさししるしているのか、意味との結びつきを学習してゆくことに役立っていると考えられる。

たとえば、「あまてらすおおみかみ　かんがなしぃ　みょーぷぎ」とよまれた時に、ヤマトゥンマがある所作をする。そのことばが、ヤマトゥンマのある動きを導くものとしてはたらいたということである。その動きを、神役たちは「返事」ととる。あることばがよまれたら、ある神役が返事をするのである。それによって、そのことばは、ある神の名前としてはたらくことになる。神歌がよまれる場では、ことばとその意味との結びつきを、このように学んでゆくことができる。

ここで述べている「意味を学ぶ」というのは、「あまてらすおおみかみ　かんがなしぃ　みょーぷぎ」ということばそれ自体の意味を学ぶということではない。そのようによまれたら、ひとりのサスがある動きをするということを学ぶということである。そして、その動作が「返事」であるということを学ぶのである。神歌は、時間とともにどんどん流れてゆく。流れてゆくことばの中から、なにかを名指すことばを切り取ることができなければ、返事をすることはできない。流れてゆく神歌のことばから、ある部分を取り出すことが必要だ。その方法のひとつが、「返事」という動きである。そうすることによって、神歌のことばに区切りが生まれ、特定の事物をさししるすものとして、実際にはたらくことになる。

五　ならわない神歌

カミフツのおわりには、スラグイと呼ばれる部分がそえられる。この部分を、現在の神役・神役経験者たちの多くは「感想」と称している。「昔から『感想』といっていたんですか」とたずねると、しばらく考えた後、ようやくスラグイということばがでてくる。それだけスラグイということばは、現在使われていないのである。

この部分には、定まった詞章がない。アブンマによれば、この部分は、それぞれの神役が「自分の感想」をよむところだから、「人からならわないよ。また、人にはいちいち教えられない」のだという。(6)スラグイは、人からならうものでも、人に教えるものでもない。だからこれをうまくよめるようになるまでが一苦労なのだとサスたち、サス経験者たちは口をそろえていう。

本章で引用したカミフツでも、アブンマとヤマトゥンマが声をそろえてよんでいる部分の後、ふたりはまったく別個に、それぞれのことば、それぞれの抑揚で、なにかをよみはじめた。それまでよりも小声になるため、はっきりとは聞き取れない。ここではどのようなことがよみあげられるのだろうか。

カミフツは、束ねた線香に火をつけて、それを香炉に立ててよみあげる。カミフツをよむ神役たちは、線香の燃える様子を見ながら、祈願内容が神に受け入れられたかどうかを判断する。きれいに花が咲いたように燃えれば結果は上々であり、反対に、いつまでも燃えずに黒く残っていれば、フソクがある、つまり、なにか神のお気に召さないことがあるのだと判断される。

後者の場合、神役たちは、祈願内容が神に受け入れられるよう、祈りを続けることになる。それが、このスラグイの部分でなされる。かつてサスをつとめ、現在ヤーキザスをしているRさんは、次のように語った。

嫌な感じして燃えない線香もあるよ。だから、お願いだから、フソクがあったら、消してくださいい、とこちらからも頼んで。黒い、嫌なものを、消してくださいいと、何回もお願いして、やっと光を与える場合もあるよ。

このようにスラグイにおいては、祭儀において願ったことが、きちんと神に受け入れられたかどうかを見極め、受け入れられていなければ、神に願いが通るまで、神にはたらきかけを行うということがなされるのである。それを、誰からもならわずに行わなければならないのであるから、これを上等に行えるようになるまでが大変なのだと神役経験者たちがもらすのも、もっともなことである。神役個々が、その人自身のよみかたで、神々とわたりあわねばならないのが、このスラグイなのである。神の人としての本領が発揮できる部分であるともいえよう。

もう少し具体的に、スラグイでよまれることばについて述べておきたい。

Rさんによると、各家庭で行われる子供のための祈願では、たとえばこんなことがスラグイでよみあげられるという。

どこの元の生まれで、何年の子供で、ここまではあたりまえの、よせられた道筋だけど、これからが、ドゥスヌパナ　アグヌパナ［同年代の人々の中でのトップの意］、人に負けないように、させてください。自分のおうちから出ていっても、学校までも、ススマース　カギマース［清らかな塩の意］、塩みたいにきよめられて学校に行きなさいと。これがスラグイになるわけ。その子供のためになるようなこと。それをスラグイ。その家庭をナーゲテ［名前をあげてほめたたえる意］。むずかしいよ。

スラグイを如何によむかは、自分の先輩は教えてくれない。だから、自分で経験を積んでゆくしかない。Rさんは次のようにも語った。

〈R〉その家庭に行って、おうちの人とお話しながら、いいことばがあったら、それをのみこんで、それもよむ。そういうふうにいってちょうだいねって指導する人もいるよ。

〈内〉そのおうちの人が？

〈R〉そう。前のおばあさん［お祈りするおばあさん、つまりサスやヤーキザスのこと］なんかに、こういうふうに祈ったかたがいらっしゃったから、それが気に入っているから、そういうふうなクチ［口］であげてちょうだいね、と話してくれる人もいるよ。年が明けて家庭の最初のお祈りをするときは、家庭に太陽があがるみたいに。それから、おるずんの花［初夏に咲く花］が咲くようにこの家庭を栄えさせて下さいと、前のおばあさんがそういうふうにいったのを忘れられなくて、それをよみあげてちょうだいねと。そういうことばひとつひとつが上等な勉強になっていくよ。その家庭に行けば。

〈内〉そうやって、少しずつ、感想をどうよむのかを勉強していくの？

〈R〉そうよ。すごく勉強になる。

カミフツのスラグイはこのように、先輩からならわないものとして、カミフツをよみあげる当人の感想としてよまれるわけだが、祈願の依頼者を通して、先輩のよみかたを継承する場合もある。

Rさんは、祈願の依頼者とおしゃべりしながら、この家庭ではこのように感想をよもうと決めてゆくという。

その家庭、その家庭に行けば、勉強になる。おうちの人が話されていることばも、感想にいれてよんだら、上等な拝みになるって、そういうふうに感じる。

Rさんはたしかに、感想を自分自身で考えてよみあげている。誰かからならっておぼえたものをそのままということではない。その意味においては、感想は、それをよみあげる人自身の、文字通りの感想である。反面、感想のことばには、先輩のよみ方や祈願の依頼者のことばも織り込まれている。それを織り込んでよみあげることで、「上等な拝みになる」のである。よむ人自身の感想ではあるが、同時に、先輩・依頼者のことばでもあるということ。カミフツの感想は、よみあげる人の個的な宗教実践であるとともに、それが、先輩や依頼者のことばを織り込んでなされるという点において、共同性をもった宗教実践でもあるといえよう。

（1）現在の狩俣の神役たちは、サラと呼ばれる酒器から神酒を撫でこぼす［この行為をフサパニという］時によみあげる神歌を限定的にカミフツと称している場合もある。「フサパニしてカミフツをよむ」というように。詞章構造と旋律がともに同じものであっても、祭儀の場面が違うと、それをカミフツとはいわない場合がある。そういう場合はたとえば、次のように名指しされる。「お茶をあげて祈るときによむもの」「お酒をあげて祈るときによむもの」「トードゥする」「ユンフチィ」など。本書においては、これらの神歌を、カミフツという名称で代表させている。『大成』はこれを「ニガリ」という名称で総称している。

（2）大城元におけるカタフチィウプナーにて。一九九六年三月二十二日、旧暦二月の初午の日。

（3）「みょーぷぎ」は、従来、「おかげで」と訳されている。「おかげだ」という言い切りのかたちであるという説もある［本永　一九九四：二二三］。近世の琉球語の辞書『混効験集』には「おみぼけ」として「たまもの。賜をいふ」とある。池宮正治は、「宮古の歌謡にみられるミユープギ（恐れ多い）もこれと関わるか」［池宮　一九九五：一二四］と述べている。狩俣の神歌には「みょーぷぎ」と同じ意の「おみょーぷぎ」という語も出て来るが、こちらは一層『混効験集』の「おみぼけ」に近いかたちである。しかしこれらの語の関連については未詳である。

（4）大城元におけるカタフチィウプナーにてお酒をあげて祈るときのカミフツ。一九九六年三月二十二日、旧暦二月の初午の日。

（5）仲間元のサス経験者のDさんからも、同様のことをうかがった。
（6）同様の話は、アブンマのほか、五名の神役経験者からもうかがった。

第四章　神の座敷

ピャーシとは「拍子」の意であろうとされている［外間・新里　一九七八：四七二］。ンク［神酒］や酒［泡盛］のそそがれたサラ［酒器］を前にして、手拍子を打ちながらよまれるものである。先唱者が一節よむと、その祭儀に参加しているほかの人たちがくり返すという音頭一同形式によって演唱される。

この神歌が演唱される機会は多い。

たとえば、旧暦三月の麦まつりが終わり、四月にはいるとウフユダミという祭儀が行われる。この祭儀は、ザーと呼ばれる祭場で行われる。アブンマ、ユーヌスンマ、ウパラズンマという三名のサスが、それぞれピャーシを先唱する。仮に、旧の二月にこれらのサスに籤で選ばれた場合、三月にカミフツ［第三章参照］とタービ［第五章参照］、そして四月にはこのピャーシという長大な神歌が待っているのである。これらを次から次へとおぼえてゆかなくてはならない。

また、旧暦六月のナツプーイィ［粟の豊年祭］には、夏の七元において、各元のサスが、四日間、毎日ピャーシをよむ。他の祭儀でも、ンク［神酒］を用いる祭儀には、たいていよまれる。それ以外に、元のサスが、各家庭でンク［神酒］を用いた祈願をする場合にも、かつてはよまれていたという。

ピャーシは、誰が先唱するかによって、ふたつのタイプに分類できる。ひとつは、サスが先唱役をつとめるタイプ。もうひとつは、マイビィなどの神役が先唱するタイプ。

サスが先唱する場合、次の手順がふまれる。まず、給仕役の神役によってサスの前に膳が置かれる。その上にサラとよばれる酒器が置かれる。次にバタスとよばれる容器から、ンクが注がれる［写真4］。あふれて流れ出そうなほど、めいっぱい注がれる。そしてサスのピャーシがよみあげられる［写真5］。終わるとフサパニをす

写真4　アブンマのサラにンクを注ぐサズンマ
［1995年7月／夏まつり／大城元にて］

写真5　ピャーシをするアブンマ
［1995年7月／バンプトゥキィ／大城元にて］

写真6　フサパニするアブンマ
［1995年7月／夏まつり／大城元にて］

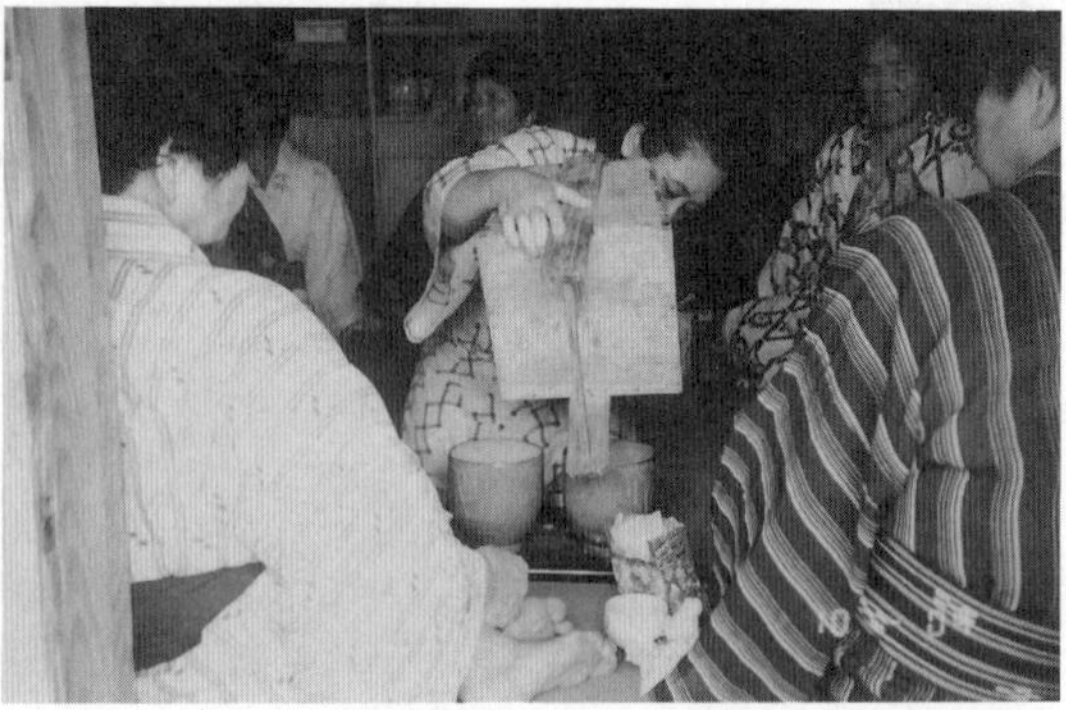

写真7　氏子たちにンクを注ぐマイビィ
［1995年7月／夏まつり／大城元にて］

写真8　ピャーシを先唱するマイビィとヤーヌヌスンマ
［1995年7月／夏まつり／大城元にて］

る。楊枝ほどの木片で、サラのンクを少量、膳の上に撫でこぼすのである［写真6］。これを神様のことばでは「ウイ」「パツ」という。神様に捧げられる分である。このときにも短い歌がよまれる。[1]

サスのピャーシがすむと、マイビィと呼ばれる神役が先唱するピャーシにうつる。祭儀の参加者に対して、ンクが振る舞われるのである。祭儀の参加者はふたりでひと組になる。それぞれの組の前で、マイビィはサラにンクを注ぎ、ピャーシを先唱する［写真7・8］。参加者はンクをひと口味わい、持参してきた容器に移し入れる。

これらふたつの場面でよまれるピャーシは、いずれも手拍子を打ってよまれることで、等しく「ピャーシ」と呼ばれてはいるが、まったくタイプの異なる神歌である。先唱役が異なるだけでなく、歌詞・旋律も異なっている。

サスのピャーシでは、主として、祭儀の次第がよみあげられてゆくのだが、マイビィのピャーシでは、その祭場に関わるイビマ［拝所］の神の名がよみあげられてゆく。

このうち、本章では、サスのピャーシをとりあげ、神歌のかたちのひとつを取り出すことを試みる。

一　サスが先唱するピャーシ

サスの先唱するピャーシは、とにかく長大である。たとえば、アブンマの夏まつりのピャーシは、三〇〇節をこえる。ひとりのサスがひとつよみ終えるのに、約二〇分から三〇分かかる。

各サスのピャーシの詞章は、互いに異なるところがある。そうした相違は、アブンマによると、「よむ人だからわかる」もので、「よまない人は同じみたいに思ってるはず」というような相違であるという。各サスがそれぞれ、自分がどういう神のサスであるのか、どのような祭儀でそのピャーシをよんでいるのかということに応じて、詞章を「入れたり抜いたり」しているために、そういう相違が生まれるのだという。

そのような相違は、具体的にはどのようにあらわれているのだろうか。アブンマのよまれる夏まつりのピャーシをもとに、他のサスのピャーシと比較し、異なっている部分をとりだし、その部分が「相違している」ことで如何なる役割を果たしているのかを考察したい。

二　根口声

アブンマのピャーシでは、はじめに、「根口声」と称される部分がよまれる。アブンマが先唱し、他の神役と大城元の氏子たち一同が復唱する。第一節のみ、復唱のかたちを［　］に示した。

アブンマのピャーシ「根口声」［夏まつり］[2]

1てぃんだおぬ　やぐみょーいぬ　みよぷぎ
［てぃんだおぬ　やぐみょーいぬ　みよぷぎ］
2あさてぃだぬ　うやてぃだぬ　みよぷぎ
3よぼちぃきぃぬ　よぼてぃだぬ　みよぷぎ
4にだりぬしぃ　やぐみかん　わんなよ
5よぼむとぅぬ　よぼにびぬ　うぷかん
6かんま　やふぁ　ぬしぃさ　ぷゆたりるよ
7このところ　このふだみ　びよりぃぃ
8ところ　うふ　ふだみ　うふかんどよ
9やふじぃより　やむてぃみょり　うぷかん
10うかまにーいぃ　まかまにーいぃ　うまいよ
11あさいーよん　ゆぶいーよん　まのしぃよ
12きた　ふみゃーいぃ　ゔぁーいぃ　ふみゃーいぃ　やぬかん

13むそーいぃのいぃ　んみかーのいぃ　びよりいぃ
14むぱーかきぃ　やしぃざーおきぃ　まのしぃよ
15みちぃうまいぃ　やふぁたりょーいぃ　やのかん
16かん　ふみゃいぃ　うい　ふみゃいぃ　とぅらまい
17かんま　やふぁ　ぬしぃさ　ぷゆたりるよ

ピャーシの冒頭のこの部分が、「根口声」とよばれているということは、先考研究においては明らかにされていない。従来の研究では、「根口声」という語は、タービやフサというジャンルの中の特定の曲を示す語として扱われてきた［外間・新里　一九七八：九／日本放送協会　一九九〇：一一六～一二〇］。しかし、ピャーシをよむサスたちは、ピャーシのこの部分を「根口声」と呼んでいる。

アブンマ以外の他のサスたちも、ピャーシの冒頭には、必ずこの「根口声」をよみあげる。ただし、アブンマ以外のサスは、ゴシック体の箇所の詞章が異なる。第二節「あさてぃだぬ　うやてぃだぬ　みよぷぎ」は、アブンマ以外のサスはよみあげない。また、第四節でアブンマが「にだりぬしぃ　やぐみかん　わんなよ［根立て主　おそれ多い神　私は］」と一人称でよみあげるところを、「にだてぃぬしぃ　やぐみかん　とぅゆみゃよ［根立て主　おそれ多い神　豊見親［尊称］よ］」と三人称になる。たとえば、夏まつりの時に、同じ大城元でヤマトゥンマというサスによってピャーシがよまれるが、その「根口声」では次のようになる。

ヤマトゥンマのピャーシ「根口声」［夏まつり］(3)

1てぃんだおぬ　やぐみょーいぬ　みよぷぎ
［てぃんだおぬ　やぐみょーいぬ　みよぷぎ］

2**にだてぃぬしぃ　やぐみかん　とぅゆみゃよ**
3よぼむとぅぬ　よぼにびぬ　うぷかん
4かんま　やふぁ　ぬしぃざ　ぷゆたりるよ

［後略］

アサティダは、大城元にまつられている神である。大城元のウイヌヤー［女性の祭場］の神棚にならぶ三つの香炉のうち、向かって一番左におかれているのがアサティダの香炉である。中がンマヌカン、右がヤマトゥカン［大和神］の香炉である。アサティダの香炉は、一九六七年ごろに新たに設置されたものだという［島村　一九九三］。ンマヌカンと交わって子孫を成したという伝承を持つアサティダの名は、ピャーシにおいてはンマヌカンのサスであるアブンマの先唱するものでしかよまれない。(4)元サスのRさんにそのことを指摘したら、「そうね。たしかに私たちはアサティダをよまないね。どうしてかな」という返答であった。理由はどうあれ、アブンマ以外のサスたちは、ピャーシの「根口声」ではアサティダの名前を抜くのである。

第四節「にだりぬしぃ　やぐみかん　わんなよ」は、狩俣草創の神ンマヌカンが、「私は根を立てた主　おそれ多い神である」と自称するところである。このピャーシをよんでいるアブンマは、ンマヌカン自身になって「私は根立て主である」といっているのである。他の神のサスがピャーシの中でンマヌカンの名をよみあげるときには、ヤマトゥンマのピャーシの「根口声」第二節にあるように、「にだてぃぬしぃ　やぐみかん　とぅゆみゃよ［根立て主　おそれ多い神　豊見親［尊称］よ］」となる。アブンマのピャーシの中では一人称のかたちをとるが、他のサスが先唱するピャーシにおいては、名をよみあげてあがめる神のひとりとして登場するのである。詞章の違いが、神役間の序列を示すものとなっているのである。

こうした細部の違いは、アブンマが、「聞いてたら同じみたいだね。よむ人だからわかるけど、よまない人は同じみたいに思ってるはず」というくらい些細な違いかもしれないが、神歌をよむ人にとっては、神役の序列――それは神の序列でもある――を示すほどの大きな違いなのである。「よむ人だからわかる」違いがある、という事実にこそ注目したい。

第五節では、狩俣の四大元、すなわち、大城元・仲間元・志立元・仲嶺元の四元の神があげられ、第六節で「神はやわらいであれ　主はしずまってあれ」とよまれる。「神はやわらいであれ　主はしずまってあれ」という詞章は、フサというジャンルの神歌では、一番はじめによみあげられる。アブンマが、フサでは「これをよまなければ、あとがよめない」というように、フサという神歌をつくるには、この詞章が冒頭にくるということが、最低条件のひとつとなっている。ピャーシとタービでは、この位置でよみあげられる。このことばについては、フサの章で詳述する。

第七節以降では、祭場に鎮座しているトゥクル神、屋敷の神、竈の神、朝餉・夕餉の神、桁・梁を踏んでいる神、萱を葺くときに使用する針の神等々、神々の名があげられてゆく。

以上でアブンマのピャーシの根口声は終了する。神様の名前をあげる順序は、前章でとりあげたお酒をあげて祈るときのカミフツにほぼ対応している。異なる点は、ピャーシでは、先唱者である神役が「わんな［私は］」と自称することである。カミフツの中では見られない表現である。こうした一人称の表現は、サスの先唱するピャーシだけでなく、タービ、フサというジャンルの神歌に共通してみられるものである。神の司祭としてのサスが、神と一体化して世界を描いていくというよみ方になっている。したがって、さきほど述べたように、ピャーシのよみ手であるサスが異なれば、神が異なることになるので、その神の側から世界を描くためには、詞章をかえる必要が生じる。先唱役の違いが詞章の違いとしてあらわれるのは、そのためである。
では、根口声に続く部分ではどうなっているのか。

三　祭儀の手続きと祈願内容をよむ

サスのよむピャーシでは、「根口声」で神々の名をあげたあと、祭儀の手続きがよみあげられる。神々の名をあげ、次に祭儀次第をよむというかたちは、カミフツと共通するものだが、ピャーシではそれが、神の一人称表現でなされ、ひとりの神の側から祭儀を描いてゆくというよみ方になっている。この点がカミフツとは異なる。ピャーシのこの部分では、根口声と旋律が変わり、「アジィラー」というハヤシ詞を伴うものになる。一九九五年の夏まつりの折のアブンマのピャーシでは、この部分は約三四〇節にもおよんだ。この部分をよむのに約一五分かかる。他のサスたちもまた、それぞれこうした長いピャーシをよむのである。

ここでそのすべてを検討することはできないので、次の点にポイントを絞ることとする。先唱する神役が変わると、詞章にどのような変化があらわれるのかということ。まず、アブンマのピャーシから次の部分をとりあげよう。このピャーシの全文は歌詞資料一を参照されたい。

アブンマのピャーシ［夏まつり］

311 アジィラー　**んまぬかん　わんな**　　母の神　私は

［以下「アジィラー」を略す］

312 やぐみ　うぷかんま　　おそれ多い大神は

313 **ばむとぅが　おいん**　　私の元の上で

314うふむとぅが　おいん　　　大きな元［大城元］の上で
315まんざぬしぃ　とぅゆみゃどぅ　　マンザンマというサスと
316まきゃどぅぬしぃ　かんどぅ
317かんでぃかじぃ　ういどぅ　　四元のサス以外のサスたちと
318ぬしぃてぃかじぃ　まいどぅ
319ざしぃきばい　とりょり　　いっしょに座って
320びゆぎばい　ぱより

詞章の下には、アブンマの説明にしたがった解釈を示した。

ピャーシのこの部分では、大城元で行われている夏まつりの状況がよまれている。「んまぬかん」である私は、私の元であるこの大城元の上で、サスのひとりである「まんざぬしぃ　とぅゆみゃ／まきゃどぅぬしぃ　かん」と、また、下位のサスである「かんでぃかじぃ／ぬしぃてぃかじぃ」たちと、いっしょに座って、この祭儀を行っている、といっているのである。「まんざぬしぃ　とぅゆみゃ」とは、ンマヌカンの娘神の名前で、マンザンマと呼ばれる女性神役がそのサスとなっている。夏まつりでは、「まんざぬしぃ　とぅゆみゃ」、すなわちマンザンマは、母の神であるアブンマと組になって座る。そしてまわりには、下位の神役たちが同席する。そのありさまを、母神ンマヌカンの立場からよんでいるのである。

ではこの神の座敷の様子を、別の神役がよむとどのような表現になるのだろうか。夏まつりではマンザンマもピャーシをよむことになっているが、ここ数年、マンザンマになる人がおらず、マンザンマのピャーシを私は聞いたことがない。そこで、夏まつりの折、大城元でピャーシを先唱するもうひとりのサス、ヤマトゥンマのピャーシを例にあげる。

　ヤマトゥンマのピャーシ［夏まつり、全文は歌詞資料二を参照］

327 アジィラー　**あまてらす　わんな**　アマテラスである私は

［以下「アジィラー」を略す］

328 **あおみかみ　わんな**　大御神である私は

329 **んまぬかん　みょーぷぎ**　母の神　ありがとう

320 **やぐみかん　みょーぷぎ**　おそれ多い神　ありがとう

331 ゆらさまいぃ　みょーぷぎ　許されたので

332 ぷがさまいぃ　みょーぷぎ

333 **うふむとぅが　おいん**　大きな元［大城元］の上で

334 **にむとぅが　おいん**　根本の上で

335 **んまぬかん　とぅゆみゃどぅ**　母の神と

336 **やぐみ　うぷかんどぅ**　おそれ多い大神と

337 うぃかぬしぃ　かんぬ　ウイカンマというサスと

338 くらいぬしぃ　かんぬ

339 うりざしぃ　とぅんどぅ

340 かみざしぃ　とぅんどぅ

341 かんでぃかじぃ　うぃどぅ　四元のサス以外のサスたちと

342ぬしぃでぃかじぃ　まいどぅ
343ざしぃきばい　とりょり　　いっしょに座って
344びゆぎばい　ぱより

このピャーシでは、「わんな［私は］」ということばは、ヤマトゥンマがそのサスをつとめる「あまてらす」の名のりとして使用されている。そして、「んまぬかん　みょーぷぎ［母の神　ありがとう］」とあるように、「あまてらす」の立場から、母の神をあがめるいい方になっている。母の神の許しを得て、大城元でいっしょに祭儀をつとめているといっている。また、大城元を指し示すモンクが、アブンマのピャーシでは「私の元」となっているのに対し、ヤマトゥンマの場合は、ただ、「大きな元・根本」となっていることにも注目したい。「私の元」とよんでよいのは、元の祭神のサス、すなわち、大城元ではンマヌカンのサスであるアブンマだけなのである。

また、実際の夏まつりの中で、ヤマトゥンマは、ンマヌカンであるアブンマのほか、数名の神役たちといっしょに座る。ヤマトゥンマのピャーシの中で、それらの神々の名を三人称であげ、それらの神たちと「ざしぃきばい　とりょり／びゆぎばい　ぱより［いっしょに座って］」とよまれるのはそのためである。

以上のように、サスの先唱するピャーシの詞章では、どの神の立場から祭儀の様子をよみあげているかが、詞章の違いとしてはっきりとあらわれる。ピャーシの叙事の特長は、それを先唱するサスの立場から祭儀の様子が厳密に描かれるというところにある。

こうしたピャーシが複数連なるとどうなるか。

たとえば、大城元の夏まつりでは、まず、アブンマがピャーシを先唱する。元の祭神であるンマヌカンが祭儀を叙事するのである。大城元のことを「ばむとぅ［私の元］」とよむ。次に、ンマヌカンの娘の神のサスであるマンザンマ、アマテラスのサスであるヤマトゥンマが祭儀をよむ。彼女たちは大城元を「うふむとぅ／にむとぅ」とよむ。ンマヌカンのように「ばむとぅ」とよむことはできない。元の祭神のサスではないからだ。ここに、神々の世界の序列があらわれる。サスたちのピャーシが連なると、位の上の神が祭儀をよんだらどうなるか、下の神がよむとどうなるかを知ることができる。先輩から伝えられたまま、与えられたままにおぼえ、それを祭儀の場で他のサスたちに連なってよむことを通して、神が定めた秩序を知ることができるのである。先唱するサスに応じて「入れたり抜いたり」されるピャーシの細部の違いは、アブンマが、「よむ人だからわかる」と語ったような、ごく小さな違いである。しかし、その違いがわかる人というのは、神の世界の秩序を知る人でもある。

（1）『大成』『大観』が〈ピャーシの梢声〉としているもの。
（2）一九九五年七月十日、夏まつり初日、大城元でアブンマによってよまれたもの。
（3）一九九五年七月十日、夏まつり初日、大城元でよまれたヤマトゥンマのピャーシ。
（4）ユーヌスンマのよまれるピャーシでも、根口声において「あさてぃだぬ　うやてぃだぬ　みよぷぎ」がよまれることはなかった。一九九五年九月十一日、ザーという祭場で行われたウフユダミという祭儀において、ユーヌヌスンマがよまれたピャーシで確認した。

第五章　神の思い

一　タービと歴史

旧暦二月にウヤパーに選ばれると、旧の三月一日までにカミフツをおぼえなければならない。それがすむと、次にはすぐに、ムギブーイィ［麦の豊年祭］がやってくる。

ムギブーイィは、旧暦三月の寅の日から、三泊四日かけて行われる。夏の七元それぞれで行われるこの祭儀の初日、ウヤパーはタービという神歌をよむ。この神歌は、ウヤパーがひとりで独唱するものである。はじめてウヤパーになった人には、カミフツの後には、このタービをおぼえるという仕事が待っているのである。タービとは、「神を尊び崇べるという意味」で、「奄美のタハブェ（崇べ）、沖縄のオタカベ（お崇べ）に通ずる」ものとされている［外間・新里　一九七八：四七〇］。タービがよまれる主な祭儀は、旧暦三月のムギブーイィと、旧暦六月のナツブーイィ［夏まつり、粟の豊年祭なのでアーブーイィともいう］である。

タービは、七元のウヤパーが、それぞれの元でよむものである。ここでは、狩俣の一番上の元である大城元の

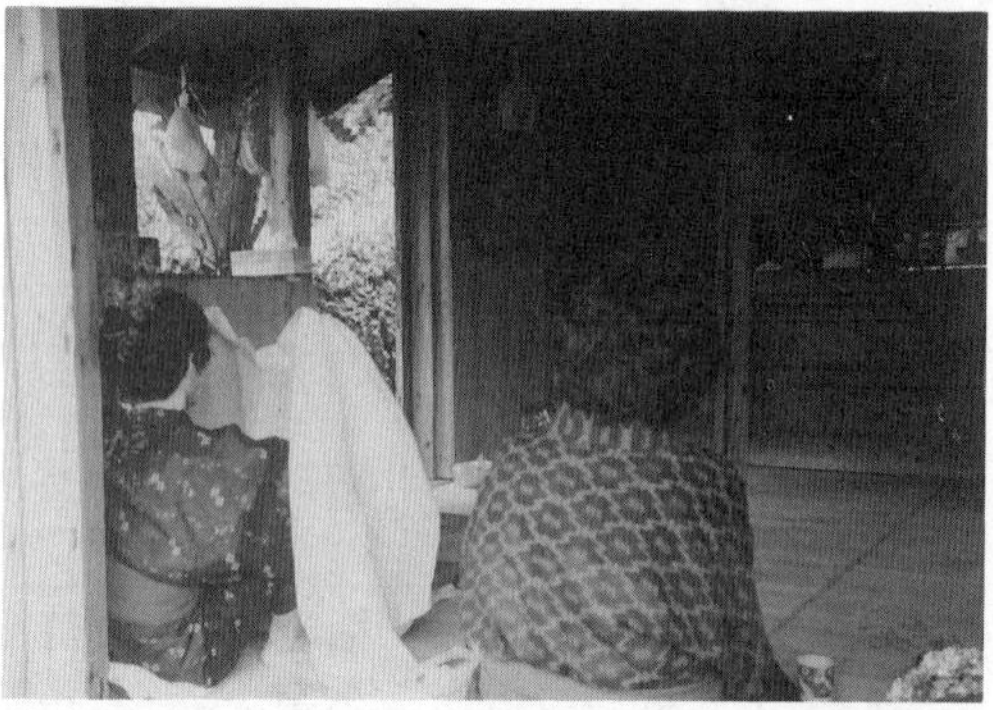

写真9　タービをよみあげるアブンマ
［1995年7月／夏まつり／大城元にて］

夏まつりの例でみてゆきたい。

祭儀の初日、元の神役たち、女性の氏子たちは、朝六時ごろからそれぞれの元のウイヌヤー［女性の祭場］に集合する。神役は、元にまつられている神様に、お茶、お線香を供え、カミフツをよむ。また各自は、神様への捧げものとして、手料理をつくって持って来る。芋やアーサ［あおさ、海草］などの各種のてんぷら、野菜の煮物、ソーミンチャンプルー［素麺の炒め物］などである。それらは一度、神役の手によってひとまとめにされ、その後各自に分配される。神役たち［アブンマ・ヤマトゥンマ・ヤーヌスンマの三名］が炊いてきたご飯も分配される。神役たちも氏子たちも、これをともに食しながら、その中で祭儀が営まれてゆく。

午前九時ごろになると、サズンマという神役の女性がンク［神酒］を注いだサラ［酒器］をアブンマの前のシキゼンにおく。アブンマは手提げ袋の中からパニ［神衣、神のことばではウヤーンという］を取り出してひろげ、襟のあたりをつかんで額のあたりに捧げ持つ。顔を隠すような格好だ。それを小刻みにふるわせながら左右にゆらし、タービがよみはじめられる［写真9］。

ほかの元でも同じ日の同じころ、同様にウヤパーによってタービがよまれるが[1]、大城元でアブンマがよむタービは、ほかの元よりも数が多く、タービが終了するまでにはおよそ二時間を要する。

タービによまれる内容は「部落創成の歴史を語る重要なものである」［外間・新里　一九七八：四七二］とか、

「各元の由来や歴史を謡う」［狩俣　一九九一：一七〇］といわれている。まったくその通りである。たとえば大城元では、はじめに、始祖神であり、大城元の祭神でもあるンマヌカンのタービがよまれる。次に、ンマヌカンの子供のヤマヌフシライィ、次にその弟のティラヌプージィ、次にその妻のヤーマウシィメガというように、タービの一曲が、ひとりの祖先の物語になっており、それがよまれてゆくのである。大城元のタービは、全部で一三ある。

このように、たしかにタービでは「歴史」がよまれている。ただ、タービによまれる「歴史」にどのように接触できるのかは、第二章ですでに指摘した通り、男であるか女であるか、神役であるかそうでないか、元のどこに座るのか、どれほどの関心をもってタービを聞いているのか等々、集落の人々個々の生得の資質やその時々におかれている状況に応じて、異なっている。

大城元のウヤパーであるアブンマのIさんは、アブンマになる前は志立元のウヤパーをしていた。それゆえ、大城元のタービはもちろん、志立元のタービも知っている。そのおかげで、「大城元の民話もわかるし、志立元のものもみんなわかる」と語る。よまない人にはわからないという。サス経験者のJさんが、「狩俣の歴史は、おばあたち［サスたち］になってからだけわかるようになっている」と語ったことに代表されるように、タービのよみ手となることによってわかるようになる「歴史」が、狩俣にはある。タービによまれる「歴史」は、集落の人々すべてに、平等に開示されるというかたちで存在してはいない。

二　芭蕉布の神衣

アブンマがタービをよみ終えると、ほかの神役や氏子たちは「ご苦労さま」といって労をねぎらい、サズンマは、アブンマの前においたンク［神酒］の入ったサラ［酒器］を下げる。アブンマはバサ［芭蕉］のパニ［神衣］をたたむと、もとの手提げ袋の中に入れてかたづけてしまう。パニは、特別なときにだけ人目に触れるものなのである。(2)

タービを特徴づけるのは、このパニをふるわせる所作である。先述の通り、アブンマはタービをよむとき、パニの襟をつかんで額のあたりに捧げ持ち、それを小刻みにふるわせながら左右にゆらす。「私がこうやって［パニをふるわせる所作をする］よみあげるのは、みんなタービだよ」とアブンマは説明する。アブンマはこの所作でもって、タービというジャンルを他のジャンルの神歌から区別していることがわかる。(3)

タービの合間には、「フーシーフーシー」と唱えられる。谷川健一はこの「フーシー」とパニをゆらすタービの所作から、日本で行われていた次のような祭儀を思いおこしている。

フーは息のことであるから、フーシーというのは衣装に息を吹きかけることではないかと考えられる。着物を人体と見立てて、それに霊魂を籠める所作を示しているのでないか。古代の宮廷では天皇即位のあくる年に「八十島祭」をおこなったが、女官が天皇の御衣を捧げて難波津におもむき、海に向って「御衣筥」をひらき、琴の音に合せて振る。このときの「御衣」は天皇の肉体の代りである。「御衣筥」を開いて振るというのは「大八洲之霊」を天皇の身体に付着させるのが目的であった［谷川 一九九一：二七六］。

タービの所作も「それと同じ意味を持つ行為」［谷川 一九九一：二七六］ではないか、と谷川はいう。

衣が、魂を付着させるための道具になるという事例は、南西諸島のあちこちに見られる。沖縄本島の東に位置する久高島では、子供が海で溺れて魂を落としたときは、浜へ塩と着物を持って行って、おばあさんたちが拝みをし、「マブヤー［魂］ハク　フーヨ　フーヨ」「フーイ　フーイ」といって、手招きして魂を呼ぶのだという。(4)

また沖縄には、子供の着物の背にマブヤーウー［魂の紐］を縫い付ける慣わしがあった。子供はマブヤ［魂］を落としやすい。マブヤは首のつけ根のうしろから抜けると考えられていたので、この部分にマブヤーウーを縫い付けてそれを防ごうとしたのである［那覇市制七〇周年記念企画　一九九一：一二二］。

狩俣では、新調した着物を子供に着せるとき、着物をひろげて家の中柱に衿をあてがい、「キㇲンナ　ヤブリピㇲトー　スグリ（着物は破れ、人はすぐれる）」と唱え、子供を東向きに立たせて着せたという［平良市史編さん委員会　一九八七：一九四］。新しい着物の霊力に子供が負けないように、とのことらしい。着物は、人間の魂を強めたり、弱めたり、くっつけたりできるものなのである。

したがって、タービをよむときにパニをゆらす所作を、魂を付着させる行為として解釈することは可能だろう。なんらかの魂をパニにくっつけて、それをもらった側の魂が増強されたり更新されたりするような、それを目的とする行為なのかもしれない。

ただ、歌のかたちという観点からは、パニをふるわせる所作は、先に述べた通り、タービという神歌を、他のジャンルの神歌から区別するものとしてはたらいていることが重要である。また、「フーシーフーシー」と唱えることは、「フー」が息を意味するかどうかは別として、タービという神歌に、次のようなかたちを与えていることが、本論にとっては重要である。すなわち、「フーシーフーシー」によって、ひとつのタービがふたつの部分に分割されるということである。

アブンマは、タービを次のように説明する。

最初に「根口声」よんで、**ンマヌカン**のをよむ。次に**ヤマヌフシライィ**。これも、「根口声」よんだら、これにそえるのがある。ふたつよむ。三番目が**ティラヌプージィ**のをふたつよむし、またこれに、**ウスメガ**といって、ティラヌプージィの妻さね。これがふたつよむし。それにまた、**ウプグフトゥヌ**ふたつあるし、**アサマダマ**がふたつあるし、**マイマダマ**ふたつだし、それから、**マヤーマブクイ**ふたつあるし、それから**カニサーウヤプジィ**ふたつあるし。また、**ユマサイシュー**のがふたつあるし、**ウイヌヤマトゥルギ**がふたつあるし、それから、**ナカヤシェドゥ**がふたつ、それから**ザウンガニ**がふたつ。ふたつふたつのがあるさ。

大城元のタービは、全部で一三ある。ひとりの神にひとつのタービ。ゴシック体で示したのが神の名前である。一三人の神々。アブンマの説明によれば、それら一三の神々のタービのそれぞれは、はじめに「根口声」というものをよみ、それにひとつそえるというかたちになっているという。はじめに「根口声」をよみンマヌカンのタービをよむ。それでひとつ。続くヤマヌフシライィも、「根口声」とそれに「そえるもの」から構成されているという。三番目のティラヌプージィもふたつ。以下、すべてのタービが、「ふたつふたつ」になっているという。すなわち、「根口声」という部分と、それに続く部分とである。アブンマは、「根口声をやって、次にはフーシーフーシーといって、それからよみあげる」と語る。一三のタービは、「フーシーフーシー」によって、「根口声」ともうひとつの部分とに、区切られているという共通のかたちをもっている。

先行研究においては、冒頭によまれるンマヌカンの「根口声」のみを、「根口声」という曲名、旋律名として扱ってきた。ヤマヌフシライィ以下のタービにおいても、「根口声」と称される部分があることは知られていない。アブンマの語りは、ヤマヌフシライィ以下のタービひとつひとつもまた、「根口声」と称される部分を持っていることを教えてくれる。「根口声」は「フーシーフーシー」によって区切られ、それからひとりひとりの神の物語がはじまるのである。タービでよまれる神々は、それぞれ、自分の「根口声」を持っているのである。次に、「根口声」の詞章構成についてみてゆきたい。

三　ンマヌカンの〈根口声〉

タービはまず、〈根口声《にふちいぐい》〉〈ヤーキャー声《ぐい》〉というものからよみはじめられる。アブンマはこれを「ンマヌカンのをよむ」と説明する。

アブンマのタービ〈根口声〉〔夏まつり〕[5]

1ア　てぃんだおぬ　みゅーぷぎヤ
2ア　やぐみょーいぬ　みょーぷぎヤ
3ア　あさてぃだぬ　みょーぷぎヤ
4ア　うやてぃだぬ　みょーぷぎヤ
5ア　ゆーちぃきぃぬ　みょーぷぎヤ
6ア　ゆーてぃだぬ　みょーぷぎヤ
7ア　**にだてぃぬしぃ　わんな**ヤ
8ア　**やぐみ　うぷかんま**ヤ
9ア　ゆぶむとぅぬ　かんまヤ
10ア　ゆーにびぬ　うぷかんまヤ
11ア　かんま　やぱたりるヤ
12ア　ぬっさ　ぷゆたりるヤ
13ア　このところ　びょりるヤ

14ア　このふだみ　びょりるヤ
15ア　とぅくる　うぷかんまヤ
16ア　ふだみ　うぷかんまヤ
17ア　やふじぃみょり　かんまヤ
18ア　やみゅてぃみょり　うぷかんまヤ
19ア　うかまみいぃ　うまいヤ
20ア　まかまみいぃ　うまいヤ
21ア　あさいゆん　まぬしぃヤ
22ア　ゆぶいゆん　まぬしぃヤ
23ア　きた　ふみゃいぃ　かんまヤ
24ア　ばいぃ　ふみゃいぃ　やのかんまヤ
25ア　うしぃいぃ　ぬいぃ　びょりるヤ
26ア　んみが　ぬいぃ　「びょりるヤ
27ア　むむぱーきぃ　まぬしぃや
28ア　やしぃざーうきぃ」　まぬしぃヤ
29ア　いっちぃーまい　かんまヤ
30ア　なーたりょーいぃ　やぬかんまヤ
31ア　かん　ふみゃい　とぅらまいヤ

32ア　うい　ふみゃい　とぅらまいヤ
33ア　かんま　やふぁたりるヤ
34ア　ぬっさ　ぷゆたりるヤ
　　フーシーフーシー

この部分では、神様の名前をよみあげている。よみあげる順序は、お酒をあげて祈るときのカミフツ［第三章参照］、アブンマのピャーシの冒頭でよまれる〈根口声〉［第四章参照］とほぼ対応している。

カミフツやピャーシと異なるのは、対句のかたちである。冒頭のティンドーという神様のよみあげかたを例に取ってみよう。

カミフツでは、「やぐみてぃんどー　やぐみがなしぃぬ　みょーぷぎ」である。神様の名前をふたつよんでから、感謝のことばの「みょーぷぎ」をそえる。AA′Xのかたち。これでひとつの神様の名前になる。ピャーシの「根口声」では、「てぃんだおぬ　やぐみょーいぬ　みよぷぎ」となり、同様にAA′Xのかたちをとっている。

それに対し、タービの〈根口声〉では、「てぃんだおぬ　みゅーぷぎ」「やぐみょーいぬ　みょーぷぎ」となっており、AXA′Xのかたちになる。サスたちは、「神様のことばはふたつふたつになっている」というが、「ふたつふたつ」のつくり方には、このふたつのタイプがあるのだ。

では、ンマヌカンのタービの〈根口声〉を第一節から順にみてゆこう。

第一節の「てぃんだお」はティンドーで、狩俣第一の聖地である。「みゅーぷぎ」は感謝の意である。第二節「やぐみょーい」は「おそれ多い」の意で、第一節「てぃんだお」の対語である。

第三節「あさてぃだ」と第四節「うやてぃだ」は、狩俣の始祖神ンマヌカンと交わって一男子をもうけさせた神であり、第五節「ゆーちぃきぃ」と第六節「ゆーてぃだ」は創始神ンマティダ［ンマヌカンに同じ］であるという伝承があったらしいが［本永　一九九四：二二二］、現在の神役たちは、そのようなはっきりとした伝承を持っていない。

ここまでは神の名をあげてあがめるというものだが、第七節は少し違ってくる。第七節「にだてぃぬしぃ」は「根を立てた主」、すなわち、狩俣を創世したンマヌカンである。それが「私は」といっている。つまり、これをよんでいるアブンマ自身が「根立て主」であるンマヌカンそのものになっているのである。〈根口声〉の詞章は、「ウヤパーに憑依した『元』の祀り神が、その口を通じて（すなわちウヤパーが神憑りして）自らが降臨していることを述べたもの」［狩俣　一九九〇：一一六］だとする説明は妥当だろう。こうした一人称の表現は、カミフツには登場しない。神の名前を列挙する詞章の中に神の一人称が登場するのは、タービ、ピャーシ、フサという神歌に共通する特徴であり、カミフツにはそれがない。

第九・一〇節では、狩俣の四大元の神があげられ、続いて「かんま　やぱたりる［神はやわらいであれ］／ぬっさ　ぷゆたりる［主はしずまってあれ］」とよまれる。この詞章は、タービの〈根口声〉やピャーシの〈根口声〉ではこの位置に、すなわち、神の名をよみあげた後に登場する。しかし、フサというジャンルの神歌では、この詞章が冒頭に登場する。フサにおいては、「これをよまなければ、あとがよめない」とアブンマがいうように、必ず冒頭でよまれることになっている。この詞章がどこに登場するかということが、神歌のジャンルを決定する一条件になっているのだ。神歌のよみ手であるサスたちは、この違いを知っている。

第一三節以下では、カミフツやピャーシの「根口声」同様、祭場である大城元のトゥクル神、屋敷の神、竈の神、桁・梁の神などの名があげられてゆく。そして〈根口声〉が終了すると、「フーシーフーシー」と唱えられ、次の〈ヤーキャー声〉に移ってゆく。

四　ンマヌカンの〈ヤーキャー声〉

〈根口声〉に続く〈ヤーキャー声〉は、三〇〇節をこえる長大なものである。次の引用に見えるように、「ばむとぅが　おいん／うぷむとぅが　おいん［私の元の上で／大きな元の上で］」、「んまぬかん　わんな／やぐみうぷかんま［母の神である私は／おそれ多い大神は］」など、大城元の祭神であるンマヌカンの一人称表現を伴いつつ、祭儀の手順がこと細かによまれてゆく。ンマヌカンの〈根口声〉〈ヤーキャー声〉においては、「私」は、終始一貫してンマヌカンである。〈根口声〉〈ヤーキャー声〉をよんでいるアブンマは、大城元の祭神であるンマヌカン自身となってこれをよんでいるのである。アブンマは、ンマヌカンのサスなのだから、当然といえば当然だ。ただ、今このことを強調しておくのは、ンマヌカンのタービに続いてよまれる一二のタービでは、それが当然ではなくなってしまうからだ。それについての議論のために、ここで、ンマヌカンの〈ヤーキャー声〉の一部を検討しておきたい［タービの〈ヤーキャー声〉の全文は、歌詞資料四を参照されたい］。

37アー　**ばむとぅが　おいん**　　私の元の上で
　　ヤーキャー
［「アー」「ヤーキャー」以下略す］
38**うぷむとぅが　おいん**　　大きな元の上で
39かんでぃかず　おいん　　四元のサス以外のサスたちと
40ぬしぃてぃかず　まいん

41 ざしぃきばい　とぅりゅり　　いっしょに座って
42 びゅーぎばい　ぱゆり
43 ばにふつ　おこい　　私の根口声
44 かんむだま　まこい
45 たーびふつ　おこい　　タービ口声
46 びゅーぎふつ　まこい
47 ゆみがり　とぅゆま　　よみあげよう
48 いじみがり　みゃーがら

［中略。祭儀の叙事］

293 んまぬかん　わんな　　母の神の私は
294 やぐみ　うぷかんま　　おそれ多い大神は
295 ばむとぅが　おいん　　私の元の上で
296 うふむとぅが　おいん　　大きな元の上で
297 かんでぃかじぃ　おいん　　四元のサス以外のサスたちと
298 ぬしぃてぃかじぃ　まいん
299 ざしぃきばい　とりょり　　いっしょに座って
300 びゆぎばい　ぱより
301 ばにふつ　おこい　　私の根口声

302かんむだま　まこい　　　　　タービ口声
303たーびふつ　おこい
304びゅーぎふつ　まこい　　　　よみあげた
305**ゆみがり　とぅたん**
306**いじみがり　ゆたん**
307んきゃぬたや　とぅたん　　　昔のまま、根立てたままよんだ
308にだてぃまま　ゆたん

詞章の下に、アブンマの説明にしたがった解釈を示した。

この部分で注目しておきたいことは、ゴシック体で示した詞章である。

「ばむとぅが　おいん［私の元の上で］／うぷむとぅが　おいん［大きな元の上で］」は、大城元では、アブンマしか使うことのできない詞章である。ンマヌカンのサスであるアブンマが、大城元での祭儀の様子を叙事するときに、この詞章を用いる。大城元における祭儀で、アブンマ以外のサスがその祭儀を叙事する場合は、「うふむとぅが　おいん／にむとぅが　おいん」となる［第四章三参照］。

また、「ゆみがり　とぅゆま／いじみがり　みゃーがら［よみあげよう］」「ゆみがり　とぅたん／いじみがり　ゆたん［よみあげた］」は、狩俣においては、アブンマだけがよむことのできる詞章だとされている。

たとえば、アブンマより下位のサスを一六年間つとめたMさんに、「ゆみがり　とぅゆま／いじみがり　みゃーがら」「ゆみがり　とぅたん／いじみがり　ゆたん」の意味をうかがったことがある。彼女は詞章の意味については答えず、ただ次のように語った。

あれは、アブンマだけがよむよ。私たちは、『おとぅもゆん　とぅたん／おちぃきゆん　ゆたん』、『んきゃぬたや　とぅたん／にだりまま　ゆたん』、昔のままいった、とよむよ。

Mさんは、「ゆみがり　とぅゆま／いじみがり　みゃーがら」「ゆみがり　とぅたん／いじみがり　ゆたん」を、アブンマだけがよむ詞章であると了解しているのである。

実際はどうであろうか。狩俣の第三番目の元である志立元のサス、ユーヌヌスンマがよまれるタービの〈ヤーキャー声〉では次のようになっている。

ユーヌヌスンマのタービ〈ヤーキャー声〉［部分、夏まつり］(6)

アー　**うぷゆぬしぃ　わんな**　　大世主である私は

ヤーキャー

［「アー」「ヤーキャー」以下略］

てぃだゆだきぃ　わんな　　太陽の世を抱く私は
んまぬかん　みゅーぷぎ　　母の神　ありがとう
やぐみかん　みゅーぷぎ　　おそれ多い神　ありがとう
ゆらさまいぃ　みゅーぷぎ　　許されたので
ぷがさまいぃ　みゅーぷぎ

［中略］

ばにふちぃ　おこい　　私の根口声
かんむだま　まこい

たーびふちぃ　おこい　　　　タービ口声
びゅーぎふちぃ　まこい　　　お供してよみあげよう
おとぅむゆん　とぅゆま
おちぃきぃゆん　みゃーがら
［中略］
んまぬかん　うとぅむ　　母の神　お供
やぐみかん　うさぎゅ
［中略］
ばにふちぃ　おこい　　　　私の根口声
かんむだま　まこい
たーびふちぃ　おこい　　　タービ口声
びゅーぎふちぃ　まこい
おとぅむゆん　とぅたん　　お供してよみあげた
おちぃきぃゆん　ゆたん
んきゃぬたや　とぅたん　　昔のまま
にだてぃまま　ゆたん　　　根立てたままよんだ

ユーヌスンマがよまれるタービでは、「うぷゆぬしぃ」という神が一人称で登場する。「うぷゆぬしぃ　わんな［大世主　私は］／てぃだゆだきぃ　わんな［太陽の世を抱く私は］」である。その神が、「んまぬかん　みゅーぷぎ［母の神　ありがとう］／やぐみかん　みゅーぷぎ［おそれ多い神　ありがとう］」と、母の神に感謝の意を述べる。そして、「おとぅむゆん　とぅゆま／おちぃきぃゆん　みゃーがら」「おとぅむゆん　とぅたん／おちぃきぃゆん　ゆたん」とよまれている。サス経験者のMさんの説明の通り、「ゆみがり　とぅゆま／いじみがり　みゃーがら」「ゆみがり　とぅたん／いじみがり　ゆたん」という詞章は、「アブンマだけがよむ」詞章なのである。(7)

では、「おとぅむゆん」とはなにか。

「おとぅも」とは「お供」の意で、「おとぅもゆん　とぅたん／おちぃきゆん　ゆたん」は、神様のお供をしてよみあげたと解釈するサスが多い。では、神様とは誰か。ユーヌヌスンマのタービでは、「んまぬかん　うとぅむ」とよまれており、母の神のお供であると理解できる。アブンマだけが「おとぅもゆん」を用いないのは、始祖神ンマヌカンのサスであるアブンマは、「お供」ではないからである。だからアブンマは、「ゆみがり／いじみがり」を使う。アブンマの〈ヤーキャー声〉とその他のサスの〈ヤーキャー声〉との違いは、アブンマひとりを特別に高い神として位置づけるはたらきをもっている。詞章のかたちの違いが、神の世界を秩序づけているのである。

ところで、アブンマがよむ神歌を注意深く聞いていると、アブンマであっても、「ゆみがり／いじみがり」ではなく、他のサスが使用する詞章である「おとぅもゆん／おちぃきゆん」とよむ場合がある。それは、アブンマが、ンマヌカン以外の神格となって、神歌をよんでいるときである。

五　「私」とはだれか

ンマヌカンの〈根口声〉〈ヤーキャー声〉ののち、アブンマは一二のタービをよんでゆく。大城元の始祖神に連なる子孫たちの物語がよまれてゆくのである。それらのひとつひとつは、「フーシーフーシー」によって、ふたつの部分に区切られる。前述の通り、はじめの部分を「根口声」というのだと、アブンマは教えてくださった。この部分で、これからよみあげられる神の名前が明かされる。それが「フーシーフーシー」で区切られて、続く部分で、その神の具体的な物語がよまれてゆく。(8)

一二のタービの最初には、ンマヌカンの娘神であるヤマヌフシライィの物語がよまれる。その「根口声」は以下である。

アブンマのタービ〈山のふしらいぃ〉の「根口声」［夏まつり］(9)

1やまぬ　ふしらいぃざ　キョ
ふらぬ　うぱらじぃざ　キョ
［以下ハヤシ詞「キョ」を略す］
2ふらがんどぅ　やりば
またがんどぅ　やりば
3んまぬかん　みょぷぎ
やぐみかん　みょぷぎ
4ゆらさまいぃ　みょぷぎ
ぷがさまいぃ　みょぷぎ
5ばが　にふちぃ　おこい
かんむだま　まこい

6たかびふちぃ　おこい
びゆぎふちぃ　まこい
7うとぅむゆん　とぅゆま
うちぃきゆん　みゃーがら
フーシーフーシー

第一節は、そのタービでよみあげる神の名前をいう部分であり、どの神のタービの「根口声」であるかによって異なってくる。たとえば、三番目によまれる〈てぃらの大按司《ぷーじぃ》のタービ〉の「根口声」では、「てぃらぬぷじぃ　とぅゆみゃよ／ういなうゔぁ　まのしぃよ」となる。

第二節は、「子供の神であるので、子孫の神であるので」という意で、ヤマヌフシライィが母の神の子供・子孫であると位置づけられる。この部分の詞章は、後述する〈上の屋《ういぬや》まとぅるぎのタービ〉のように「いびまかんやりば／びゆぎかん　やりば」となる場合もある。「いびま」とは聖地のことであり、大意は「イビマにまつられている神であるので」となる。子供・子孫としての位置づけを持つ神と、「いびまかん／びゆぎかん」として位置づけられる神との区別があることがわかる。

第三節から第七節は、タービに共通する定型詞章である。大意は、「母の神、ありがとう、許されたので、私の根口声を、タービ口の声を、お供してよみあげよう」である。

つまり、第一節で名前をよみあげられた神が、第二節でンマヌカンの子供・子孫あるいはイビマの神であることがいわれ、始祖であるンマヌカンとの関係が示される。そして、そのンマヌカンに許されたので、お供をして、タービをよみあげよう、といっているのである。

「うとぅむゆん　とぅゆま／うちぃきゆん　みゃーがら」は、前述の通り、アブンマ以外のサスが用いるよみかたである。アブンマがンマヌカンとしてよむのであるなら、この部分は「ゆみがり　とぅゆま／いじみがりみゃーがら」とよまれるところである。ところが、〈山のふしらいぃのタービ〉以下、一二のタービはすべて、「うとぅむゆん／うちぃきゆん」とよまれる。したがって、これをよんでいるアブンマは、この時にはンマヌカンとしてではなく、ンマヌカンのお供の神として、すなわち、タービでよみあげられるひとりひとりの神自身となってよんでいることになる。個々のタービの冒頭に置かれている「根口声」は、はじめによまれた神の名が、それが始祖神ンマヌカンからみて、いかなる関係にあるのかを位置づける役割をはたしているのである。

タービというのは、「元の祀り神が子孫を賛美する形式をと」るものだという説がある［狩俣　一九九一：一八二］。しかし、全てのタービを通して、「元の祀り神」すなわちンマヌカンが子孫を賛美しているのであれば、すべてのタービで「ゆみがり／いじみがり」が使われてもよさそうなものである。しかし、そうはなっていない。「根口声」の詞章表現からみると、〈山のふしらいぃのタービ〉以下の一二のタービは、ンマヌカンの子供・子孫およびイビマ神に位置づけられる神ひとりひとりの側からの表現をとっていると考えられる。

このことは、〈山のふしらいぃのタービ〉の「根口声」に続く部分を検討することによって、より明確になるだろう。

六　ヤマヌフシライィ

ヤマヌフシライィの具体的な物語が展開する部分は、およそ七〇節からなっている［詞章の全体は、歌詞資料五を参照されたい］。アブンマの説明では、その内容は以下の通りである。

写真10　フサパニして「うい／ぱちぃ」をとる
［1995年7月／夏まつり／大城元にて］

水を求めて彷徨していたンマヌカンは、ついに狩俣に適した井戸を見つけて、山の上のほうに住みついた。しかしそこは海に近く、海風の音がおそろしいので山の下のほうに下りてきて、板づくりの小さな家を建てた。弟のティラヌプージィは、自分が山の木を切るといったけれども、この子はまだ小さな子供だったので、ヤマヌフシライィが「私は姉さんだから自分ならできる」といって、山の木を切った。しかし、自分勝手にやったものだから死んでしまったというのである。アブンマは、このタービの中で、「ふんむいぃが　やまう／んなだぎが　やまう［四六・四七節］」とよむから、ヤマヌフシライィは「フンムイィ［山の中の聖地］でやられた［死んだ］みたい」と解釈している。以上が第四七節までの内容である。

第四八節以降は、祭儀の描写になる。ヤマヌフシライィのサスは、マンザンマと呼ばれる神役である。死んだフシライィはマンザンマをよりましとして顕現し祭儀を執行する。山の中で行われる冬のウヤーンの祭儀のときには、マンザンマはカニャー元のウヤパーと組みになって座るという。第四八節から第五一節がそれを叙事した部分に相当する。「ざしぃきぃばい／びゅーぎばい［五〇・五一節］」とは、「いっしょに座る」ことだとアブンマはいう。また、夏の大城元の祭儀では、マンザンマはンマヌカン、すなわち、アブンマといっしょに座ることになっている。第六〇節から第六七節がそれに相当する。そしてンク［神酒］から神への捧げとして「うい／ぱちぃ［六八・六九節］」をとり［具体的にはンクをサラから少し撫でこぼしたり、供物としての食べ物を膳の上に残しておく行為――写真10〕、天まで届くように［七〇・七一節］とよんでいるのだとアブンマは説明する。

以上の内容は、ヤマヌフシライィ自身がよんだものなのであろうか。タービの詞章のかたちから、そのようにつくられているといえるだろうか。

「根口声」に続く第八節・第九節では、「やまぬ　ふしらいぃざ［ヤマヌフシライィは］／ふぁぬ　うぱらじぃざ［子のウパラジィは］」と三人称でよみはじめられる。この三人称のかたちは他に第二八節・第四〇節にも登場する。「わんな［私は］」というような一人称の名のりは登場しない。これのみ見ると、タービを、元の祭神が子孫のヤマヌフシライィを賛美する、という説が出てくることにも一理あるように思われてくる。第三〇節の「ばん　やらばだらどぅ［私ならば］」という一人称も、「セリフ」として括弧にくくれば問題ない。

しかし次の詞章に出会うと、大城元の祭神であるンマヌカンの側からのことばとすることに、疑問が生じてくるのである。

64**んまぬかん　とぅゆみゃどぅ**　　母の神　豊見親［尊称］と
65**やぐみ　うぷがんどぅ**　　おそれ多い大神と
66ざしぃきぃばい　とぅりゅり　　いっしょに座って
67びゅーぎばい　ぱゆり

大意は「母の神様といっしょに座って」だが、この表現は、ピャーシの章で述べた通り、アブンマ以外の神役が、自分のよむ神歌の中で、祭儀の「ざしぃきぃばい」、すなわち、祭儀の座敷の様子をよむときに出て来る詞章なのである［一〇六～一〇七頁参照］。

これに対して、ンマヌカンとしてのアブンマが、祭儀の「ざしぃきぃばい」をよむときには、すでに〈ヤーキャー声〉について記述した箇所で示した通り、次のようになる。

293 **アーんまぬかん　わんな**　ヤーキャー　　母の神の私は
　［「アー」「ヤーキャー」以下略］
294 **やぐみ　うぷかんま**　　おそれ多い大神は
295 **ばむとぅが　おいん**　　私の元の上で
296 **うふむとぅが　おいん**　　大きな元の上で
297 かんでぃかじぃ　おいん　　四元のサス以外のサスたちと
298 ぬしぃてぃかじぃ　まいん
299 ざしぃきばい　とりょり　　いっしょに座って
300 びゆぎばい　ぱより

ここでは、明らかにンマヌカンの側から「ざしぃきばい」をよんでいることがわかる。

では、〈山のふしらいぃのタービ〉に戻ってみよう。ここでは、ンマヌカンの名を三人称であげ、「母なる神様と一緒に座って」とよまれていた。つまり、アブンマ以外のサスがよむものと同じよみ方である。ンマヌカン以外の神の立場から、祭儀の座敷の様子を叙事するよみ方になっているのだ。したがって、〈山のふしらいぃのタービ〉でよまれている「母なる神様といっしょに座って」というのは、大城元の祭神であるンマヌカンのことばとしてではなく、ヤマヌフシライィのことばであるということができる。詞章の内容からではなく、詞章のかたちから、そのように理解することが可能である。つまり〈山のふしらいぃのタービ〉は、ヤマヌフシライィが自らのことを語っているものであるといえる。

このことを、さらに、〈山のふしらいぃのタービ〉の終わり方を参照して、はっきりとさせておこう。〈山のふしらいぃのタービ〉は、以下の定型詞章で終了する。

76やまぬ　ふしらいぃざ
77ふぁーぬ　うぱらじぃざ
78ふらがんどぅやりば
79またがんどぅやりば
80んまぬかん　みゅーぷぎ
81やぐみかん　みゅーぷぎ
82ゆらさまいぃ　みゅーぷぎ
83ぷがさまいぃ　みゅーぷぎ
84ばにふちぃ　おこい
85かんむだま　まこい
86たーびふちぃ　おこい
87びゅーぎふちぃ　まこい
88**うとぅむゆん　とぅたん**
89**うちぃきゆん　ゆたん**
90んきゃぬたや　とぅたん
91にだてぃまま　ゆたん

図3

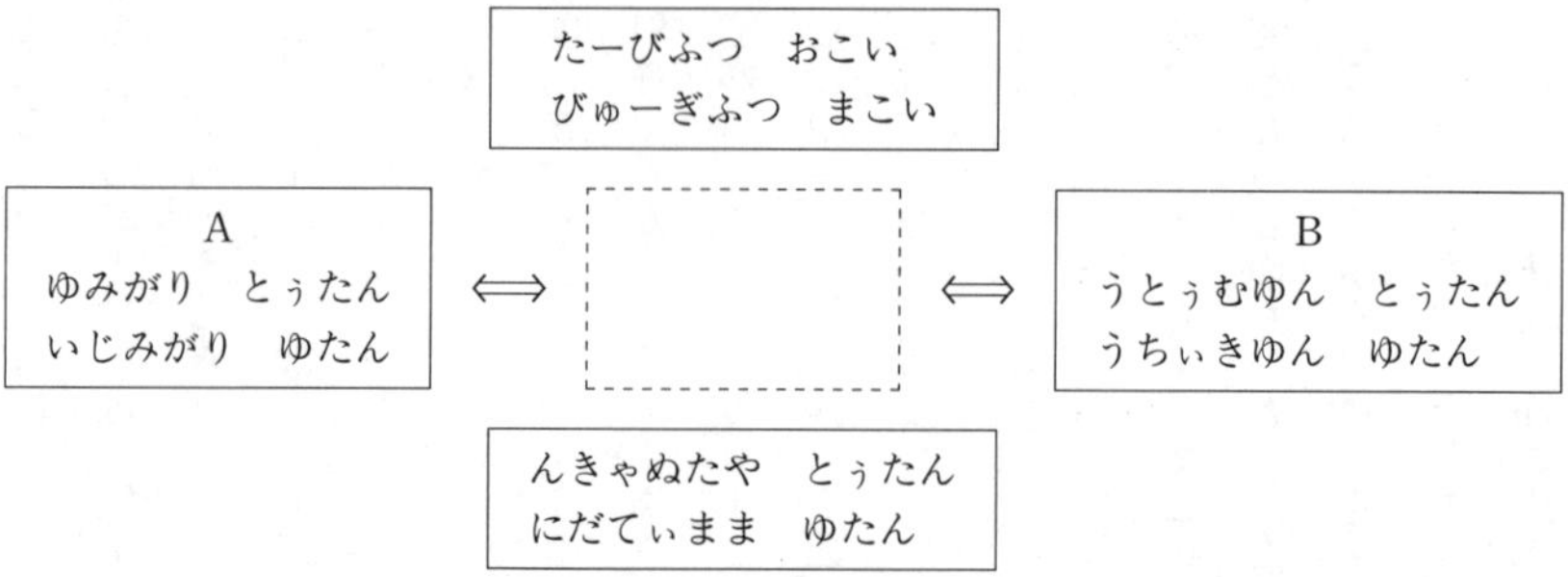
たーびふつ　おこい
びゅーぎふつ　まこい
A
ゆみがり　とぅたん
いじみがり　ゆたん
B
うとぅむゆん　とぅたん
うちぃきゆん　ゆたん
んきゃぬたや　とぅたん
にだてぃまま　ゆたん

〈山のふしらいぃのタービ〉の冒頭でよまれる「根口声」とほぼ同じである。異なるのは、「根口声」では、「うとぅむゆん　とぅゆま／うちぃきゆん　みゃーがら」となっているところが、この終結部では「うとぅむゆん　とぅたん／うちぃきゆん　ゆたん」と、過去形になっている点である。

このかたちは、タービの基本的な特徴となっている。冒頭に「根口声」をもち、これを過去形にしたものを最後によむというかたち。ひとりひとりの神の物語は、それにはさまれてある。よまれた物語の主人公たちは、「うとぅむゆん」ということばにはさまれて、ンマヌカンのお供の神として位置づけられてゆく。

くり返しになるが、お供でないンマヌカン自身は、次のようにタービを結ぶ。

アブンマのタービ〈ヤーキャー声〉［夏まつり］

301 アー　ばにふつ　おこい　ヤーキャー

［以下「アー」「ヤーキャー」は略す］

302 かんむだま　まこい

303 たーびふつ　おこい

304 びゅーぎふつ　まこい

305 **ゆみがり　とぅたん**

306 **いじみがり　ゆたん**

307んきゃぬたや　とぅたん
308にだてぃまま　ゆたん

タービの詞章のかたちの違いは、始祖神ンマヌカンをひとり頂点に据え、のこりの神々を、ンマヌカンの子供・子孫およびイビマ神として、すなわちお供として位置づけるはたらきをしているといえよう。

アブンマは、「抜くのは抜いて、入れるのは入れる。それを全部のみこまないと、よめない」と語る。その行為を、タービの定型詞章部を例にとって示すと、図3のようになる。

タービをよむという実践を通して得られる知のひとつは、□にAを入れるかBを入れるかということについての知である。この知を得るためには、Aを入れるタービとBを入れるタービとが連なる必要がある。アブンマは、ンマヌカンのタービはAを入れてよみ、後続するタービではBを入れてよむ。それによってかたちの違いを知ることができる。「あれはアブンマだけがよむよ」と語ったサス経験者のように、かたちが違うことを知ることができる。ここに、ンマヌカンを頂点に、それとお供の関係を有する神々の体系が生まれる。ふた声が入れたり抜いたりされるところに、狩俣の神々は秩序をもって生成する。

七　「思い」をよむ

「最初は親の気持ち、次には子供の気持ちをよむよ」。〈上の屋《うぃぬや》まとぅるぎのタービ〉について、アブンマはそのように説明して下さった。

「上の屋」は屋号、「まとぅるぎ」は人名である。別にトーツクドンシュともいわれる。マトゥルギは子供のころ、畑で草を刈っているところをさらわれて、中国に連れて行かれた。彼は中国で成長し、妻を娶る。妻の家は大変な富豪であった。ある日、マトゥルギは、キセルでタバコ盆をひっぱったところ、礼儀を知らないと誹りをうけ、宮古に返された。彼が生きて戻ったので、大喜びで迎え、牛を一頭つぶしてお祝いをしたという。(10) このお祝いに由来する行事が、旧暦二月の初午の日に大城元だけで行われる「カタフチィウプナー」である。「カタフチィ」は「片口」で、ひとつだけの意。「ウプナー」は大きなまつりの意である。大城元だけで行われることから、このようにいうと大城元で説明をうけた。

〈上の屋まとぅるぎのタービ〉は、旧暦三月のムギブーイィ［麦の豊年祭］、旧暦六月のナツブーイィ［粟の豊年祭］でよまれる一三のタービのうちのひとつである。カタフチィウプナーでは、〈上の屋まとぅるぎのタービ〉だけがアブンマによってよまれる。(11)

タービがよまれるときには、ムギブーイィやナツブーイィ同様、よみ手のアブンマの前にシキゼンがおかれる。そしてサズンマという神役が酒［泡盛］の入ったサラ［酒器］をそこにおく。(12) アブンマはパニを捧げ持って、それをふるわせながら〈上の屋まとぅるぎのタービ〉をよんでゆく。

一九九六年のカタフチィウプナーでよまれた〈上の屋まとぅるぎのタービ〉は、全部で三一節からなっていた［歌詞資料六参照］。冒頭で神の名がいわれ、それがイビマ神であり、ンマヌカンのお供であることがよまれる「根口声」からはじまる。それに続いて、マトゥルギの物語が展開する。最後に、冒頭の「根口声」が過去形になったものがよまれて終了する、という構成になっている。

アブンマはこのタービについて、次のように語る。「親の思いもタービでゆうし、また、本人の思いもゆうてる」。

アブンマは、マトゥルギが中国へ行ってしまって、そこにいるということまでが「親の思い」のことばであるという。親とは誰かと聞いたら、「マトゥルギのお父さんとお母さん」と答えてくださった。「親が心配して、マトゥルギは島に着いたか、自分なんかはどこをさがすべきか、どこの島をさがすべきかと。あっちみたり、こっちみたり、心配してるのがある。これをよむ」。

そして、「今、中国に着いたよーと。許してくれたら、帰ってくるから」というのがマトゥルギの思いなのだという。タービの途中で、「思い」を述べる主体が移行しているとアブンマは考えているようだ。このことについて、タービの詞章に基づいて検討してみたい。

「根口声」のあと、第八節からマトゥルギの物語がはじまる。その冒頭で、「ういにゃ　まとぅるぎやよイ［上の屋　マトゥルギは］／ういにゃ　うやふじぃざよ［上の屋　親大按司［尊称］は］」とよまれる。三人称を使って叙事されてゆくこの部分を、アブンマは、「親の思い」をいう部分としてとらえていることになる。

しかし第二〇節で、「ばが　みゃーく　ふぃーさまばイ［私の宮古に　帰して下されば］／しぃでぃ　みゃーく　ふぃーさまば［生まれた宮古に　帰して下されば］」と一人称となる。アブンマはここからを「本人［マトゥルギ］の思い」をいう部分だと解釈しているのである。

アブンマによれば、タービは、「思い」をよむものである。神の名が、三人称でよまれたり、「私」といわれたりすることで、誰の「思い」であるのかということが移行してゆくのである。タービにおける三人称と一人称の交替は、「思う主体の移行」により、ひとつのタービにおいて「思う主体」が曖昧になるという効果を生んでいると指摘できる。

タービという語が「崇べ」であることから、タービの特徴は、「神の名をあげほめ讃える」［外間　一九七八：四七〇］ことにあるとする説がある。しかしタービをよむ人にとっては、タービは、神の思いをいうものとして存在している。そして、「思う主体」が移行して行く場合もある。「思う主体」が曖昧であるところに、人間の側の「思い」も入り得るという発想が生ずる余地を残すことになるが、神の「思い」をよむことが、結果として、神をあがめることになっているというのが、狩俣のタービである。

(1) 各元、ほぼ同時進行で祭儀が営まれるので、別の元の様子はなかなか確かめることができない。一九九六年の夏まつり初日は、志立元《しだていむとう》で見学させていただいたが、タービをよむために必要な、ンクやパニの準備の仕方は、大城元と同じであった［写真11］。

(2) 昭和初期に大神島の調査をした河村只雄は、神衣について興味深い記述を残している。河村は、大神島の一番位の高い神役である大司《うぷつかさ》に、神衣を拝ませてもらいたいと頼んだ。周囲の人たちが、せっかくヤマトから来ているのだからと執り成してくれたおかげでようやく見せてもらえたという。河村は、神衣を着けた大司を写真に撮りたいと申し出た。久高島ではそれが極めて簡単に許されたから、ここでも承諾してもらえるだろうと考えたという。ところが、けんもほろろに断られてしまった。そこで河村は、せめて神衣だけでも写真にとらせてもらいたいと、その撮影にとりかかった。すると大司の娘が、「大変です、大変です、神懸りになられました」と、声をふるわしていったという。そこで大司を見ると、「瞑目して之亦、身をふるはして」いたという［河村　一九三九：一二〇～一二一］。

現在の狩俣においても、祭儀と関係のないところで、神衣を見ることはない。なお、神衣の継承の仕方は重要なものと予測されるが、この点に関しては、あまり話を聞いていない。姑から嫁へ継承されることもあるが、神役についたときに新調する人もある。この点に関しては、奥濱

写真11　タービをよみあげるユーヌヌスンマ
［1996年７月／夏まつり／志立元にて］

幸子の研究に簡略な記述がある［奥濱　一九九七：一二五］。

（3）狩俣では、ウヤーンの祭儀の第一回目［ジーブバナ］と第二回目［イダス］の間に、火難除けの祭儀［ハーラダミ］を行っているという。四元のウヤパーが、狩俣第二の元である仲間元に集まって、タービをよむという。昔、大きな火災があり、火は狩俣の東から西へと焼き進み、仲間元の手前で止まった。それで仲間元でこの祭儀を行うのだという［比嘉康雄氏のご教示による］。元サスのJさんにこの祭儀についての話をうかがったとき、彼女は最初、「フサをよむ」と語った。「フサですか」と聞き直すと、「いや、タービだね」といい改めた。「じゃあこうやって」と、パニ［神衣］を顔の前でゆらす所作を私がして見せると、「うん、そう」といった。私が回答を誘導したかたちだが、やはりここでも、タービというジャンルが、パニをゆらす所作で識別されているということはできるだろう。

（4）久高島の西銘シズ氏による［一九〇六年生。故人。永年にわたり、ウメーギという神役をつとめていた。一九八三年十一月十二日の津田博幸調査ノートより］。

（5）一九九五年七月十日、夏まつり初日。大城元においてアブンマによってよまれたもの。

（6）一九九七年七月十一日、夏まつり初日、志立元において、ユーヌヌスンマによってよまれたもの。

（7）この件に関しては、一九九五年十二月十一日のムギユーダミという祭儀のおり、第四の元である仲嶺元のサスであるミズヌヌスンマがよまれたタービの〈ヤーキャー声〉においても確認した。

（8）ただし、次のタービは、具体的な物語の部分は存在しない。〈大城殿《うぷぐふとうぬ》のタービ〉〈父真玉《あさまだま》のタービ〉〈前真玉《まいまだま》のタービ〉〈真屋の真誇り《まやーぬまぷくい》のタービ〉〈金《かに》さー親大按司《うやぶじぃ》のタービ〉〈仲屋勢頭豊見親《なかやせどうとうゆみや》のタービ〉である。最初から存在しなかったのか、伝承がとだえたのかはわからない。

（9）一九九五年七月十日、夏まつりの初日、アブンマによる演唱。

（10）フサヌヌス経験者のGさんと、その夫Sさんのご教示による。中国での様子がもう少し詳しく語られている別伝があるので紹介しておく。誘拐されて中国で成長したマトゥルギは、中国で出世して官職についていた。しかし宮古が恋しくなって帰りたいと妻に打ち明けたところ、妻は泣く泣く次のようにいった。あなたは偉い人だから、やめたいといっても役所は手放さないでしょう。だから役所へ行ったとき、真ん中にある煙草盆をあなたのキセルで引き寄せなさい。これは中国ではもっとも失礼なしぐさです。そうすればあなたは常識がないということで即座に免職になるでしょう、と［琉球大学民俗研究クラブ　一九六六：六一～六二］。

(11)　カタフチィウプナーの際、マトゥルギの出自の家である上の屋と、帰郷の後にマトゥルギが一家を構えた家からは、四合瓶の酒［泡盛］が出されている。大城元の氏子たちも四〇〇円ずつ出資する。このウプナーの由来を、氏子たちはマトゥルギ帰郷のお祝いに求めている。その認識の通りだとすれば、もともとは個人の家のお祝いごとであったものが、元の行事として定着したことになる。

(12)　ピャーシをよむときにも、ンク［米製の神酒］や酒の入ったサラがセッティングされるが、タービがよまれるときとは少し作法が異なる。一九九六年のカタフチィウプナー［三月二十二日］では、サズンマが、からのサラふたつをアブンマの前に持ってきた。するとそれを見たウプッカサ［神役名］が、「タービのときはむこうで酒をいれてくる」と注意した。サズンマはサラを下座に下げて、そこで酒［泡盛］を注ぎ、再びアブンマの前に持ってきた。ピャーシの場合はこれとは作法が異なる。からのサラをアブンマのシキゼンにのせ、アブンマの前で、神酒なり酒なりが注ぎ入れられる。これからよまれるものがタービである以上、ピャーシの作法では許されないのである。

神歌のジャンルは、祭儀におけるさまざまな作法と結びつきながらかたちづくられていることがわかる。

第六章　やわらいであれ

一　ウヤーンのまつり

「ウヤーンでよむのは、みんなフサだ」とアブンマはいう。旧暦十月から十二月の三ケ月間に、五回にわたって行われるのがウヤーンという祭儀である。ウヤーンとは、親神、祖先神の意である。

ウヤーンの祭儀は、冬の三ケ月に行われるので、「冬」とか、「冬まつり」とも称される。その祭儀でよまれる神歌をフサという、とアブンマは語る。

ウヤーンの祭儀では、女性の神役たちは、「インパニ」や「キャーン」と呼ばれる蔓草でつくった草冠［カウスと称す。祭儀の場面によっては「ウプバー」という葉を用いることもある］をつけ、手にはリュウキュウグミモドキの小枝を束ねたもの［テーフサと称す］や、リュウキュウガキの杖［ジーグスと称す］を持ち、トウズルモドキの帯［ダギフと称す］を締める。それが、祖先神、すなわちウヤーンの姿である［写真12・口絵1・2・3］。

五回にわたるウヤーン祭儀の一回ごとに、数日間の山ごもりがある。山ごもりをして祖先神と一体となり、前述の通り、草を身にまとい、ウヤーンそのものとして集落におりてくるということが、さまざまなやり方で、くり返し行われる。(1)温暖な気候の土地がらとはいえ、北風が吹き抜ける冬は、実際の気温よりもかなり寒く感じられる。山ごもりをつとめる女性神役たちは、六〇歳代の人が多い。七〇歳をこえる人もある。ウヤーンたちは、裸足で山道を歩きまわる。山ごもりの間は、食事もひかえるという。憔悴しきっておりてくる姿は、ほんとうに痛々しい。もっとも、「痛々しい」と感じるのは、普段のおしゃべりを通して知っている人間としての神役たちを思ってしまうからだ。神役経験者たちは、ウヤーンの姿を「きれい」だという。

写真12　西の家元から大城元へおりて来るウヤーンたち ［1997年1月］

数日間の山ごもりで、ウヤーンたちはなにをしているのだろうか。たくさんのフサがよまれているということのほかに、正確なところを私は知らない。なぜなら、ウヤーンの祭儀は禁忌に満ちているからである。見てはならない、とされている場面がことさらに多い。見たら死ぬといわれる場面も二度あって、見てしまった人は正直に申し出て、線香、酒、塩を供えて、神役から神様にお詫びをしてもらわなければならない。集落内の人は見てはいけない場面を大概心得ているが、そういう日の朝には、今日の何時から何時までは家の外に出てはならないという村内放送も流される。他集落の人は、ウヤーンの祭儀が行われていることなど知らないので、偶然ウヤーンに遭遇してしまうこともある。そういう場合には、狩俣集落から線香等を出して神様にお詫びをするのだという。

このように禁忌につつまれているから、ウヤーンについての全体像はわからないままだ。どのようなフサがよまれているのか、そのすべてを知ることができれば、それだけ考えを深めることはできるかもしれない。しかし、それができないという現実そのものが、神役たちの神に対する思いをもっとも端的に物語っているのだから、現時点で、見てもよいとされている材料で考えてゆくことに躊躇はない。フサはどのような表現を持つ神歌なのであろうか。

フサと総称される神歌は、演唱形態から次のように分類することができる。

①サスが先唱し一同が復唱するもの

②フサヌスが先唱し一同が復唱するもの

③斉唱によるもの

演唱形態の違いにほぼ対応するようなかたちで、詞章および旋律の構成にも違いがみられる。すべてのフサを紹介することはできないので、ここでは、アブンマが先唱するタイプのフサのうちのひとつをとりあげて、フサの表現をいくつかの観点から分析してゆくこととする。とりあげるのは、〈祓い声〉と称される、狩俣集落の由来について語るフサである。

二　やわらいであれ、百の神よ

ウヤーンの二回目［イダス］と五回目［トゥディアギ］において、子《ね》の日の午後三時頃、山から下りてきたウヤーンたちが、大城元の庭で、フサのひとつである〈祓い声《はらいぐい》〉をよむという場面がある。先唱するのはアブンマである。アブンマはウヤーンたちの円陣の中に立ち、からだを左右に揺らし、その動作の一往復ごとに神の杖を地面に突き立ててリズムを刻みながら、「やふぁだれる　むむかん　ハライハライ」とよむ。すると、アブンマをまるく取り囲んでいるウヤーンおよびほかの神役たちが「やふぁだれる　むむかん」を復唱する。復唱者たちは「ハライハライ」はよまない。(2)

アブンマによると、彼女が先唱するフサは、すべてこの詞章からよみはじめ、これをよまないと、先がよめないという。この詞章は、アブンマのフサにはどうしても欠かせない部分なのである。では、「やふぁだれる　むむかん」とはなにか。

アブンマは次のように語る。「『やふぁだれる』というのは、きれいに、しずかにしてもらうのみたい。やわらかーくしてもらいたい」。これをよみはじめる前は、「きれい」でなく、「しずか」でなく、「やわらかーく」ない状態だということだろうか。

ウヤーンでは、決して見てはならない場面が二度あるが、そのうちのひとつが、イダスのユナーンという祭儀である。夜九時頃、ウヤーンたちはいくつかのグループに分かれて、フサをよみながら山から下りてくる。ウヤーンたちは手に木の枝を持ち、それで家の戸や壁をたたきながら歩いてゆくという。そして大城元の庭に集まる。

ウヤーン経験者のLさんは、このフサをよんでいるときの感覚を、次のように語った。

〈L〉とにかくもう、これをはじめるときには、声が震える。なんでそんなに震えるかねと思うぐらい。このフサがはじまると、もうがたがたがたーと震えるの。くるよ。くりかえしくりかえし、特別いっぱいよんでる感じ。声が大きくなるわけさ。震えると声が大きくなる。
〈内〉そのあとで祓い声、つぎにヤーキャー声。あのときにも震えているんですか？
〈L〉そうそうそう。あれからしずみかえって。

〈内〉そうなったあとには、震えもないんですか？

〈L〉そうよ。あれ［戸などをたたく枝］を持ってるまでが、震えがある。ふしぎだよね、ほんとに。震えが終わって、しずまりかえって。神様、しずかにしてくださいというふうにアブンマがよんでいらっしゃるものだから。しずまりかえって、それからフサヌヌスがよみはじめる。

〈内〉最初にフサで「やふぁだれる」とよむのは、それをしずめると？

〈L〉そう。しずかにしてって。そして、神のことはよみましょうと。

「なんでそんなに震えるかねと思う」ほど、自分ではどうにもならない状態なのである。そこで「神様、しずかにしてください」とアブンマがよまれる。「やふぁだれる　むむかん」とよまれる。これをよみはじめる前は、「しずか」でない状態なのである。だから、「神様、しずかにしてください」と呼びかける。そうするとしずまりかえる。それからフサヌヌスという神役が、フサをよむという。

アブンマによれば、「やふぁだれる　むむかん」の「むむかん」とは、フサヌヌスのことであるという。「むむ」とは「百」で「かん」は神。百の神ということ。フサヌヌスは、フサを先唱することを主な役目とする神役で、二名でつとめることになっている。神と一対一の関係をつくるサスとは異なり、特定の神の司祭ではない。

では、しずまりかえってからよまれるフサヌヌスがよむフサとは、どのようなものなのか。

三　低い声

しずまりかえったあと、フサヌヌスは、〈真津真良《まーじいまら》のフサ〉というフサからよみはじめる。この場面［イダスのユナーン］では全部で七つのフサをよんでゆく。これらはすべて、異なる旋律でよまれるが、冒頭に「根口声」と呼ばれる定形の詞章を持つ点が共通する。
〈真津真良のフサ〉は次のようによみはじめられる。(3) フサヌスがまず一節よむと、ほかの神役たちが同じようにくり返す、音頭一同形式である。第一節のみ、くり返しの部分を［　］内に示し、後節はくり返しを省略して示す。

1かんま　まき　とぅりるよ　　　神は　村に　やわらいであれ
イかんま　しぃま　とぅりるよ　　　神は　島に　やわらいであれ
［かんま　まき　とぅりるよ
イかんま　しぃま　とぅりるよ］
2にしぃまから　うりんな　　　根島から　おりて
イしぃらじぃから　うりんな　　　白地から　おりて
3ばんがふさ　うぷかん　　　私のフサ　大神
イかんぬふさ　うぷかん　　　神のフサ　大神
4むむふさお　ふさんそ　　　百のフサを　欲しがり
イやすふさお　ふさんそ　　　八十のフサを　欲しがり
5うしぃなおし　うりてぃや　　　押しなおし　おりて
イぬいぃなぬり　うりてぃや　　　のりにのって　おりて
［後略］

冒頭の第四節までは、非常に弱く低い声でよまれる。なにをよんでいるのかも、はっきりとは聞きとれないほどだ。

それが第五節から一転して、強い、はっきりとした声になる。フサヌヌス経験者のGさんは、低い声でよむ部分を「根口声《にふちいぐぃ》」というのだと教えて下さった。タービやピャーシも、そのひとつひとつは「根口声」と称する定型詞章部を持っていた。神歌をよむ人たちは、このように、神歌の詞章を部分に区切って認識している。

このフサをはじめに、イダスのユナーンには七つの、トゥディアギのアサーンには一一のフサが、順々によまれてゆく。それらがみなこの「根口声」の定型詞章部を持っているにも関わらず、冒頭の四節を低い声でよむのは、このフサだけである。Gさんは、「ほんとうは、みんなそうしてよむべきなんじゃないか」と語っている。

なぜ冒頭を低い声でよむのかについては、神役をつとめている人たち、および、かつてつとめていた人たちの間で、共通に語られている「理由」はないようだ。アブンマは「山のつとめで疲れているから、最初はあんなに低い声なんじゃないか」という。また、元サスのMさんは、「よみはじめは自信がないからじゃないか」という。

理由はともあれ、低い声で神歌をよみはじめるという決まりはある。「神の声は、低い声からよみはじめるのですか」という私の質問に対し、元サスのMさんは、「ほんとうは、そうらしい。最初からバッとあげないでね。最初はもう、ゆっくりゆっくりと、ズーズーズーと。これが常識らしい、神様への」とこたえて下さった。

では、そのような「常識」をともなってよまれている詞章では、なにがよまれているのか。

第一節「かんま　まき　とぅりるよ／かんま　しぃま　とぅりるよ」から考えよう。「まき」「しぃま」はともに「集落」を示すことばである。「とぅりる」は「弱くなる。やわらぐ」の意［下地　一九七九：一二七］。神はこの狩俣集落に、穏やかな、やわらかな状態でいてほしいという内容になる。裏返せば、神はそのようなものではないということ。アブンマのフサの「やふぁだれる　むむかん」に通ずる詞章である。やわらかくないから、まず最初に、やわらかであれよと神に向かっていわなければならない。

すると目の前に、まっ白な世界が出現する［谷川　一九九一：二五七］。第二節「にしぃまから　うりんな／しぃらじぃから　うりんな」は「根島から　おりて／白地から　おりて」の意。アブンマは、「山のおうちがネシマになってる」という。ウヤーンのときに女性神役たちは山ごもりをするが、その時に泊まる家を「根島」というのだとアブンマは説明して下さった。

神はなんのためにあらわれたのか。フサが欲しいのである。第三節「私のフサ、神のフサ、大神」、第四節「百のフサを、八十のフサを、欲しがり」がそれだ。

そして第五節、「うしぃなおし　うりてぃや／ぬいぃなぬり　うりてぃや［押しなおし　おりて　のりにのって　おりて］」となる。神と人との道がつながり、その道を神は押しなおし押しなおし、のりなおしのりなおし、やってくる。狩俣では、神に憑かれることを「神がのる」という。神により憑かれて恍惚とした状態を、狩俣のことばでは「かんぬどぅ　ぬーるいぃ」という。[4] また、神役に就任することを狩俣では、「○○にのる」という。たとえば「アブンマになる」ということを、「アブンマにのる」といういい方をする。神と人とが霊的に結ばれた状態が「のる」だと考えられる。

第五節で強くはっきりとした声になるのは、神への道がひらかれて、今まさに神が人にのったということを示しているのではないだろうか。というよりも、この歌詞から強くはっきりとした声でよまれることによって、今まさに神がのったということがわかるようになっているのだと考えられる。なぜなら、突然の声量の変化が、それを聞くものの注意を、そこに促すからである。聞くものの注意を引きつけてよまれる歌詞が、「うしぃなおし　うりてぃや／ぬいぃなぬり　うりてぃや［押しなおし　おりて　のりにのって　おりて］」、すなわち、今神がのったということであれば、フサの声量の変化で表現されていることのひとつは、それである。フサヌスのフサの「根口声」は、神への道がひらかれつつあるその状態、自分により憑こうとしている神との交感からはじまっていると考えられる。

四　ウヤーンたち

フサヌスは、この「根口声」に続けて、さまざまなウヤーンたち、すなわち神である祖先たちの物語をよんでゆく。

イダスのユナーンでは次のような物語がよまれてゆく。〈真津真良のフサ〉では、マージィマラという機織りの名手がおり、その名が宮古中に聞こえていたという物語。次の〈みやまぎ〉では、夫のミヤマギを従姉妹に殺された妻が仇を討つという物語。次の〈磯殿のフサ〉は、夫の愛人が男の子を産み、妻が嘆き悲しんでいるという物語。次の〈那覇港〉は、那覇の戦争にいった夫は死に、その妻が引き留めた弟は助かったという物語。次の〈とーなじのフサ〉は、神衣装を大切にしなかったトーナジという人が不幸な最期を遂げる物語。次の〈継母のフサ〉は、姑と他村からの嫁とが、いさかいの果てに、両人とも死んでしまったという物語。次の〈下司のフサ〉は、下司となったために、子供の亡骸さえ見ることができず、主人を恨む男の物語。(5)

以上のように、フサヌスのフサによまれるウヤーンの物語は、どちらかといえば悲劇的である。よい物語もあるけれど、よいことにせよ、よくないことにせよ、極端な物語であって、ふつうの話ではない。ことばは悪いが、ゴシップ誌的ともいえる。悲喜こもごも、これらの物語の主人公であるウヤーンたちが、フサの中でよまれたいといって、根島からおりてくる。フサヌスのフサの「根口声」では、そのようによまれており、こうしたさまざまなウヤーンを引き受けているのが、フサヌヌス、すなわち、百の神「むむかん」である。おりてきたウヤーンたちは、フサヌヌスにより憑いては自分語りをし、そして帰ってゆく。そのようにしたいと望んでいるウヤーンが、この祭儀の間、そこここに存在しているのである。

たとえば次の例がある。

ウヤーンの第三回目の行事［マトゥガヤー］のとき、ティンドーという聖地でフサがよまれる。神役たちはティンドーの石垣の上に立ち、南に向かって踊りながらフサをよむ。集落の南は南の島《ぱいぬしいま》とよばれ、墓地地帯となっているが、そちらでは多良間《たらま》ウプツカサ［多良間島の神役の大司］がティンドーの神役たちと向き合って、いっしょにフサをよんでいるという。

多良間ウプツカサについては次のような話が伝えられている。琉球王府への奉公のため、彼女は沖縄本島の首里へのぼったが、その帰途、船子等に暴行をうけて非業の死を遂げた。亡骸は狩俣に流れ着き、この地に埋葬されたというものである。その多良間ウプツカサがいっしょにフサをつとめているという。この伝承は『平良市史』が載せているものだが［平良市史編さん委員会　一九八七：三一〇］、狩俣の神役たちは、もっと生々しく死霊と接触している。

谷川健一は、亡くなった人の歌を耳にしている女性を狩俣で目のあたりにし、次のように述べている。

最初、祖神祭を見た時［一九六九年か］だったか、マトガヤの時、去年死んだツカサ［司。神役のこと］が歌っているって狩俣の女たちが言うんですよね。自分も祖神祭に加わりたいと言って。「声聞こえるでしょ、いま歌を歌ってますよ」と言うのです［谷川・古橋・島村　一九九三：五四］。

谷川がこうした体験をした頃サスに就任したMさんは、亡くなった神役が「自分も祖神祭に加わりたいと言って」歌っているという、谷川が伝えるような話と幾分ニュアンスの異なる話をして下さった。私が、「マトゥガヤーの時は、向こう［集落の南］で多良間ウプツカサがいっしょにつとめていらっしゃるんですってね」とたずねると、Mさんは、「多良間ウプツカサだけでないよ。ウヤーンをつとめた人たちが亡くなってね、後継者が出なければもう、いつまでもいっしょにつとめるさ」と教えて下さった。後継者が出ないまま亡くなってしまった人は、死んでもなおつとめ続けなくてはならないと考えられているのだ。自分も加わりたいという積極的なものではなく、役を継ぐ人が出ないまま亡くなり、この世に心が残ってしまって、死んでも死にきれずにいっしょにつとめなければならない死霊の声である。何かいいたいこと、伝えたいことがあってしずまれきれないでいる魂が、ウヤーンの祭儀でフサがよまれているときにあらわれてしまうことがわかる。そうした魂が神役により憑き、その口を借りて語る。フサがよまれているとき、神役たちは、「死」というものと触れている。神役たちは、死の穢れに接してはならないとされているが、フサがよまれているときには、フサを通して死とふれているのである。

　ウヤーンの期間、狩俣にはそのような魂がそこ、ここ、いたるところに存在している。「むむかん［百神］」とはそうしたものであり、それにむかって「やふぁだれる」、すなわち「しずかにしてください」と呼びかけるのである。「やふぁだれる　むむかん」――「やわらいであれ、百神」とは、しずまりきれないでさまよっている「むむかん」との葛藤を、自らの内に体験したものの表現としてある。「声聞こえるでしょ、いま歌を歌ってますよ」という、神の声を動かしがたい現実感をもって聞いてしまうもののことば。今まさに自分により憑こうとしているものがある。そこにも、ここにも。いたるところにその存在を感じる。苦しくてたまらない。おそろしくてならない。身体ががたがた震えてとまらない。どうぞやわらいでいて下さい、百の神々よ、しずかにしてください。フサのはじめのこの部分は、そういっているのである。

そうして「むむかん」は、次から次に、神役により憑いては自分語りとしてフサをよみ、それによってしずめられて帰ってゆく。ウヤーンの祭儀では、くり返しくり返し、集落を祓い浄め、悪いものを集落から追いやるということがなされるが、それはフサという神歌によってもなされているのである。フサで死者の魂を招き、その思いをよんでやることによって、それをしずめ、はらう。フサの機能のひとつはそれである。

このことは、ウヤーンの祭儀が、ヤマヌフシライィの物語を起源譚として持っていることに、端的にあらわれている。神歌がどのようにつくられているか、ということを検討している本論とは主題が逸れてしまうが、ここで起源譚に回り道をして、死者のまつり方の問題にふれておこう。

五　ウヤーンの起源譚

宮古島からの報告に基づいて、一七一三年に首里で編まれた『琉球国由来記』巻二〇は、宮古島の「神遊ノ由来」として、狩俣の「フセライノ祭礼」の起源譚を載せている［横山　一九四〇：五八九～五九〇、傍線は引用者、以下同］。

往昔、狩俣村東方、島尻当原ニ、天人ニテモヤ、アルヤラン、豊見赤星テダナフラ真主ト云フ女、狩俣村御嶽、大城山ニ、只独住居ス。赤星、有夜ノ夢ニ、若キ男、閨中ニ忍入ル歟ト、驚キ居ケルニ、只ナラヌ懐妊シテ、七ケ月ニ、一腹ニ、男女ノ子ヲ産出ス。男子ヲバ、ハブノホチテラノホチ豊見ト云。此人ヲ、狩俣村ノ氏神ト、崇敬仕也。女子ヲバ、山ノフセライ青シバノ真主ト云。此者十五六歳ノ比、髪ヲ乱シ、白浄衣ヲ着シテ、コウツト云フ、葛カヅラ、帯ニシテ、青シバト云葛ヲ、八巻ノ下地ノ形ニ巻キ、冠ニシテ、高コバノ筋ヲ、杖ニシテ、右ニツキ、青シバ葛ヲ、左手ニ持チ、神アヤゴヲ謡ヒ、我ハ是、世ノタメ、神ニ成ル由ニテ、大城山ニ飛揚リ、行方不レ知、失ニケル。依レ之、狩俣村ノ女共、年ニ一度完、大城山ニ相集リ、フセライノ祭礼アリ。

要約しよう。昔、狩俣村の東にある島尻の「当原」に天降りした「豊見赤星テダナフラ真主」という女が、狩俣村の御嶽である大城山に、ひとりで暮らしていた。赤星はある夜、若い男が、室内に忍んできた夢を見た。そして懐妊し、七ケ月で男女の子を産んだ。男子を「ハブノホチテラノホチ豊見」という。この人を、狩俣村の氏神として崇敬している。女子を「山ノフセライ青シバノ真主」という。この者は、一五、六歳のころ、髪を乱し、白浄衣を着、「コウツ」という蔓草を帯にして、「青シバ」という蔓草をハチマキの下地の形に巻いて冠にして［王府時代の冠服制度では、色違いのハチマキを着けることで位階を区別していた］、「高コバ」という植物の筋を杖にして右に突き、「青シバ」を左手に持って、「神アヤゴ」［アヤゴ＝歌］を歌い、「私は世のため神になるのだ」といって、「大城山」に飛びあがり、そのまま行方がわからなくなってしまった。これによって狩俣村の女たちは、年に一度ずつ「大城山」に集まって、「フセライ」の祭礼をしている。

これは「フセライ」の祭礼の起源を述べたものである。現在の狩俣のウヤーンでは、女性神役たちは、「インパニ」および「キャーン」という蔓草でつくった「カフス」と称する草冠を着ける。場面によっては「キャーン」ではなく「ウプバー」という葉を使用する時もある。手にはリュウキュウグミモドキの小枝でつくった「テーフサ［手草］」を持ち、トウズルモドキの「ダギフ［帯］」を締める。祭儀の間、ウヤーンたちは山の中や大城元などでフサをよみ続ける。狩俣のウヤーンたちは、髪を振り乱し、種々の蔓草を身にまとい、神歌をよみつつ、「世のため神になる」といって山の中へかき消えてしまった「山ノフセライ」の姿そのものである。『琉球国由来記』にはウヤーンとは書かれていないが、蔓草を身にまとって歌を歌う「山ノフセライ」の姿は、現在のウヤーンの姿と合致する。

ウヤーンの時、アブンマはフシライィの物語もフサでよむが、[6]それについて次のように説明して下さった。ンマヌカンにはヤマヌフシライィとティラヌプージィという子供がいて、ティラヌプージィが小さな子供だったから、これには家はつくれないから、ねえさんのヤマヌフシライィが、自分がやるといって木を切った。それでやられたと。自分で勝手に山の木を切ったからだめになったと。

アブンマがフシライィに関する神歌を通して理解した世界では、フシライィは、自分勝手に山の木を切ったので死んだことになっている。尋常ならざる死を遂げたと考えられている神である。

狩俣における異常死をとげた人の埋葬法は、桜井徳太郎によれば以下の通りである。狩俣では、事故などで異常死をとげた人をキガズンといい、その遺体は、決して家の中に入れてはならないものとされた。死亡場所からそのまま洞窟に運び、穴の中か大きい岩の割れ目に押し込めてしまう。そして入口を石で塞ぎ泥土で厳重に密閉する。キガズンは怨霊となってさまよい出で、縁者や村人に祟ったりしやすいので、それを阻止するためだという。そして何年か経たのち、きれいに洗骨して本墓へ移すのだという。狩俣では、異常死［他郷での死や幼年者の死亡も含む］の場合は洗骨しなければならないのだが、平常の死者は洗骨しないという慣習があった。通常死よりも、異常死のほうが、入念な浄化の手続きが必要だと考えられたのであろう［桜井　一九七三：九三〜九六］。

フシライィは、娘のころに山の中で死んでしまった。いつあらわれて、災厄をもたらすかもしれぬ魂として存在している。すでに述べた通り、ウヤーンの祭儀でフサがよまれているときには、この世に思いが残り、しずまれきれないでいる魂があらわれてしまうことがある。フシライィという神は、ウヤーンの起源譚として語られるにふさわしい、しずまれぬ神であったといえよう。その神が、フサによって自らを語る、また、それに呼び寄せられて、別のしずまれぬ神々たちも、それぞれにフサで自分語りをする。それでしずまる。結果として集落は浄化される。『琉球国由来記』の記述の通り、フシライィは、「世ノタメ、神ニ成」ったのである。

六　私は根立て主である

「やふぁだれる　むむかん」――「神様、しずかにしてください」――を冒頭に、アブンマの〈祓い声〉は次のように展開してゆく。ここに掲げる演唱例は、一九九五年十一月二十九日［イダス子《ね》の日］の午後三時頃、大城元の庭でよまれたもの。先唱するのはアブンマである。アブンマはウヤーンたちの円陣の中に立ち、からだを左右に揺らし、その動作の一往復ごとに神の杖を地面に突き立ててリズムを刻みながら、「やふぁだれる　むむかんハライハライ」とよむ。すると、アブンマをまるく取り囲んでいるウヤーンおよびほかの神役の人たちが「やふぁだれる　むむかん」を復唱する。

1**やふぁだれる　むむかん**　ハライハライ
［やふぁだれる　むむかん］
2**なごだりる　ゆなおさ**　ハライハライ
3てぃんだおの　みょーぷぎ　ハライハライ
4やぐみかん　みょーぷぎ　ハライハライ
5あさてぃだの　みょーぷぎ　ハライハライ
6うやてぃだの　みょーぷぎ　ハライハライ

7ゆーちぃきぃの　みょーぷぎ　ハライハライ
8ゆーてぃだの　みょーぷぎ　ハライハライ
9**にだりぬしぃ　わんな**　ハライハライ
10**やぐみ　うふかんま**　ハライハライ
11ゆーむとぅぬ　かんみょー　ハライハライ
12ゆーにびぬ　かんみょー　ハライハライ
13うしぃばぬしぃ　みょーぷぎ　ハライハライ
14まきゃんぬしぃ　みょーぷぎ　ハライハライ

〔後略〕

「やふぁだれる」のあとに、神の名を次々にあげてゆく詞章が続く。名前をあげることによって、それらの神をあがめるのである。(7)しずかにしてほしいから、どんどんあがめる。第三節「てぃんだおぬ　みょーぷぎ」、第四節「やぐみかん　みょーぷぎ」というように、ひとりの神の名をあげ、それに「みょーぷぎ［ありがとう］」がつくかたちである。

第八節までこのかたちの詞章が続き、第九節で、かたちの異なる詞章が登場する。「にだりぬしぃ　わんな［根立て主である私は］」と、その対句の第一〇節「やぐみ　うふかんま［おそれ多い大神は］」である。

「根立て主」とは、狩俣の根を立てた主、すなわち狩俣草創の主である。それが「私は」といっている。「私こそは根立て主。おそれ多い大神である」と。神をひたすらにあがめるそれまでのかたちではない。「根立て主」の顕現である。神が私にのってこようとしている。おそろしくて仕方がない。しずかにしてほしい。だからひたすらに神の名を唱え、あがめる。そのうちに、好むと好まざるとにかかわらず、「根立て主」はのってきてしまう。そして語りはじめる。(8)

では、なにが語られるのか。

七　井戸を探す――神歌と神話――

〈祓い声〉は次のように続いてゆく［歌詞資料七参照］。

「根立て主」と名のってあらわれた神は、「んまぬかん　わんな／やぐみ　うふかんま［母の神　私は　おそれ多い大神は］」［第一五・一六節］とさらに名のって、自分が母の神ンマヌカンであることを明かす。そのンマヌカンが、井戸を求めて彷徨し、ついに狩俣に良い井戸を見つけ、そこに住むようになった、という狩俣草創の物語がよまれてゆく。「一人称式に発想する叙事詩は、神の独り言である。神、人に憑って、自身の来歴を述べ、種族の歴史・土地の由緒などを陳べる」［折口　一九七七：七二］として、文学の発生を神の「自叙伝」「独り言」として見出した折口信夫の発想を裏付けるような歌であり、折口以降、沖縄の歌謡から文学の発生を考えようとした研究者は〈祓い声〉に注目してきた。

そのひとり、古橋信孝は、神歌［古橋は「神謡」というタームを用いている］と神話の表現の質の差を、アブンマがよむ〈祓い声〉と、狩俣で伝承されているンマティダ［母太陽。ンマヌカンのこと］の神話との比較を通して述べている。以下、古橋の研究にしたがって、「神歌」と「神話」との関係をみなおし、神歌における「かたち」と「意味」との関係を検討しよう。

(1)井戸の条件

古橋が引用しているのは、本永清が川満メガさんから採録した神話である。ンマヌカンの〈祓い声〉に関連のある部分のみ引く。

昔、ンマテダ（母天太）と呼ばれる母神がヤマヌフシライ（山の運命神）と呼ばれる娘神を連れて、テンヤ・ウイヤからナカズマに降臨した。しかし、二神が降臨した地は飲み水がなく、そこから西へ移動してカンナギガー（湧泉）を探した。そこの水は飲んでおいしかったが水量が乏しかった。それで再び西へ移動してクルギガー（湧泉）を探した。そこは水量は豊富だったが、反対に飲んでおいしくなかった。それで更に、西へ移動してヤマダガー（湧泉）を探した。そこの水には海水が混じっていた。それで更に西へ移動し、今の狩俣の後方でイスガー（湧泉）を探した。そこは水量も豊富で飲んでおいしかったので、その近くのウプフンムイで小屋を建てて住み着くことを考えた［本永　一九七七：二五八］。

川満メガさんの語った神話と、アブンマのよまれる〈祓い声〉との間には、井戸の水に関して次のような相違点がある。

	川満メガ資料	〈祓い声〉
	ンマティダの降臨	ンマヌカンの降臨
カンナギガー	おいしい／水量少	まずい／水量多
クルギガー	まずい／水量多	おいしい／水量少
ヤマダガー	海水混じりの水	海水混じり／水量多

イスガー	おいしい／水量多	おいしい／水量少
	イスガー付近に住む	島の頂きに住む

カナギガーとクルギガーとで、水の味、水量の条件が逆になっている。さらに、川満メガさんの神話では、村建ての場所として選ばれているイスガーの水は、味がよく、水量も豊かな、二重に条件のよいものとなっているのに対し、〈祓い声〉のほうでは、イスガーは、おいしくても水量が少ないとなっている。これは、村建ての地として選ばれなかったクルギガーの条件と同じであり、イスガーが選ばれた理由としては理屈が通らない。話の理屈としては、川満メガさんの語った神話のほうがわかりやすい。古橋はこのことについて、次のように述べている。

神謡の『祓声』では場所の移動こそが問題なのであって、内容はそれほど意味はないのであろう。そこにも神謡の質があるように思える。自分たちが現在住んでいる土地が苦労して選び取られた土地だということを、場所の移動によって表現しているのである。しかし話では一応でも筋が通らなければならない。これも神謡と神話の表現の差である［古橋　一九八二：一五九～一六〇］。

たしかにアブンマによってよまれた〈祓い声〉は、一見、筋が通らない。〈祓い声〉をよむアブンマ自身は、この神歌をどのように説明しているのか、そのことばを次に引く。

〈祓い声〉は、狩俣の最初の神として、最初によんでる。水を求めて。部落のどこからおりてきたかわからない。上からおりてきた。水を求めてきて、イスガーの水がおいしいからと、甘いからと。カナギガーの水を飲んだら、水は多いけど、おいしくない水だから、こっちの水はだめだと。次にまたやって来て、クルギガーというところの水を飲んだけど、この水はおいしいけど、水が少なかったって。だから、こっちには、部落はできないよと。またやって来てから、ヤマダガーという川は、塩水だからおいしくない。こっちにまたやって来て、一番もとがおいしい水だから、水は少ないけど、上におりてきた。山の上のほうに、神様が最初におりてきたところがある。そっちがいいんだけど、海からの風があるもんだから、風が強いから、海の音がこわいから、下におりて来て、おうちをつくったみたい。

要点をまとめると、狩俣の最初の神は、イスガーの水がおいしいからと、上からおりてきた。カナギガーの水を飲んだところ、水は多いけれどおいしくない。次にクルギガーの水を飲んでみたら、おいしいけれど、水量が乏しかった。そこでヤマダガーへ行ってみると塩水であった。そこで一番もとのイスガーがおいしい水だから、水は少ないけれどもそこに落ち着くことにした。けれどそこは海風が強く、海鳴りも怖いので、山の下におりて来て家をつくった。

アブンマの理解では、イスガーが村建ての地として選ばれたのは、水は少なくても「一番もとがおいしい水だから」なのである。しかし〈祓い声〉には、そうしたことはよまれていない。古橋が指摘するように、神歌を説明するときには、神歌の歌詞にはない部分が付け加えられるなどして、話としての筋の一貫性が求められるというのは、確かである。

ただ、一貫性の持たせ方において、アブンマと川満メガさんとには違いが見られる。川満さんの話では、〈祓い声〉によまれている井戸の条件が変えられているのに対し、アブンマのほうはあくまでも条件は変えていない。

この川満さんという人は、どんな人だったのか。本永の論文にはこの女性の年齢しか注記されていないが、狩俣でたずねたところ、本永の調査当時にはマンザンマという役をつとめていた人であることがわかった。このことについては、本永本人にも確認することができた。

マンザンマは、ンマヌカンの娘と伝えられるヤマヌフシライィのサスで、ウヤーンの祭儀のときには、ヤマヌフシライィをまつる前の家元《まいにゃーむとう》という祭場でフサを先唱し、また、夏まつりにも、大城元でアブンマの隣に座ってピャーシという神歌を先唱する。ほとんどいつも、アブンマの近くでアブンマのよむ神歌を聞き、自らも神歌の先唱役をつとめる重要な役である。川満さんは、狩俣の神役組織の中枢部に存在していた人といってよい。その川満さんが、〈祓い声〉の井戸の条件を、アブンマがよんでいるままに語っていないのは興味深い。

ここに、狩俣の神役たちにとっての神歌の「内容」、すなわち「意味」とはなにか、という問いが立てられる。神歌をよむ人たちは、神歌からなにをどのようにうけとっているのか。

⑵原則無言

アブンマは、井戸を求めて歩く〈祓い声〉に続けて、ヤマヌフシライィについての物語〈ナービ声〉をよむ。アブンマがそのフサを通して知ったのは、ヤマヌフシライィは、自分勝手に山の木を切ったので死んだということである［一五二頁参照］。

「自分で勝手に山の木を切ったからだめになった」とアブンマが私に語ったとき、近くに座っていたあるサスが、「ヤマヌフシライィが？」とたずねたのである。アブンマは「はい」と返事をした。そのサスは「そうな？」と念を押した。このサスは、前のアブンマの代からつとめている人である。十数年にもわたって、アブンマの近くでヤマヌフシライィのフサを聞き、また、復唱もしてきた人が、ヤマヌフシライィが木を切って死んだとアブンマが語ったのを聞いて、そのようにたずねた。

彼女は知らなかったのか、あるいは彼女が知っている死因が別にあったのか、それはわからない。その場で確認できるようなことではないからだ。なぜなら、神役たちは、見解が互いにくいちがうとき、ことさらにそれを突き詰めて、どちらが正しいかを決定しようとはしない。それをすれば論争になってしまう。神様の前でいい争うことはできないということが、神役の間で共通に了解されているので、(9) 見解が異なる場合は、結論は先送りされることになる。したがって私も、この件についてその場でそれ以上追求することはしなかった。神歌がなにをいわんとしているのかという問いかけは、狩俣においては、このように途中で中断せざるをえないのが常である。それは、私自身の調査のありかたの問題でもあり、また、狩俣における神の前でのふるまいかたについての慣習、さらにいえば、狩俣における神歌の継承方法そのものの問題でもある。

たとえばここで、「昔のおばあたちは、ぜったい無言だったのに」と語った、あるサス経験者のことばで、それを代表しよう。彼女は、神役を継承して神歌をならったとき、ならったのはよみかただけで、意味はならわなかったと語った［第二章八「十年かかる」参照］。

狩俣において、神歌は、絶対不変のものとして存在している。変えてはならないとされている。それを継承するものは、不変のかたちを継承し、意味はならわないのである。意味は、神歌を継承する人たちが、それぞれにうけとるものとしてある。意味については、原則「無言」なのだ。神役の中枢部にいる人たちであっても、神歌の内容をいつも共通に了解しているのではないことの理由は、神歌の継承方法そのものの中にある。アブンマが語る狩俣草創の物語と、川満メガさんの語るそれとの違いは、神歌の意味はそれぞれがうけとるというありかたが生んだものとしてある。

神歌のかたちがうけわたされる。このことが、ウヤーンの祭儀の中で、フサによってなされてゆく場面がある。

次節においてその場面を検討し、神歌のかたちのはたらきを調べてみよう。

八　フサをよみわたす

ウヤーン五回目のトゥディアギは、旧暦十二月の初申の日から行われる。この日、ウヤーンとなる女性神役たちは、集落背後の山へ入って行く。それ以外の人が入ることを許されない、神聖な山である。ウヤーンとなる女性神役たちは、子の日までの四泊五日を、この山の中に籠もって過ごす。

その中でくり返し、ウヤーンたちが村の中に姿をあらわし、フサという神歌を歌っては、再び山の中へ姿を消すということが行われる。そのひとつが、トゥディアギのアサーンと呼ばれる行事である。亥の日の夜十一頃、ウヤーンとなった神役たちが山からおりてきて、前の家元《まいにゃーむとぅ》・大城元《うぷぐふむとぅ》・西の家元《にしぃぬやーむとぅ》の三元を順次めぐって、それぞれの元の中でフサをよむ。

フサを先唱するのは、それぞれの元のサスである。西の家元、前の家元では、それぞれの元のサスであるミョーニヌスとマンザンマが先唱する。大城元だけは、サスであるアブンマが先唱役をつとめたあと、フサヌヌスに先唱役がバトンタッチされ、一一のフサがよまれてゆく。フサが終了するのは夜明け間近である。

大城元におけるフサを、その進行順にまとめたのが資料2である。

まず、アブンマの先唱で、①〈根口声《にふちぃくぃ》〉〈ヤーキャー声〉、②〈家の主親母《やーぬぬしぃうやんま》のフサ〉がよまれる。その後、先唱役が交替し、フサヌヌスが、③から⑬までの一一のフサを先唱してゆく。

アブンマからフサヌヌスへという先唱役の交替は、この場においてはいかなる行為として意味付けられているのだろうか。この場面について、アブンマは次のように説明して下さった。

資料2　大城元におけるトゥディアギ・アサーンのフサ

フサ名	先唱者	詞章構成
①〈根口声《にふちいくい》〉＋〈ヤーキャー声〉	アブンマ	［Y］［T］次第［T′］
②〈家の主親母《やーぬぬしいうやんま》のフサ〉	〃	［K］［T］物語［T′］
③〈真津真良《まーじいまら》のフサ〉	フサヌヌス	［K］［T］物語
④〈みやまぎ〉	〃	［K］物語
⑤〈磯 殿《いしいどうぬ》のフサ〉	〃	［K］物語
⑥〈河原原《かーらばる》フサ〉	〃	［K］物語
⑦〈煽りやえ《あおりやい》のフサ〉	〃	［K］物語
⑧〈継母《まーま》のフサ〉	〃	［K］物語
⑨〈兼久大按司成り按司《がにぐふいいなやいい》のフサ〉	〃	［K］物語
⑩〈兼久大按司《がにぐふじい》のフサ〉	〃	［K］物語
⑪〈那覇港《なはんなとう》〉	〃	［K］物語
⑫〈とーなじのフサ〉	〃	［K］物語
⑬〈下司《ぎしい》のフサ〉	〃	［K］物語

はじめによむもの［①〈根口声〉〈ヤーキャー声〉のこと］は、大城元の中でおばあなんかがやるのをよんでる［大城元でアブンマたちが行う祭儀の次第をよんでいる］。トゥディアギにはそれに、私のよむのをひとつそえる。ウヤンマのフサという。ヤーヌウヤンマノフサ［家の親母のフサ］とね。［ヤーヌウヤンマは］ンマヌカンの子供みたい。マヤーマツメガ［女性の名］は、その姪になるみたい。ヤーヌヌス［家の主。家の親母のこと］は子供がなかったって。それをよみあげるよ。さびしいフサだ、これは。［ヤーヌウヤンマには］子供がなかったから、マヤーマツメガに、自分のやるべきものをわたしたっていうフサだ。自分は子供がないから、マヤーマツメガにバトンタッチしたよ

と。私がヤーヌヌスウヤンマのフサをよんだらフサヌヌスにバトンタッチするのよ。ユンバタス［よみわたす］。

ヤーヌウヤンマ［以下、ウヤンマと記す］には子供がなく、フサをよむという役目を継いでくれる人がいなかったので、姪のマヤーマツメガ［以下、マツメガと記す］にフサをよみわたしたという物語をよんでいるのが〈家の主親母のフサ〉だという。

〈家の主親母のフサ〉を先唱するのはアブンマである。アブンマがこのフサをよみ終えると、フサヌヌスは、フサをよみわたされたものとして、フサの先唱役となるのである。フサヌヌスのフサの原点は、ウヤンマであることになる。ウヤンマからマツメガにフサをよみわたすという物語が、アブンマからフサヌヌスへの先唱役の交替によって再現されているのが、この場面なのである。

では、トゥディアギのアサーンのこの場面を、神歌のかたちという観点からながめてみよう。アブンマからフサヌヌスへ、ウヤンマからマツメガによみわたされているものは、なんであるか。

(1)やふぁだれる　むむかん

①の〈根口声〉と〈ヤーキャー声〉とは、それぞれ別の旋律でよまれるものだが、どちらかひとつのみでよまれることはない。〈根口声〉は必ず〈ヤーキャー声〉とセットでよまれる［日本放送協会　一九九〇：一一六］。アサーンのおり、まず〈根口声〉で、その祭儀に関わる神々の名前がよみあげられる。次に〈ヤーキャー声〉に移行して、再び神の名前がよみあげられたあと、祭儀の手続きが叙事されてゆく。

アブンマが先唱する①〈根口声〉は次のようにはじまる。(10)

［Y］

1やふぁだれる　むむかん　なごだれる　ゆなおさ

［中略］

8んまぬかん　わんな　やぐみよ　うふかんま

9ばがにふちぃ　おこい　かんむだま　まこい

［T］

10ゆみがり　とぅゆま　じぃみゅかり　みゃがら

11んきゃぬたや　とぅらえ　にだでぃまま　とぅらえ

［後略］

第一節「やふぁだれる　むむかん」についてアブンマに次のようにたずねた。

〈内〉アブンマのフサでは最初に「やふぁだれる　むむかん」とよまれるけれど。

〈ア〉最初はね、「やふぁだれる／なごだれる」というよ。私なんかがよむのも、よみはじめには、これをいわないといわれないさ。

アブンマのよむフサは多数あるが、はじめに必ず「やふぁだれる　むむかん／なごだれる　ゆなおさ」がよまれることになっているという。これは、アブンマのフサだけでなく、ほかのサスたちが先唱するフサにおいても同様で、決まった詞章なのだという。サスたちのフサの定型詞章ということになる［後述］。冒頭を「やふぁだれる」という定型詞章ではじまるものを、資料2の詞章構成の欄では［Y］と記した。

その後、神の名をあげる詞章が続き、第八節で「んまぬかん　わんな／やぐみよ　うふかんま［母の神の私は／おそれ多い大神は］」という神の一人称の名のりがあらわれる。この詞章をよんでいる時、アブンマは、狩俣の始祖神ンマヌカン自身であることになる。そのンマヌカンが、「私の根口声を［第九節］、よみあげよう［第一〇節］、昔のまま、根を立てたままにしよう［第一一節］」とよむ。この第八節から第一一節にかけては、タービというジャンルの神歌にも登場する定型詞章である。この詞章部を、［T］とする。

［T］で重要なのは、タービの章で考察したことだが、この部分において、その神歌をよんでいる主体としての神がなにものであるかが明らかにされることである。

「んまぬかん　わんな」は、アブンマが神歌の中で、ンマヌカンのサスであることを自称する時に用いる詞章で、他の神のサスは、決してこの詞章を用いることができない。

また第一〇節の「ゆみがり　とぅゆま／じぃみゅかり　みゃがら」という詞章も、ンマヌカンが神歌の主体である時に用いられる詞章であり、ンマヌカン以外の神がその主体である時には、「おともよん　とぅゆま［お供をして神歌をよもう］」という詞章になる［第五章参照］。［T］は、よまれつつある神歌が、いかなる神のことばであるのかを明らかにする役割を担っている部分である。

以上により、アブンマの先唱するフサは、冒頭で「やふぁだれる　むむかん／なごだれる　ゆなおさ」［Y］がよまれ、そのあとに、それをよんでいる神がなにものであるかを示す詞章［T］がよまれるというかたちをもっていることが指摘できる。

すでに述べた通り、アブンマによると、アブンマなどのサスが先唱するフサの冒頭では、必ず「やふぁだれる　むむかん／なごだれる　ゆなおさ」とよまれるという。

アブンマ以外のサスが、山から下りてきて先唱するフサは、私が狩俣を訪れるようになってからはよまれていない。サスが欠員だからである。そのため、このことを検討する材料は、既刊の歌詞資料集に頼らざるを得ない。

『大成』が掲載しているフサでは、〈西の家元のフサ〉〈前の家元のフサ〉〈多良間大司のフサ〉の三例がサス先唱のフサに相当する。〈西の家元のフサ〉は西の家元のサス、〈前の家元のフサ〉は前の家元のサス、〈多良間大司のフサ〉はカニャー元のサスが、それぞれ先唱役となる。いずれも「やふぁだれる　むむかん」ではじまっていることが確認できる［外間・新里　一九七八：一八七・一九〇・一九八］。

また、『平良市史』が載せるサス先唱のフサは〈西の家元のフサ〉一曲のみだが、これも間違いなく「やふぁだれる　むむかん」ではじまっている［平良市史編さん委員会　一九八七：五二八］。アブンマの説明通り、サスが先唱するフサでは、「やふぁだれる　むむかん」でよみはじめるという約束が存在すると考えてよいだろう。

ところが、サス先唱のフサにおいて、この詞章ではじまらないフサが一例だけ存在する。それが、ウヤーンのアサーンでよまれる②〈家の主親母のフサ〉である。アブンマが先唱するフサであるのに、「やふぁだれる　むむかん」ではじまらないのである。アブンマが、「よみはじめには、これをいわないといわれない」と語っていた詞章が、このフサにはない。

②〈家の主親母のフサ〉は、次に述べるように、「かんま　まきとぅりる」ではじまる。これは、フサヌヌスが先唱するフサの「根口声」と称される部分のはじまりの詞章と同じものである。これを［K］として、②〈家の主親母のフサ〉について検討しよう。

(2)かんま　まきとぅりる

1かんま　まきとぅりる　ぬっさ　ぷゆたりる
2にしぃまから　うりんな　しらじぃから　うりんな
3ばんがふさ　うぷがん　かんぬふさ　うぷかん

［K］
4むむふさお　ふさそ　やそふさお　ふさそ
5うしぃなおしょりてぃよ　ぬいぃなぬりょ　うりてぃよ
6このじぃに　うりてぃよ　このにゃこん　うりてぃよ
7うりしょりてぃがらよ　んみゃちぃみやてぃがらよ
8むむふさお　なゆら　やそふさお　なゆら
9ふさふまし　かいら　なゆぴぃかし　かいら

［T］
10やーぬ　ぬしぃぬ　うやんま　わんな　きぃむぬかに　うやんま　わんな
11ふらがんどぅやりば　またがんどぅやりば
12んまぬかん　みゅぷぎ　やぐみかん　みゅぷぎ
13ゆらさまいぃ　みゅぷぎ　ぷがさまいぃ　みゅぷぎ
14ばがにふちぃ　おこいよ　かんむだま　まこいよ
15おともよん　とぅゆま　おちぃきゆん　みゃがら（11）

［後略］

このフサは、ンマヌカンのサスであるアブンマが先唱する〈家の主親母のフサ〉である。サス先唱のフサであるのに「やふぁだれる」ではじまっていない。

［K］の部分の大意は以下。「神はこの集落に、穏やかな、やわらかな状態でいて欲しい。神は、［聖なる山である］根島からおりていらっしゃる。根島からおりていらっしゃる。私のフサ、神のフサを、百のフサを、八十のフサを、欲しがって、この地におりていらっしゃる。おりていらっしゃってからは、百のフサを踊って帰ろう」。

第一節の「かんま　まきとぅりる」は「神はこの集落に、穏やかな、やわらかな状態でいて欲しい」という意で、意味内容は「やふぁだれる」と同じとみていい。しかし、あえて「かんま　まきとぅりる」という詞章ではじまっていることに注意したい。「やふぁだれる」ではじまるフサとは違うかたちを持ったフサだということが、ここに示されるからである。

[K]の詞章は、②から⑬にいたる一二のフサすべての冒頭においてよまれる定型詞章である。[K]は、刊行されている歌詞資料集によると、サス先唱のフサではよまれることがない。〈家の主親母のフサ〉は、サスが先唱するフサとしては例外的な詞章構成を持ったフサだということになる。

ところでこの部分においては、ただ「かん[神]」とよまれるだけで、いかなる神が「根島」からおりてきて、そしてフサを欲しがっているのか、それははっきりしていない。

だが第一〇節で「家の主のウヤンマである私は」と一人称になり、このフサのよみ手が、ウヤンマという神であることが明らかになる。このフサを先唱している時、アブンマはンマヌカンとしてではなく、ウヤンマとしてフサをよんでいることが、この部分で明かされる。

この第一〇節から一五節にかけては、[T]、すなわち、タービという神歌と共通する詞章部であり、よまれている神歌がいかなる神のものであるのかを示す部分である。この部分の大意は、「家の主親母である私は、子供の神であるので、ンマヌカン[母の神]、ありがとう、許されたので、私の根口声を、お供してよみあげよう」である。

第一一節の「ふらがんどぅやりば[子供の神であるので]」は、始祖神ンマヌカンから見て子供の神、子孫の神ということ。前述のアブンマの説明の中で、ウヤンマはンマヌカンの子供みたいと語っていたのは、この詞章によると思われる。

第一四節「ばがにふちぃ　おこい」のあと、第一五節で「おともよん［お供をして神歌をよむ］」とよまれているが、これは、今よまれつつあるフサが、ウヤンマの根口声であり、それをよむ行為が、始祖神ンマヌカンのお供をして神歌をよむことであるという意である。ただ、こうした意味内容より重要なことは、アブンマが、始祖神ンマヌカン自身となって神歌をよむ時には、「おともよん」とは決してよまないということである。①の〈根口声〉の例ですでに見た通り、その場合は、「ゆみがり　とぅゆま／じぃみゅがり　みやがら」とよまれるのである［一六四頁参照］。

［T］は、タービにおけるその部分のはたらきと同様に、個々の神々にそれぞれの名を与え、それをンマヌカンの子供として、共同体の神の体系に位置づけるというはたらきをしている。［K］のあとに［T］がそえられることで、はじめて登場した［K］の詞章の由来がはっきりする。つまり、それがいかなる神のものであるのか、ンマヌカンから見て、どのような神のものであるのかということがはっきりする。はじめて登場した詞章に、それがよまれる根拠を与えているともいえよう。突然あらわれた［K］を、共同体の神歌の約束事によって位置づけているのである。

(3)んきゃぬたや　とぅたん

①〈根口声〉＋〈ヤーキャー声〉と②〈家の主親母のフサ〉では、フサの終わりに再びタービと共通の詞章がよまれ、その最後に「んきゃぬたや　とぅたん／にだりまま　ゆたん［昔のままよんだ］」とよまれるという共通点がある。これを［T′］とする。フサの最後にこの定型詞章がつくことによって、フサでよまれた事柄は、間違い

なく神が定めたままであることが保証される。「やふぁだれる」ではじまるサス先唱のフサは、すべてこの終わり方になる［外間・新里　一九七八：一九〇・一九四・二〇〇］。

一方、「かんま　まきとぅりる」ではじまる③の〈真津真良のフサ〉以下のフサは、いずれも「にだりまま」という終結部［T′］を持たない。神々の物語が展開し、それが突然終了し、次のフサへ移行してゆくのである。③以下のフサを先唱するのはフサヌスであるが、フサヌスのフサは、「かんま　まきとぅりる」にはじまり、次に神についての物語が展開し、それがそのまま終了するという詞章構成によって特徴づけられていることが指摘できる。

〈家の主親母のフサ〉は、フサヌスのフサ同様、「かんま　まきとぅりる」という詞章ではじまるのにも関わらず、終結部［T′］を持っている。「かんま　まきとぅりる」ではじまるフサとしては、例外的な詞章構成になっているのである。

九　ウヤンマからマツメガへ

詞章構成からみると、②〈家の主親母のフサ〉は、アブンマなどのサスが先唱するフサとしては、例外であることが明らかになった。ここでもうひとつ、フサヌスが先唱するフサにも、詞章構成からみて、例外がひとつ存在することを指摘しよう。③〈真津真良のフサ〉である。④以下のフサでは、冒頭は、「かんま　まきとぅりる」ではじまる［K］のみであるのに対し、〈真津真良のフサ〉ではこの後に、フサをよんでいる神がなにものであるのかを示す詞章、すなわち、タービと共通する定型詞章である［T］がそえられる。「マツメガは、百のフサの主は、ンマヌカン、ありがとう、許されたので、私の根口声を、お供して、よみあげよう」というタービの定型詞章がそえられるのである。(12)〈真津真良のフサ〉は、詞章構成において、フサヌヌスの先唱する他のフサのどれとも同じでなく、また、サスたちの先唱するいかなるフサとも異なるかたちをしているのである。

さて、そうすると、ウヤーン祭儀の五回目、ウヤンマからマツメガへフサがよみわたされるこの場面では、神歌のかたちからみると、例外的な詞章構成を持っているふたつのフサの間で「よみわたし」が行われているということができる。すなわち、〈家の主親母のフサ〉と〈真津真良のフサ〉との間で。

アブンマが先唱する〈家の主親母のフサ〉において、はじめて「かんま　まきとぅりる」という詞章が登場する。続く[T]によって、今フサをよんでいるのがいかなる神であるのかということが明らかにされる。さらにこのフサの最後で「にだりまま」とよまれることで、よまれた一連のことばは、間違いなく神が定めた昔のままのものであることが保証される。これによって、〈家の主親母のフサ〉ではじめてこの場に登場した「かんま　まきとぅりる」という定型詞章は、間違いなく神が定めたものとなる。

続く〈真津真良のフサ〉では、〈家の主親母のフサ〉同様、「かんま　まきとぅりる」という詞章が最初によまれる。さらに[T]が続き、そのフサをよむ主体が誰であるのかが述べられる。すなわち、今フサをよんでいるのはマツメガであり、ンマヌカンに許されたので、フサをよもうとよまれる。マツメガの口をかりて、フサヌヌスのフサをよむ根拠がよまれている。

そのフサをよんでいる神がなにものであるかを語り、かつ、よまれているフサが間違いなくンマヌカンから許されたものだと語る[T]を根拠として、「かんま　まきとぅりる」ではじまる定型詞章を持つフサヌヌスのフサが、アブンマからフサヌヌスへ、ウヤンマからマツメガへと、よみわたされていく。トゥディアギのアサーンにおいて、フサをよむという行為を通して行われていることのひとつは、ウヤンマからマツメガへの、フサのかたちの伝授であるということができよう。

ただ、私は、こうした神話的説明に即してこれらのフサがよめるということを述べたいのではない。強調したいのは、フサが、［Y］［K］［T］［T'］などの部分から構成されているということであり、そのことを、フサを先唱する人たちは知っているということである。アブンマは、サスの先唱するフサのかたちと、フサヌヌスの先唱するフサのかたちの違いを、はっきりと区別している。フサヌヌスをつとめられたGさんもまた、この違いを知っている。

この違いを知るには、アブンマがよむフサにあってフサヌヌスのフサにはないもの、あるいはその逆について知ることが必要だ。冒頭は［Y］であるか［K］であるか、そのあとに［T］をそえるかそえないか、最後に［T'］をよむかよまないかということを知る必要がある。フサを、部分として認識し、それらをどのように組み立ててゆけば、それぞれのフサができるかということについて知る必要がある。

それについての知は、アブンマとフサヌヌスのフサが連なってよまれることを通して明かされる。アブンマが先唱するときには、他のウヤーンたちとともにフサヌヌスがそれを復唱する。フサヌヌスが先唱するときには、他のウヤーンたちとともにアブンマが復唱する。それによって、どのようによめばアブンマのフサになり、また、フサヌヌスのよむフサになるかという、フサのかたちについての知が明かされる。［Y］［K］［T］［T'］というそれぞれの部分を神歌の体系においてとらえることを可能にする。アブンマとフサヌヌスのフサが連なることでそれが可能になる。祭儀のこの場において、たしかにフサは、よみわたされているのである。アブンマとフサヌヌスが、それぞれのフサのかたちの違いを知っているということが、それを示している。

（1）ウヤーン祭儀の日程と概要については、比嘉康雄の研究［比嘉　一九九二］を参照されたい。

（2）ただし、一九九二年一月十三日に行われたトゥディアギ子の日の午後の下山では、アブンマの〈祓い声〉の第一節と第二節に限り、アブンマ以外の神役たちも、アブンマとまったく同様に「ハライハライ」までくり返しよんだ。どこまでくり返すべきなのか、そのような規範意識があるのかどうかについては、今後の問題としたい。だが、真下厚がハヤシ詞「ハライハライ」を「他の神役たちの囃子」［真下　一九九五：一三二］としているのは誤りである。アブンマ以外の神役は、対句を重ねてゆく叙事の部分を復唱している。

（3）一九九一年十二月二十日に行われたイダスのユナーンでよまれたもの。津田博幸録音資料。

（4）サス経験者のMさんによる。

（5）『大観』の各曲解説を参照。

（6）イダスおよびトゥディアギの子の日の午後三時頃、大城元の庭でアブンマの先唱によってよまれる〈ナービ声〉。

（7）旧暦六月の夏まつり四日目の夕刻、カンナーギ［神名あげ］と呼ばれる行事がある。カンナーギするときによむ歌のモンクに「んまぬかん　なーげて」とある。それをアブンマは、「ンマヌカン　ナーゲテと、あがめるという。ナーゲテといったらあがめる」と説明して下さった。神の名をよみあげることは、神をあがめることなのである。

（8）藤井貞和は〈祓い声〉の中に、「巫者の祈願（祟べ）のなかに神があらわれ、のりうつってくる、という形式」［藤井　一九八〇：七八］を見出しているが、したがうべき見解であろう。

なお福田晃はこのあがめる部分を、「三人称で謡われ、元来はアブンマ自身が唱えるものではなく、アブンマを助けるツカサのヤマトゥマのものと推される」とし、ンマティダの一人称があらわれる部分から、「大城ムトゥに祀られるンマティダ神が、その最高神女のアブンマに憑りついて、自らそれを語るという神話の形にしたがうもの」としている［福田　一九九三：六〜七］。しかし、神が依り憑いてくるときの恐怖や苦痛を考えると、ここだけ別の人がよむ部分だとは思われない。福田のいうようなかたちをもった神歌は、狩俣にはみあたらない。

ところで福田晃は、前引の文章で「アブンマを助けるツカサのヤマトゥマ」と書いている。また別の箇所では、大城元での様子を次のように記述している。

まず祭列が大城ムトゥの神庭に着くと、スバーギが杖を神庭にふりおろして祓いをする。やがて円陣が作られると、大城ムトゥのヤーヌ主（アブンマの供とする神役）が盃の酒をウヤガンたちの草冠にかける。中心に大城ムトゥのアブンマが神杖を突いて立ち、ヤマトゥマ（アブンマを助ける神女）がこれを背後から支える［福田　一九九三：四］。

「ヤーヌ主」が酒をかけ、「ヤマトゥマ」がアブンマをささえるとあるが、これはどちらも現在はウプツカサという役の人が行っている。福田が実見したときと現在とでは違うということだろうか。しかし、現在のアブンマの前々代のアブンマのときにサスに就任したMさんは、この場面でアブンマのうしろに立つのはウプツカサだと語った。したがって、ここ二、三〇年は、そのことに変化はないとみられる。福田が実見したときのみ、なんらかの変容があったのだろうか。

(9)　こうした慣習があるということが語られるのは、その慣習に反する事態が生じたときである。この慣習の存在が意識されているという程度に、それに反する事態は生じているということ。祭儀の場にも、予期せぬ葛藤が生ずることは少なからずある。

(10)　一九九七年一月二十二日に行われたアサーンの取材記録による。ハヤシ詞・くり返しを省略して示す。

(11)　一九九二年一月十二日、トゥディアギ・アサーンの折の津田博幸の取材資料より。ハヤシ詞・くり返しを省略して示す。

(12)　一九九二年一月十二日、トゥディアギ・アサーンの折の津田博幸の取材資料より。

第七章　神歌のかたち

終章へと進む前に、これまで各章で論じてきたことを、「神歌のかたち」という観点からまとめておきたい。各章の記述からはこぼれてしまったいくつかの「かたち」についても、若干補うこととする。

一　二元的対称性

金城厚は、八重山諸島の民謡を分析して、「古風な宗教行事歌に二元的対称性の支配が強」いことを指摘した［金城　一九八九：二七〇］。二元的対称性とは、詞章では対句として、旋律では対楽句として、演唱形態では音頭一同形式［交互唱］として、それぞれあらわれている特徴のことである。

狩俣の神歌もまた、それをよむ人たちが、「神の声はふた声」と語るように、二元的対称性を基本にかたちづくられている。

以下、対句、対楽句、音頭一同が、狩俣の神歌においてはどのようになされているのか具体的にみてゆきたい。

(1)対句

狩俣の神歌の詞章のほとんどは、五＋三〔四〕音、あるいはその逆を基本音数律とする対句形式を持つ。それが数十節、数百節と連ねられてゆく。対句のつくりかたには、次のふたつのタイプがある。

①二節で一対を形成するタイプ

例　大城元　アブンマのタービ〈根口声〉

1ア　てぃんだおぬ　みゅーぷぎ　ヤ　A

2ア　やぐみょーいぬ　みょーぷぎ　ヤ　A′

3ア　あさてぃだぬ　みょーぷぎ　ヤ　B

4ア　うやてぃだぬ　みょーぷぎ　ヤ　B′

②対語を用い、一節の中で対を形成するタイプ

例　フサヌスのフサ〈継母のフサ〉

1かんままき　かんましぃま　とぅりるよ　A＋A′＋X

2にしぃまから　しらじぃから　おりんな　B＋B′＋X

(2)対楽句

対句①のタイプは、旋律からみると、次の三タイプに分類できる。

①A A′を同じ旋律でくり返すタイプ〔譜例1〕

②A A′をほぼ同じ旋律でくり返し、A′の終わりに終止感を強める楽句を持つタイプ〔譜例2〕

③A A′を、対立的な旋律でくり返すタイプ〔譜例3〕

(3)三楽句

譜例 1　大城元　アブンマのタービ〈根口声〉［『大観』p. 119］

「てぃんだうぬ　みゅぷぎ」とその対句「やぐみょ［い］ぬ　みゅぷぎ」を同じ旋律でくり返す。

［実音］完全 4 度低い。

［引用者注］「L」は音価が所定の長さよりやや長めであることを、「B」はやや短めであることを示す。以下の記譜もこれに従う。

譜例 2　〈山のふしらいぃのタービ〉［1995・7・10　アブンマによる演唱］

対句の後半「ふらぬう」までは、対句の前半「やまぬふし」の旋律と同じ。対句の前半ではその後、上のドまで旋律が上昇し、第 2 の核音ソで終わる。それに対し、対句の後半では「ぱ」で第 1 の核音レまで下降する。最後の「らじぃざ　キョ」は下のレで終わり、終止感を強めている。

［実音］短 7 度低い。

譜例 3　〈とーなじのフサ〉［『大観』p. 151］

対句の前半の旋律は上昇する傾向をもち、後半は下降する傾向を持つ。

［実音］1 オクターブと完全 4 度低い。

［備考］♫や♫.のリズムは♫になることがある。小節の 1 拍目（⊗印）ごとに手草を打つ。

対句②のタイプは、旋律の特徴としては、三楽句構成をとるものが多い。A＋A′＋Xの各部分が、それぞれ、起・承［転］・結に相当する旋律を持つ［譜例4］。

A＋A′＋Xのうち、Xにハヤシ詞の入るものもある。このハヤシ詞は、旋律の起・承［転］・結のうちの転や結にあたる部分を担うため、これがなければ旋律がなりたたなくなる［譜例5］。

(4)音頭一同形式

対句形式を有しているということのほかに、狩俣の神歌が「ふた声」からなっているということは、音頭一同という演唱形態によっても特徴づけられる。音頭一同形式は、大きく次の三タイプに分類できる。

①音頭と一同が、旋律・詞章ともに、まったく同じようにくりかえすタイプ［譜例6］

②音頭のよんだものの一部を、一同がくり返すタイプ［譜例7］

③音頭の旋律に対立する旋律で一同がくり返すタイプ［譜例8］

③は、一同のよむ旋律が、音頭のよむ旋律と対楽句を構成するので、一同の旋律がなければ、曲としてなりたたなくなる。②のタイプでも、一同の旋律が、一節の「結」に相当する役割をしている場合があり［譜例9］、この場合も、一同の旋律がなければ、曲としてのまとまりに欠けることになる。

(5)音頭と一同とがおりかさなる

音頭一同形式では、音頭と一同がかさならないタイプと、一同がまだ一節をよみ終えないうちに、音頭がたたみかけるように次の節をよみはじめるタイプとがある。

前者では、音頭が一節よむと一同がそれをくり返し、一同がくりかえし終えると、音頭は二節目をよむというように、音頭と一同はおりかさならない［譜例6］。

譜例 4　〈継母のフサ〉［『大観』p. 144 の譜に「起」「承［転］」「結」を加筆］

「かむ゜ままき」で旋律が上昇［起］し、その対句「かむ゜ましぃま」で下降する対立的な旋律［承(転)］の後、「とりるヨ」で終止する［結］。

［実音］１オクターブと完全４度低い。
［備考］小節の１拍目（⊗印）ごとに手草を打つ。
(注)祭りでは、もう少し速いテンポで歌われる。

譜例 5　〈大根のフサ〉［『大観』p. 155 の譜に「起」「承」「転」「結」を加筆］

「あさてぃだぬ　みゅぷぎ」は上昇傾向をもつ旋律［起］、その対句「うやてぃだぬ　みゅふぎ」は、はじめの旋律と対立的な下降傾向をもつ旋律［承］。その後ハヤシ詞の前半「オキガオキ」で中立的な動きをし［転］、「イヤラキガヤキ」で終止する［結］。このハヤシ楽句は相手が入れるものではなく、主唱者が歌う部分であり、これがなければ、曲としてなりたたなくなってしまう。

［実音］１オクターブ低い。
［備考］左右の印は踊り手の振りの位置を示す。

譜例6　アブンマの夏まつりのピャーシ「根口声」［1995・7・10　アブンマによる演唱］

音頭
♩=ca. 160
てぃ ーん ーだ ーお ぬ や ぐ ーみょ ーい ぬ み よ ーぶ ぎ
一同
てぃ ーん ーだ ーお ぬ や ぐ ーみょ ーい ぬ み よ ーぶ ぎ

［実音］減5度低い。
［備考］手拍子を打つところを • で示した。

譜例7　〈ナービ声〉［『大観』p. 116］

音頭
一同
ア やまぬ ふ し ら いぃ ざ ー ヤ キ ヤ やまぬ
ア ふらぬ う ば ら じぃ ざ ー ヤ キ ヤ ふらぬ

［引用者注］ • は手草を打ちあわせ、杖で地面を突く箇所。
「↓」は音高が所定の高さよりほぼ4分の1音低いことを、「↑」は高いことを示す。
以下の記譜もこれに従う。
「↓̽」は音高不確定の音を示す。以下の記譜もこれに従う。

譜例8　〈トゥクルフン〉［1996・2・20　アブンマ宅でのトゥクルフンより］

トゥクルフンとは「所踏み」のこと。旧暦1月2日から4日にかけて、神役たちは、神役の各家をめぐり、家の中でトゥクルフンをする。一列になって手をつなぎ、足踏みをして円を描くように時計回りに行進する。悪いものを追いはらい、家をきれいにするために行うという。ほかに、旧暦1月18日の公民館でのトゥクルフンや、新築儀礼として行うトゥクルフンがある。楽譜中の・は足を踏みならすところを示したものだが、音頭が歌っているときには強く、一同の時には弱く踏みならす。そのために、音頭の時にはテンポが若干速くなるほか、付点のリズムも鋭くなる。

音頭
一同
♩=ca.66〜92
みぃ-どぅ-しぃ -どぅ - や- り ば みぃ - どぅ - しぃ -どぅ- や り ば

［実音］長6度低い。
［備考］ • は足を踏みならすところ。

譜例９　〈祓い声〉［『大観』p. 116］

［引用者注］•は手草を打ちあわせ、杖で地面を突く箇所。

譜例10　サスのピャーシにおける、音頭と一同のかさなりかた

音頭は、一同の途中で次の節をよみはじめるのがよいとされる［①］。
しかし、それが苦手だという人は、一同がくり返し終わった②のところで次をよみはじめてもかまわない。

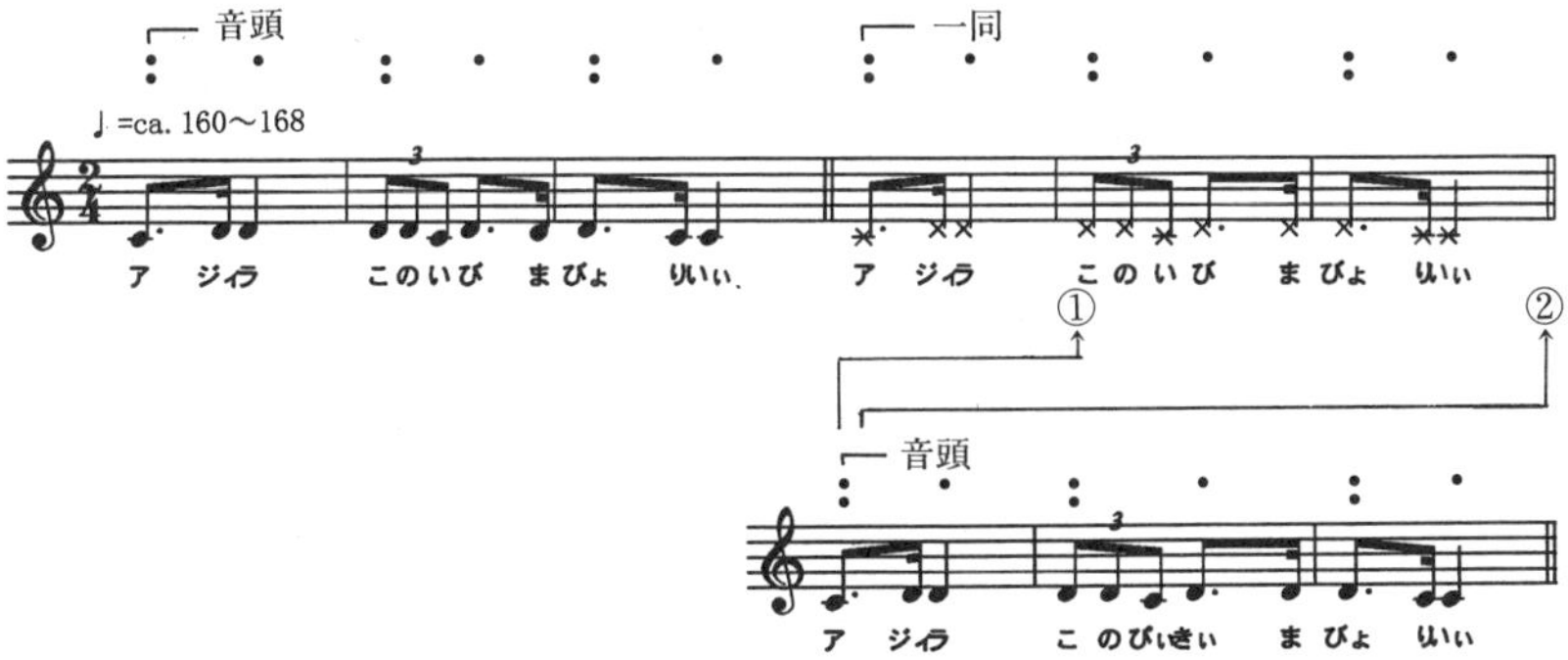

［備考］•は手拍子を打つ位置。上段が音頭、下段が一同。

後者では、一同がまだ一節をよみ終えないうちに、音頭がたたみかけるように次の節をよみはじめる。たとえば、サスのピャーシの「根口声」に続いてよまれる「アジィラー」というハヤシ詞をともなう歌では、音頭であるサスは、一同がまだくりかえし終わらないうちに、次の節をよむのがよいよみかたとされる［譜例10の①］。それができずに、たとえば譜例10の②のようなよみかたになる場合がある。復唱する一同は、自分たちがよみ終えてから次をよんでくれたほうが、音頭がなにをよんでいるのかが聞きやすいので、おりかさならないほうがいいと語る人たちもいる。しかし、先唱役のサスを経験されたDさんは、一同がまだよみ終わらないうちに次をよむのがよいよみかたなのだと、先輩から教えられたと語る。

「アジィラー」のほかに、フサの〈ヤーキャー声〉でも、先唱役のサスが、一同がくり返しているその途中で、次の節をよみはじめるというよみかたがされる。先唱役をつとめたRさんは、サスになったばかりの頃には、先輩から、もっと早くよむようにいわれたという。みんながよみ終わらないうちに次をよむようにと。けれど、年を経て彼女自身が神役の長老格となった頃には、経験の少ない神役たちから、聞き取りやすいようにもっとゆっくりよんでほしいといわれたという。「でも、はやくよむのに慣れてしまっているから」。神歌においては、詞章が聞き取りやすいのがよいよみかたというのではない場合があることを、この例から知ることができる。

以上のように、狩俣の神歌は、対句、対楽句、音頭一同に代表されるような二元的対称性を有している。これらは「ふた声」の一番小さなまとまりである。これが数十節、数百節と反復されてゆくと、相乗効果によって、終止感の希薄な、永遠に続くような連続性が生まれる。

ある種の音の度を過ぎた反復は、聴く者のうちに意識の溷濁、恍惚、陶酔を惹き起す。同じ唱え言を延々と、信仰を共有する仲間と声を合わせて反復する行為は、一種の忘我、トランスの状態に発声者を陥れる［川田一九九二：一七六]。

川田順造がこのように述べるように、度を過ぎた反復は、その行為者をトランスの状態に導いてゆくかもしれない。ただ、ここではもうひとつの別のことを指摘しよう。

「ふた声」が数十節、数百節とくり返され、そこに永遠に続くような連続性が生まれるとしても、それは、ある別の「かたち」によってうち切られ、パーツに分けられる。二元的対称性を持った「ふた声」がいくつか連ねられると、もう一段階上のまとまりの単位である「声」が形成されるのである。

二　定型詞章部の名としての「声」

第四章から第六章で述べた通り、ピャーシ、タービ、フサというジャンルの神歌では、冒頭に、「根口声」と称される定型詞章がおかれる。この定型詞章は、次のふたつのタイプに分けられる。

①そのジャンルの神歌がよまれる一番最初によまれる「根口声」。集落の重要な神々の名前がよみあげられ、その祭儀が行われる場所の神々がよみあげられる。対句のつくりかた、どの神からよみあげるのかということは、ジャンルによって異なる。次の節で述べるように、このタイプの「根口声」は、定型詞章を指し示すことばとしてだけでなく、旋律を指し示すことばとしても使われている。

②ひとりひとりの神々の物語がよまれるタービとフサでは、曲のひとつひとつがそれぞれ「根口声」とよばれる定型詞章を持っている。タービではこの部分において、これからよまれる物語の主人公である神の名前が明かされ、それが始祖神ンマヌカンとの関係の中に位置づけられる。一方、フサでは、「神はこの狩俣集落に、穏やかな、やわらかな状態でいてほしい。神はたくさんのフサを欲しがり、根島からおりてくる。押しなおし、

乗りなおし、おりてくる」とよまれる。そののち、ひとりひとりのウヤーンの物語が展開する。個々のタービ、個々のフサの冒頭でよまれる「根口声」は、それぞれ旋律が異なるものである。したがって、この場合の「根口声」は、冒頭でよまれる定型詞章部を名指すことばであるといえる。

三　旋律の名としての「声」

狩俣における「声」について、狩俣康子は次のように述べている。

神歌の中には、根口声・ヤーキャー声・ハライ声・ピャーシ声・ナービ声等、「声」のつく語があり、これは全て旋律を指し示している。例えば、ヤーキャー声のヤーキャー、ハライ声のハライは元来はやしであるが、普通はこのはやしのつくこれらの旋律型とそのヴァリアンテを指し、更にこの旋律で歌われる歌自体をも指し示す迄になっている［狩俣　一九九一：一六二］。

前述の通り、定型詞章部を名指す「根口声」のような例があるとしても、「声」ということばはたしかに、旋律を名指すことばとしても使われている。旋律に名前をつけること、それは神歌のよみ手になにをもたらしているのだろうか。ここでは「祓い声」「ナービ声」「ヤーキャー声」という旋律の名前を取りあげて考えてみよう。

ウヤーン祭儀第一回目、ジーブバナとよばれる祭儀では、ザーという祭場でフサがよまれる。ウヤーンたちはマンザ［円陣］をつくり、ウパラズンマというサスが先唱する。そのフサについて、サス経験者のRさんが次のように語ってくださった。

祓い声の次に、これまでどういうふうに行事をやってきたということをよみあげる。スーサーグ［祭場名］のときには声をかえて、ナービ声になるわけ。ザーからむこうへ行くときにはヤーキャー声になる。ここからここはナービ声、ここからここはヤーキャー声と声をかえる。

まず「祓い声」がよまれ、次にこれまでどのようにして行事をしてきたかということがよまれるという。それまでの祭儀の次第が叙事されてゆくのである。そのとき、「スーサーグ」という聖地での祭儀を叙事するところから「声」をかえて、「ナービ声」でよみあげる。そして、「ザーからむこうへ行くとき」、つまり、ザーという聖地から「むこう」へ移動する様子を叙事するときには、さらに「声」をかえ、「ヤーキャー声」でよみあげる。連綿と続く詞章を、「ここからここはナービ声、ここからここはヤーキャー声」と、分節してとらえていることがわかる。

ウパラズンマのみならず、他のサスたちの中にも、「祓い声」「ナービ声」「ヤーキャー声」で先唱するフサを持っている役がある。それらはいずれも大変長大なもので、祭儀の次第を叙事するという共通点を持つものである。たとえば、マンザンマと呼ばれるサスが先唱するものは一八〇節に及ぶ。仲間元のツカサアンが先唱するものは一九二節に及ぶ［外間・新里　一九七八：一八七〜一九四］。それらは「ここからここはナービ声、ここからここはヤーキャー声」と区切られている。それによって、詞章を、その内容からだけでなく、旋律によって区切ることを可能にする。旋律で区切ることが、詞章に、あるまとまりを付与する。

ところで狩俣康子は、「声の機能」について次のように述べている。「声」は、「元来それぞれ演唱機会が限定されて」いるものである故に、「詞を聞かなくとも『声』を聞けば祭事の次第・状況がある程度推測できる」と［狩俣　一九九一：一六二〜一六三］。

「ここからここはナービ声、ここからここはヤーキャー声」と語ったサスがあるように、たしかに「声」は、詞章の一部を、あるまとまりとして想起させるはたらきをしているといえよう。

四 「声」による想起

旧暦二月に大城元で行われるカタフチィウプナーでは、アブンマが〈上の屋まとぅるぎのタービ〉をよみあげる。このタービでは、冒頭で「根口声」と称される定型詞章がよまれる。次に「フーシーフーシー」と唱えられ、「根口声」とは別の旋律で、マトゥルギという男性の物語がよまれてゆく。

一九九六年のカタフチィウプナー［三月二十二日］では次のようなことがおこった。「根口声」が終わり、「フーシーフーシー」と唱えられたあと、アブンマはなかなか次をよみあげない。やがてアブンマは、祭儀に参加している人たち――ほかの神役たちや、神役を引退して氏子として行事に参加している人たち――に、「ウプヤーマビキリャのフシだよ」と語りかけた。

すると、フサの先唱役であるフサヌヌスをつとめていた女性が、「ウプヤーマビキリャのフシ」の一節をよんだ。「ウプヤーマビキリャのフシ」は、冬のウヤーン祭儀において、フサヌヌスの先唱でよまれるフサの中の一曲である。アブンマは「最初をいったらわかるよ」といって、マトゥルギのタービを立派によみおえた。

大城元のタービは全部で一三あるが、〈ざうんがにのタービ〉ひとつを除いて、ほかのいずれもが、「根口声」とそれ以下の部分とが、別々の旋律でよまれる。(1) 二種類の旋律からなっているのである。それらは、他のジャンルの神歌と同じ旋律である場合もあれば、そのタービに固有の旋律である場合もある。

狩俣の神歌の旋律は、このように、神歌のジャンルをこえて使いまさわれている。ひとつの旋律が、ふたつ以上の神歌の旋律として使用されているのである。たとえば、〈上の屋まとぅるぎのタービ〉では、「根口声」は、ウヤーン祭儀の時に、元から元へ移動するときの道歌としてよまれるフサと同じ旋律であり［譜例11］、その後、

譜例11　〈万座栄えの道行のフサ〉と〈上の屋まとぅるぎのタービ〉「根口声」との比較

① 〈万座栄えの道行のフサ〉［『大観』p. 156］［実音］短3度低い。
② 〈上の屋まとぅるぎのタービ〉「根口声」［1996・3・22　アブンマによる演唱］［実音］完全5度低い。

譜例12　〈大家真男のフサ〉と〈上の屋まとぅるぎのタービ〉後半との比較

①〈大家真男のフサ〉［『大観』p. 153］［実音］１オクターブと短２度低い。
②〈上の屋まとぅるぎのタービ〉後半［1996・３・22　アブンマによる演唱］［実音］完全５度低い。

前述の通り、フサヌヌスが先唱する〈大家真男《うぷやまぴきりゃ》のフサ〉と同じ旋律でよまれてゆく［譜例12］。アブンマはこれについて、次のように語る。

冬のマンザで、元から元に行くときによみあげるでしょう。あのフシでマトゥルギの「根口声」をよむ。あとには、フサヌヌスがよむのと、同じようなフシだ。

別々の神歌が、同じフシ［旋律］でよまれているということを、そのよみ手がはっきり認識していることを、この語りは示している。

以前フサヌヌスをつとめていたGさんは、マトゥルギのタービが〈大家真男のフサ〉と同じフシでよみあげられることの理由を、「〈大家真男のフサ〉でもマトゥルギのことをよむからじゃないか」と語っていた。

〈大家真男のフサ〉では、狩俣第一の聖地であるティンドーの石垣の建造に携わった人たちのことがよみあげられる。マトゥルギもまた、その中に登場する人物なのである。

Gさんと同じことを、狩俣康子もこのふたつの神歌の中に見出し、狩俣の神歌の旋律が、あたかもライトモティーフの如くに存在しているという説を提唱している。彼女は、タービ、フサ、ニーリの旋律を詳細に検討し、狩俣の神歌において、「一つの旋律が二種類以上の神歌と結びつ」いているという特色があることを明らかにした。そうした特色が生じたのは、「どちらか一方が他方から旋律を借りてきた」ためであり、それは「元歌に付帯する属性を、借用旋律を用いる事によって象徴的に代弁させる」目的でなされたものだと考えた［狩俣　一九九一：一六二］。

元歌であろうと借用旋律であろうと、演唱者や参列者がそのいずれかの歌を演唱したり耳にしたら、借用関係にあるもう一方の歌で謡われている神や詞の断片を、恐らく連想するであろう。［中略］これらの歌の旋律を一つ聞いただけでは、当然ながら連想は起きない。しかし、二つ三つと聞くにつれ、詞が全く理解できなくとも、これらの数曲の歌に相関がある事に気づくに違いない。ここに、祖神をめぐる情報、例えば神の名・元の由来・神話等があれば、それがきっかけとなり、絡みあった糸がほぐれるように歌の関係がつかめ、残りは連想で補う事ができる。これが「声の機能」である［狩俣　一九九一：一六三］。

旋律はこうした機能を有するのだろうか。元フサヌヌスのGさんのことば「〈大家真男のフサ〉でもマトゥルギのことをよむから」を代表させれば、「もう一方の歌で謡われている神や詞の断片を」「連想」させるはたらきが旋律にはあるということができる。

一方、マトゥルギのタービのもうひとつの旋律である「根口声」の旋律は、ウヤーンでよまれる道歌と同じものである。この旋律は、ウヤーン祭儀のおり、ユーシという聖地でよまれるフサの旋律とも同じである。これらが同じ旋律でよまれることの理由、歌の相関関係を、「絡みあった糸がほぐれるように」体系化することのできる神役は、現在は見あたらない。

狩俣の神歌は、旋律によって相互に関係づけられているため、旋律の連関を紐解いてゆくことによって、「神歌の背後に広がる神体系が理解でき」ると狩俣康子は述べる［狩俣　一九九一：一六一］。しかし、別々の神歌が同じ旋律を使っている時、その背後に隠された神体系は、想起される場合もあれば、されない場合もあるというのが現状である。

「旋律はこうした機能を有するのだろうか」ではなく、「旋律がこのような機能を有する場合の条件は」と問いを変更しよう。

前掲の引用文において、「これらの歌の旋律を一つ聞いただけでは、当然ながら連想は起きない」と述べられている通り、「声」ひとつだけでは、それはなにもいおうとはしない。それだけでは、解読不能なままである。そうした断片が、ひとつ、ふたつ、三つと連なり、ひとつが全体のシステムの中でとらえられてはじめて、それはなにかを語ろうとする。演唱機会が厳密に限定されている詞章や旋律が、部分としてとらえられ、さらにそれら各々が、神歌システム全体の中でとらえられる時にのみ、「声」がなにを意味しているかということの価値が見いだされる。

つまり、詞章や旋律の断片が、「声」という名前によって、あるまとまりとして名指され、それが他との関連の中でとらえられるときには、それは解読されうる。「声」は、第一次に、神歌を断片化するはたらきを有する。それによって、神歌システム全体の中で、それらをとらえる準備がなされる。神歌をよむ個々の神役にあらかじめ与えられるのは、ここまでである。本書においてくり返し述べてきたように、神役たちは、神歌の意味をならわず、ただかたちのみを伝授されるのであるから。そこからいかなる神体系が見いだされるのかは、それぞれの実践次第である。

五　男と女

狩俣では、祖先が神になっているため、人間と同様、神には性別がある。神の性別は、ある祭儀でその神歌をよむかよまないか、ということを決定するものとして語られることがある。

アブンマは次のように語った。

タービをよむ時でも、冬のタービには、男の神様はよまないよ。テラヌプージィも男の神様だから、冬のタービにはよまない。

タービがよまれる代表的な祭儀は、旧暦三月のムギブーイィ［麦まつり］と旧暦六月のナツブーイィ［夏まつり］である。この、「夏」のタービのほかに、「冬のタービ」というのがあり、その時には、男の神様のタービはよまないのだという。

〈内〉冬のタービというのはいつよまれるんですか？

〈ア〉さいごの、ウプナーがあるよ。山に行く前の。

〈内〉ウトゥガウプナー？

〈ア〉そう。ウトゥガウプナーがあるさね。そのときにはよまない。そのときは男の神様はよまない。

〈内〉ナカヤシェドゥ［男の神様の名前］とかも？

〈ア〉よまない。ナカヤシェドゥトゥユミなんかは、夏まつりにだけ。麦まつりと夏まつり、二回だけ。冬にはよまない。

ウトゥガウプナーというのは、旧暦九月に行われる祭儀で、ここで夏のまつりが終わり、これから冬にはいるという節目の祭儀とされている。冬というのはウヤーンの祭儀の別称でもある。ここから先は冬にはいるので、タービをよみあげるときには、男の神様をよまないという。(2)

たとえば、アブンマがよむタービでは次のようになる。はじめに〈根口声〉とンマヌカンのタービをよみ、次に〈山のふしらいぃのタービ〉をよむ。ここまでは夏の祭儀と同じ。三番目には、夏の祭儀では〈てぃらの大按司のタービ〉がよまれるが、冬にはこれを抜いて、〈八重山うしぃめがのタービ〉をよむ。

志立元のユーヌヌスンマがよまれるタービでも、冬には男の神様である〈頂の礒金のタービ〉を抜いて、フナンダギチィカサとブナミガアーチィカサという女の神様のタービをよみあげるという。

「入れるのは入れるし、抜くのは抜く」。なにを入れ、なにを抜くのかということに、男と女という神の性別が関わっていることがわかる。

冬には男のタービを抜く。この原則は、神歌だけの問題ではない。冬の祭儀、すなわち、ウヤーンとよばれる祖先の神の祭儀には、男の神のサスは参加することができない。男の神は「ビキガン」といわれる。ビキガンの司祭役をつとめる神役の女性は、ウヤーンの祭儀に参加することができないのである。たとえば、大城元の子孫である「根の世勝り」という神は、男の神であるので、そのサスであるウイカンマという神役の女性は、ウヤーンの祭儀には関わることができないとされている。

男の神を抜くことについて、アブンマは次のように語る。

ティラヌプージィは男の子。狩俣の最初の神様のンマヌカンの子供。ンマヌカンは女さね。ンマヌカンだから、ヤグミカンだから、女の神だから、ウヤーンの時にはもう、男の神はいっしょにおれない。冬にはいっしょにおれないから、おじいなんかがいるおうち［パイヌヤー。男性の祭場のこと］にいるって。フサにもそうよみあげる。

狩俣の始祖神ンマヌカンは女だから、ヤグミカン［おそれ多い神］だから、それゆえ男の神は、ウヤーンの時には、一緒にいることができない。フサ、というのは、ウヤーンでよまれる神歌の総称である。そのフサで、ウヤーンの季節には、女の神と男の神がいっしょにいることができないとよみあげているという。男の神を抜くとは、神歌によって規定されているのである。ウヤーンの時には男の神は女の神といっしょにいることができないということに、神歌が根拠を与えている。冬に入ったら男の神のタービを抜いてよむというかたちも、ウヤーン祭儀には男と女がいっしょにいられないということに根拠を与えるものとしてはたらいている。

六　ジャンルの区分

藤井貞和は、狩俣の男性たちのニーラアーグを取りあげて次のように述べている。

演唱の仕方はまあ単調など言っていい節回しの繰り返しにつぐ繰り返しである。まさに「唱える」といった感じであろうか。これを「歌う」ジャンルの演唱であるとは容易に認めにくい［藤井　一九九〇：三八］。

声をほとんど引き延ばさないシラビックな演唱であるか、声を引き延ばすメリスマ様式(3)の演唱であるかということによって、藤井が、「歌う歌」と「唱える歌」を区分しようとしていることがわかる。この文章の直後で、彼はこの考えを取りさげているのだが、たしかに資料3に示したように、ひとつのジャンルの中に、シラビックなものもメリスマ様式のものもある場合もあって、狩俣の神歌では、声をどれだけ引き延ばすかが、ジャンル区分の決め手とはなっていないと考えられる。

また、詞章や旋律も、ジャンルをこえて共通する場合があり、ジャンル区分の決め手とはなりにくい(4)。

では、狩俣の女性神役たちは、どのようにして神歌のジャンルを区別しているのだろうか。

例えばアブンマは、「ウヤーンでよむのは、みんなフサだよ」と説明する。フサというジャンルの神歌は、音楽的にゆたかなかたちを持っており、その性質は一様ではない[小島 一九八〇：一〇〇～一〇二]。一方で、詞章や旋律が、他のジャンルの神歌と共通するものもある。したがって、フサをほかの神歌から区別する際、アブンマは、歌詞や旋律などの歌そのものの特徴からよりも、「ウヤーンでよむ」ということをフサというジャンルを規定するものとして考えているようである。

資料3

	神歌のジャンル	syllabic/melisma の別
女性	カミフツ	syllabic
	タービ	syllabic/melisma
	フサ	syllabic/melisma
	ピャーシ	syllabic
	トゥクルフン	syllabic
	アーグ	melisma
	クイチャー	syllabic
男性	ニーラアーグ	syllabic
	ピャーシ	syllabic

またタービの場合、アブンマは、「私がこうやってよんだらタービだよ」と説明してくださるが、そのときには、神衣を額のあたりにかざす所作をして見せる。その所作によってタービというジャンルを他から区別していることがわかる。

ピャーシの場合も同様で、アブンマが「私がこれをやる」と語りながら手拍子をして見せれば、それはピャーシをよむということだ。祭儀の種類や所作の特徴が、神歌のジャンルを規定しているのである。なにの行事でよみあげるものなのか、どのような所作をしてよむものなのかということが、神歌を区分する際の基準となっている。

所作は、ジャンルを区別するだけでなく、一曲の長大な神歌を区切るはたらきをしている場合もある。サスが先唱するフサの中には、「祓い声」「ナービ声」「ヤーキャー声」という三種の旋律を用いて、ウヤーン祭儀の次第を叙事する長大な曲がある。先唱するサスは、ジーと呼ばれる神の杖で地面を突きながらよみあげてゆくが、旋律が変わると杖の突き方も変わる。「フシによってジーのうちかたも変わる」とサス経験者のRさんは語る。所作の違いが、旋律の違いと一緒になって、神歌を部分に区切るものとしてはたらいているといえる。

(1) 狩俣康子によれば、一九九一年三月二十五日に行われたカタフチィウプナーでは、〈上の屋まとぅるぎのタービ〉は、最初から最後まで〈大家真男のフサ〉の旋律だけでよまれたという［狩俣 一九九一：一九九］。私が聞くことのできた〈上の屋まとぅるぎのタービ〉の三度の演唱例［一九九五年七月十日のアーブーイィ、一九九六年三月二十二日のカタフチィウプナー、一九九六年五月五日のムギブーイィ］では、いずれも二種類の旋律でよまれた。このタービをよまれたアブンマは、一九八三年に就任したかたで、狩俣康子が取材した一九九一年当時も、同じアブンマがよまれたはずである。同じ演唱者でも、こうした違いが生ずる場合があるということだろうか。

(2) どこから冬にはいるかということと、男の神を抜くということとの関係は、実は判然としない。ウトゥガウプナーよりはやく、旧暦八月にユークイという祭儀がある。この折にもタービがよまれる。ユークイにはタービはどうなるのかとアブンマにたずねたところ、「ユークイにはタービをよむ。男の神は抜く。ユークイから抜く。ウトゥガウプナーとユークイには抜く」と教えてくださった。

(3) メリスマ・シラビックという語は、音楽学ではおよそ次のように了解されている述語である。古代のギリシア語では、メリスマ melisma は歌や旋律を意味したが、グレゴリオ聖歌の旋律を類型化する用語として使われるようになってから、歌詞の一音綴（シラブル）が多くの音高（同音の場合は多くのアタック）で歌われるものを指すようになった。これと対をなす概念が、一音綴を一音高（あるいは一アタック）で歌う唱法で、シラビックと呼ばれる。比較音楽学と民族音楽学は、この対概念をグレゴリオ聖歌以外の音楽様式にも転用するようになった［徳丸一九八九：一五〇］。本論文でメリスマ・シラビックという語を用いる場合も、特定の旋律型や音高組織が規定された語としてではなく、上述の対概念に基づいて使用している。

（4）一例をあげる。アブンマは冬のウヤーンの時、アブンマのフサとして〈ヤーキャー声〉をよむ。この〈ヤーキャー声〉の後半のモンクを、アブンマは「ピャーシみたいなのをよんでる」と説明する。ピャーシのモンクとかさなる部分があるからだ。またこの〈ヤーキャー声〉は、アブンマがタービでよむ〈ヤーキャー声〉と旋律が同じであり、詞章もかさなるところがある。同じ旋律が神歌のジャンルをこえて使われていることについては、狩俣康子の研究［狩俣　一九九一］を参照されたい。

終　章　神歌の伝承と変容

ウヤーンの祭儀でよまれるフサ〈祓《はらいぐい》い声〉は、憑依との関連から多くの言及がなされてきた。それらの先行研究が教えるところは以下である。〈祓い声〉は、神が一人称で自身の来歴を叙事するものである。ここには、巫者の祈願のなかに神があらわれ、のりうつってくるという、神託・神語の古い形式がのこされている［小野　一九七七：六九／藤井　一九八〇：七八］。しかし〈祓い声〉は、憑依による神託には直結できない。なぜなら〈祓い声〉は、一時的な神がかりの神託ではなく、共同体の整えられた祭儀のなかで伝承されているものであり、すでにそのものとして様式化されているものだからである。〈祓い声〉が神託のように見えるのは、それが神自身のことばのように生み出されたからである［真下　一九九五：二二一～二二五］。神歌は、神のことばを装う様式を持つ必要があったのだ［居駒　一九九六：三九］。

たしかに〈祓い声〉は、集落の祭儀の中で、毎年同じように演唱されてきた。神役たちも、「変えてはならない」ものだと認識している。しかし実際に演唱される〈祓い声〉では、予期せぬ変化がまさに一時的なものとして生ずることがある。それでも〈祓い声〉は不変の〈祓い声〉なのだとされるのである。出来事としての〈祓い声〉は、毎回異なるものなのだが、神が定めたものとして不変であることが装われるのである。

では、「変えてはならない」はずのものにおける一時的な変化は、どのようにして生じているのだろうか。外間等が文字テクストに固定した〈祓い声〉のみを研究対象とせざるを得なかった先行研究は、この問題について具体的に検討する術をもとより持たなかった。そこで、ここでは、出来事としての神歌を考察の対象とし、不変とされるものにおいて、それがいかにして一回性の変化を生み出しているのかを問うこととする。本書はこれまで、よまれている神歌を対象として、そこから「神歌のかたち」を取り出そうと試みてきた。この「かたち」を用いて、よまれている神歌に再び耳をかたむけ、演唱の一回ごとを神歌の「創成」ととらえて、神歌における伝承と変容の問題を考察することで本書の結びとしたい。

一　ひとつの追加

〈祓い声〉は、旧暦十月から十二月にかけて五回にわたって行われるウヤーンと呼ばれる祭儀の中で、二回よまれる。アブンマが一節よみ、続けて残りの神役たちが復唱するという演唱形態でよまれる。アブンマによれば、よまれる内容は以下である。

〈祓い声〉は、狩俣の最初の神として、最初によんでる。水を求めて。部落のどこからおりてきたかわからない。上からおりてきた。水を求めてきて、イスガー［井戸名］の水がおいしいからと、甘いからと。カナギガー［井戸名］の水を飲んだら、水は多いけど、おいしくない水だから、こっちの水はだめだと。次にクルギガー［井戸名］というところの水を飲んだけど、この水はおいしいけど、水が少なかったって。だから、こっちには、部落はできないよと。またやって来てから、ヤマダガー［井戸名］は塩水だからおいしくない。

こっちにまたやって来て、一番もとがおいしい水だから、水は少ないけど、上におりてきた。山の上のほうに、神様が最初におりてきたところがある。そっちがいいんだけど、海からの風があるもんだから、風が強いから、海の音が怖いから、下におりて来て、おうちをつくったみたい。

以上がンマヌカンの一人称でよまれてゆく。〈祓い声〉の詞章については、歌詞資料七を参照されたい。アブンマの説明は、〈祓い声〉の詞章進行にほぼしたがっているが、ひとつ異なる点がある。アブンマは、「下におりて来て、おうちをつくった」と語っているが、〈祓い声〉では家づくりのことはよまれずに、次の詞章で終了するのがふつうである。

とぅらぬふぁぬ　かじぬ　　寅の方の風が（吹いたら）
かんぬにーぬ　かじぬ　　神の根の方の風が（吹いたら）
いんなイぬ　オトロ　　海鳴りが恐ろしい
シーなイぬ　オトロ　　潮鳴りが恐ろしい［外間・新里　一九七八：一一］

これは外間らの一九六〇年代の調査によるものだが、私が耳にすることができた四度の演唱例においても、[1]いずれも「海鳴りが恐ろしい」という詞章で終了した。アブンマの説明の中にあった、「下におりて来て、おうちをつくった」ということはよまれずに終了するのが通例である。

ところが一九九五年十一月二十九日に行われた祭儀では、アブンマは「海鳴りが恐ろしい」のあとに次の二節を続けて〈祓い声〉をよみ終えた。

うぷぐふ　うりてぃ　　ウプグフ［大城元］におりて
さとぅんなか　おりてぃ　　里の真ん中におりて

通常はよまれない詞章である。一九六〇年代の外間・新里の調査の頃にもよまれていなかったものだ。

この時の演唱は、いつもよんでいる通りだったかとアブンマに尋ねてみた。いつもと同じ。それが彼女の返事であった。

変えてはならないはずの神歌である。しかも何年にもわたってアブンマは「海鳴りが恐ろしい」でよみ終えてきたのである。この翌年の一九九六年の祭儀では、再び「海鳴りが恐ろしい」で終了する通常のスタイルに戻っていた。ではいったい、この時のアブンマになにがおこっていたと考えられるだろうか。

このことを、アブンマの内的過程としての心性を推察することによってではなく、神歌をマテリア的要素として、意味とは切り離されたかたちの論点から扱ってゆくことによって考えてみたい。なぜなら、本書でくり返し述べてきた通り、狩俣では、神歌を継承するとき、個々のことばの意味をならわないからである。神役たちは、意味とは切り離された、かたちを継承しているのである。

二　神歌の継承

神歌は、次のように後継者に伝えられてきた。(2)

狩俣では、七〇歳前後で神役を卒業し、卒業した人は、同じ役の後継者に、その役のよむべき神歌を教えるというのが神歌継承の基本的なあり方だ。現在では、それぞれ備忘録として神歌をノートに筆記している。後継者はそれを譲られたり、筆写したりして、はじめの数節だけを旋律とともに教えられる。残りはノートを見ておぼえてゆくようだが、サス経験者のMさんが、数え五〇歳で神役に就任した頃［一九六〇年代後半］には、そうしたノートはなく、「ひと声ひと声」教えられてようやくおぼえたそうである。ただ、「ひと声ひと声」習うのにせよ、ノートでおぼえるのにせよ、神歌の継承において変わっていないことは、それぞれの詞章の意味を前任者から習わないということである。アブンマは、「私なんかはいちいち意味を聞いていないさねえ。昔のエイゴだから」と語った。詞章の意味は聞いていないから、「昔の英語」のように難解というわけだ。それが、よみ慣れてくると、しだいにわかってくるという。「なんの意味かわからない、最初はね。慣れてからは少しは考えられてくるさ、意味がね。意味がとれる」という。

はじめ意味がわからなかったものが、よみ慣れてくると「意味がとれる」というのは、ほかの神役たちにも共通に了解されていることである。神役たちはしばしばこう語る。「最初の三年間くらいは、教えられたまま、おぼえたままやることで精一杯で、それが過ぎたころから、よんでいることばの意味がとれるようになる」。

ここで語られている「意味がとれる」というのは、どういうことか。

神歌においては、日常生活では用いないことばが使用される。いくつか次に例示してみよう。

資料4

神役名	神歌の中での名
アブンマ	んまぬかん　やぐみかん［母の神　おそれ多い神］ にだでぃぬす　やぐみかん［根立て主　おそれ多い神］
ユーヌヌス	うふゆぬす　てぃだゆぬす［大世の主　太陽の世の主］
ミズヌヌス	ちぃかさかん　まつりゃかん［司神　まつり神］
ヤマトゥンマ	あまてらす　おおみかみ［天照らす　大御神］

神役たちは、神役に就任すると、日常においても「アブンマ」「ユーヌヌス」などの神役名でお互いを呼びあ

う。しかし、神歌の中でその役をさし示すときには、「アブンマ」「ユーヌヌス」ではなく、資料4に示した通り、「んまぬかん　やぐみかん」「うふゆぬす　てぃだゆぬす」となる。反対に、神歌の中での名は日常生活において使用されることはない。

このように、神歌で使用されることばでは、ことばとそれが意味するところとの結びつき方が、日常生活のそれとは異なっているので、実際に祭儀に参加し、神歌をよむ経験を積みながら、神の世界におけることばと意味との結びつき方を学習してゆくことになる。

神歌におけることばと意味との結びつき方には濃淡がある。狩俣の人なら誰でもその結びつきを知っているということばもあれば、神役ごとに異なる結びつきが示されることばもある。また、ひとりの神役においても、神役経験を積むに連れて、意味と結びついたことばが増加したり、結びつき方が変わったりもする。重要なのは、何年神役をつとめても、神歌の個々のことばがすべて確固たる意味と結びつくのではないということだ。アブンマはこう語る。「わかるのはわかるんだけど、いちいちは考えられないよ。自分でよみあげながら、珍しいねえ、と」。

このように神役たちは、神歌のことばが意味と結びつこうがつくまいが、とにかくよまなければならない。祭儀の中で神歌をよんでいるうちに、意味するところと結びついたことばの数は増加するであろう。それでも意味不明のことばは残り続ける。だから「珍しい」のである。(3) 意味と結びつくことに抗うものの存在は、「それはなにを意味しているか」という問いを促さずにはおかないだろう。答えを見つけるためには、神歌に習熟するよりほかない。神歌をよむことに慣れるにつれ、意味がしだいにわかるようになると神役たちが口々にいうように、個々のことばの意味を伝えず、ただかたちだけを伝えるという狩俣の神歌継承のあり方自体が、「それはなにを意味しているか」という問いへと神役を駆り立てるはたらきをしているのだと考えられる。

さて、神歌のことばとそれが意味するところとの結びつき方についての知とは別に、神歌をよむことによって、次のような知が神役に与えられる。それは、神歌のかたちに関わる知、神歌がどのように区切られているかということについての知である。その区切りは、本書で具体的に述べてきた通り、詞章だけでなく、所作や旋律などの違いによってもなされるが、ここでは詞章をとりあげて述べてゆく。

三　神の声はふた声

〈祓い声〉の冒頭は、次のようにはじまる［上段参照］。

資料5

フサ〈祓い声〉[4]	タービ〈根口声〉[5]
1やふぁだれる　むむかん ハライハライ［ハヤシ詞、以下略す］ 2なごだれる　ゆなおさ	
3てぃんだおの　みょーぷぎ 4やぐみょーいぬ　みょーぷぎ	1ア　てぃんだおぬ　みゅーぷぎヤ 2ア　やぐみょーいぬ　みょーぷぎヤ
5あさてぃだの　みょーぷぎ 6うやてぃだの　みょーぷぎ	3ア　あさてぃだぬ　みょーぷぎヤ 4ア　うやてぃだぬ　みょーぷぎヤ
7ゆーちぃきぃの　みょーぷぎ 8ゆーてぃだの　みょーぷぎ	5ア　ゆーちぃきぃぬ　みょーぷぎヤ 6ア　ゆーてぃだぬ　みょーぷぎヤ

9にだりぬしぃ　わんな 10やぐみ　うふかんま	7ア　にだてぃぬしぃ　わんなヤ 8ア　やぐみ　うぷかんまヤ
11ゆーむとぅぬ　かんみょー	9ア　ゆぶむとぅぬ　かんまヤ 10ア　ゆーにびぬ　うぷかんまヤ
12ゆーにびぬ　かんみょー ［後略］	11ア　かんま　やぱたりるヤ 12ア　ぬっさ　ぷゆたりるヤ ［後略］

冒頭の詞章「やふぁだれる　むむかん／なごだれる　ゆなおさ」について、アブンマに次のようにうかがった。

〈内〉最初にアブンマがよまれるのは、「やふぁだれる　むむかん」というところから。

〈ア〉そう、〈祓い声〉でね。

〈内〉あれは、どういう意味ですか。

〈ア〉そう、「やふぁだれる」というのは、きれいに、しずかにしてもらうのみたい。

〈内〉しずかにしてもらう?

〈ア〉そう。しずかにしてね。「やふぁだれる」とは。やわらかーくしてもらいたい。

〈内〉もらいたい。

〈ア〉うん。「むむかん」とは、フサヌヌス［フサという神歌をよむことを主な職掌とする神役の名］だよ。だから、「やふぁだれる　むむかん」とは、やわらかーく、つとめはやるべきということみたい。

〈内〉そのあとに「なごだれる　ゆなおさ」って。

〈ア〉これもいっしょだよ。必ずふたつそえるから。ひとつのモンクにふたつそえるから。全部ふたつずつ。ひとつ落とせばもう、わからないようになってくるさ。

狩俣では、「神の声はふた声」といわれる。このことは神役間で共通に了解されている。「ひとつのモンクに、ふたつそえる」、すなわち、ひとつのことをいうのに、ふたつの語・句を用いるのである。たとえば、先に示した神の名では、「アブンマ」を神歌においてさし示すためには、最も短いよみ方でも「んまぬかん／やぐみかん［母の神／おそれ多い神］」というふたつの語が用いられる。そのどちらかひとつでも欠けると、「わからないようになって」しまうのだ。これは、詞章個々の「意味」がわからなくなるということではない。別のインタビューでアブンマが語ったことばを借りて示すなら、「ひとつ落とすと先がいえなくなる」ということだ。つまり、神歌のよみ手になってわかることとは、「ひとつではいえない」ということである。神歌における詞章運用の最小単位が、対語・対句で構成された「ふた声」であることと、その組み合わされかたを知るのである。連綿とうち続く詞章が、組み合わされた「ふた声」を単位としてまとまっていることがわかるのである。

四　入れるものと抜くもの

神歌の最小単位である「ふた声」を、入れたり抜いたりして、「ふた声」と「ふた声」の連なり方が変わると、別の神歌ができる。

〈内〉アブンマのフサでは最初に「やふぁだれる　むむかん」とよまれるけれど。

〈ア〉最初はね、「やふぁだれる／なごだれる」というよ。私なんかがよむのも、よみはじめには、これをいわないといわれないさ。

アブンマのよむフサは多数あるが、はじめに必ず「やふぁだれる　むむかん／なごだれる　ゆなおさ」がよまれることになっている。ほかのジャンルの神歌ではそうならない。一例としてアブンマのよむタービの〈根口声《にふちいぐい》〉を参照されたい［資料5の下段］。フサでは必ず冒頭でよまれる「やふぁだれる　むむかん／なごだれる　ゆなおさ」は、タービではよまれることなく、後ろのほうで、かたちを変えて登場する［第一一・一二節］。「抜くのは抜いて、入れるものは入れる。それをぜんぶ飲み込まないとよめない」とアブンマはいう。

もう少し例をあげてみよう。

アブンマがンマヌカンとして神歌をよんでいるときには、その神歌の中での自称は、「にだりぬしぃ　わんな［根立て主である私は］／やぐみ　うぷかんま［おそれ多い大神は］）」「んまぬかん　わんな［母の神である私は］／やぐみ　うぷかんま」となる。そして神歌の最後には、「ゆみがり　とぅたん／いじみがり　ゆたん［よみあげた］」「んきゃぬたや　とぅたん／にだりまま　ゆたん［根立てたままよんだ］」とよまれる。

これらの詞章を、アブンマ以外のサス［司祭］が用いることはない。アブンマより下位のサスを一六年間つとめたMさんに、「ゆみがり　とぅたん／いじみがり　ゆたん」の意味をうかがったところ、彼女は詞章の意味については答えず、ただこう語った。「あれは、アブンマだけがよむよ。私たちは『おとぅもゆん　とぅたん［お供して神歌をよんだ］／おちぃきゆん　ゆたん［お付きして神歌をよんだ］』、『んきゃぬたや　とぅたん／にだりまま　ゆたん』、昔のままいった、とよむよ」。つまり、「ゆみがり　とぅたん／いじみがり　ゆたん」は、ことばの意味が了解されているか否かはともかく、アブンマだけがよむ詞章であることは了解されているのである。そして、アブンマがよむ神歌を注意深く聞いていると、アブンマであっても、「ゆみがり　とぅたん／いじみがり　ゆたん」ではなく、「おとぅもゆん　とぅたん／おちぃきゆん　ゆたん」とよむ場合があることがわかる。それは、アブンマが、ンマヌカン以外の神格として、神歌をよんでいるときである［第五章参照］。

このようにして、祭儀の種類や祭儀が行われる場所、それをよむ神役や神格の違いに応じて、神役たちは「ふた声」を単位として抜いたり入れたりしつつ神歌をよんでいるのである。神歌に習熟するにしたがって、その時々の状況に応じて、抜くべき詞章を抜き、入れるべき詞章を入れるということについての知、神歌を「ふた声」ごとのまとまりとして認識し、それを連ねたり置き換えたりすることについての知が得られるのである。

五　声を変える

「ふた声」がどのように連なるかということが、神歌のさらに大きな単位を構成している。それもまた「○○声」と呼ばれる。すでに述べた「祓い声」「根口声」という名称がそれであり、ほかに、「ナービ声」「ヤーキャー声」「ピャーシ声」「イナウ声」「ゾーイ声」などがある［日本放送協会　一九九〇：一一六・一二〇］。これらは主に旋律の名称として使用されるほか、特定の詞章のひとまとまり、すなわち「ふた声」の特定の連なり方をさし示す時にも使用される。

これらの名称を用いることで、神役たちは、連綿と打ち続く神歌に区切りを与え、それぞれを部分として認識することができる。それによって、祭儀の種類、場所、神役、神格、神歌のジャンルの違いに応じて、さらに大きな単位で「抜いたり入れたり」することが可能になるのである。

たとえば、ウヤーンの祭儀において、アブンマは、ンマヌカンが井戸を求めてやってきたという物語をよむ〈祓い声〉に続けて、〈ナービ声〉〈ヤーキャー声〉をよんでゆくが、それについて次のように説明して下さった。(6)

〈ア〉三つよんだね。最初は、神が水を求めて来たのを〈祓い声〉でね。二番目は、神様の子供のヤマノフシライィ。〈祓い声〉でなくて〈ナービ声〉というさ。声変わらしてね。二番目はフシが変わるさね。三番目は、山［神役が籠もる聖地］に行って、山からまたこっち［集落］に来るのを全部よんでから、あとにはピャーシみたいなのをよんでるさ。サズ［神役名］なんかが私のおうちにきてマス［祭儀料として各家庭から米や粟を集める時に使われた升。現在はお金を徴収］を拝むさ。それをよみあげる。ピャーシみたいなのをさ。夏だったらピャーシだけど、私は〈ヤーキャー声〉とよみあげる。だから、いうたら、四つによんでるみたい。四つよんでる。

〈内〉三つでなく、四つになるんですか。

〈ア〉うん。四つよんでるよ。おたくはピャーシみたいなのを〈ヤーキャー声〉といってひとつみたいにしてるからわからないさね。私がよむのは、四つよんでる。

一連のフサは、旋律の違いからは、〈祓い声〉〈ナービ声〉〈ヤーキャー声〉の三つに区切られる。詞章構成からは、〈ヤーキャー声〉がさらにふたつの部分に分けられるので、計四つになるというのである。〈ヤーキャー声〉は、約四〇〇節からなる長大なものである。アブンマによれば、〈ヤーキャー声〉の前半では、神役たちの山籠もりと山から下りて来るまでの過程がよまれ、後半では「ピャーシみたいなの」がよまれるという。

ピャーシとは、アブンマがいうように、夏の祭儀でよまれるものだ。神酒や酒がそそがれた酒器を前にして、手拍子を打ちながらよむ。アブンマの説明の通り、それらはウヤーンの〈ヤーキャー声〉の後半部と類似している［歌詞資料一・九参照］。〈ヤーキャー声〉を再構成するためには、ウヤーンの祭儀に特有の山籠もりを叙事し、そのあとに「ピャーシみたいな」一連の詞章を付加すればよいわけだ。神歌に区切りを与え、部分として認識することが、その場に適した神歌を再構成することを容易にしているのだと考えられる。ただしアブンマが正確に

「ピャーシみたいなの」と語っているように、その詞章は夏のピャーシと全く同じものではない。折々の祭儀に応じて、「抜くのは抜いて、入れるものは入れ」てよみあげなければならないからである。

以上のように、神歌に習熟することで得られる知とは、神歌が、さまざまに区切られた部分からなっているということについての知である。そして神役は、祭儀の状況に応じてそれらを入れたり抜いたりすることによって、神歌の部分を、相互に組織的に関係づけつつ再構成しているのである。ではそれによって、いったいなにがいわれようとしているのだろうか。ここでは〈祓い声〉〈ナービ声〉〈ヤーキャー声〉の連なりを例にとって考えてゆきたい。

六　かたちの連なりがいうこと

〈祓い声〉は、およそ九〇節からなる［歌詞資料七］。ンマヌカンが井戸を探し、狩俣に住居を定めるという物語が、「にだりぬしぃ　わんな［根立て主である私は］／やぐみ　うふかんま［おそれ多い大神は］」というンマヌカンの一人称でよまれてゆく。そして通常は、「海鳴りがおそろしい」で終了する。アブンマは「海の音がこわいから、下におりて来て、おうちをつくった」と語っていたが、「下におりて来て」以下はよまれずに終了するのが通例である。いわれようとしていることは、いわれないまま、宙吊りにされたままとなる。

すでに述べた通り、〈祓い声〉は一度だけ、「うぷぐふ　うりてぃ／さとぅんなか　おりてぃ」という詞章でよみ終えられたことがあった。この詞章は、アブンマがよむ別の神歌の中に登場する詞章である［居駒　一九九六：三六］。つまりアブンマは、彼女の説明にあった「下におりて来て」を、神歌のことばを用いて付け加えていたのである。アブンマは正しく、狩俣の神のことば遣いをもって、狩俣の創世神話をよみあげていたのである。

いわれずに宙づりにされたものは、このようにして、すでにある、別の神歌のかたちをともなっていわれようとするのである。ということは、神歌が連なっている限り、いわれ得ないものが、まだ残されているのだと想定できる。ここではひとまず、いわれていないこととは「おうちをつくった」である。〈祓い声〉は「おうちをつくった」をいわないまま、完結しないまま終了し、旋律と所作を変えて〈ナービ声〉へと移行してゆく。

〈ナービ声〉は約八〇節からなっている［歌詞資料八］。アブンマによれば、〈ナービ声〉では、ンマヌカンの娘のヤマヌフシライィが家をつくる物語がよまれる。彼女は家をつくるために山に入って木を切り、怪我をして死んだ。そして夏と冬の祭儀が定められたとよまれてゆくという。アブンマが語っていた「おうちをつくった」は、〈ナービ声〉でよまれていたのである。

〈ナービ声〉が終了すると、さらに旋律と所作を変えて〈ヤーキャー声〉がよまれる［歌詞資料九］。ということは、〈祓い声〉〈ナービ声〉〈ヤーキャー声〉の連なりがいおうとしていることは、ンマヌカンが狩俣に居を定め、山から「下におりて来て、おうちをつくった」ということそれ自体だけではないことになる。なぜならそのことはすでに、〈祓い声〉と〈ナービ声〉との連なりにおいてよまれてしまっているからである。では、なにがいわれれば、これらの連なりは止むことができるのだろうか。〈ナービ声〉と〈ヤーキャー声〉の終結部の詞章に着目して考えてみよう。

〈ナービ声〉では、〈祓い声〉で用いられていたンマヌカンの一人称は用いられず、「やまぬ　ふしらいぃざ［ヤマヌフシライィは］／ふぁーぬ　うぱらいぃざ［子どもの大主は］」「ふらがんどぅやりば［子供の神であるので］／またがんどぅやりば［孫の神であるので］」「うとぅむゆん　とぅたん［お供して神歌をよんだ］／うちぃきゆん　ゆたん［お付きして神歌をよんだ］」とよまれる［第六六～七七節］。〈ナービ声〉をよむ主体は、ンマヌカンの子孫であり、お供という格付けになるのだ。すでに述べたように、アブンマ以外のサスがフサをよみ終えるときにもこの詞章が用いられる。

〈ヤーキャー声〉では再びンマヌカンの一人称が用いられ、終結部では、「ゆみがり　とぅたん／いじみがり　ゆたん」とよまれる。この「ふた声」は、アブンマがンマヌカンの神格として神歌をよみ終える時に用いる詞章である。完結しない〈祓い声〉には当然登場しない。また、娘神の神格となってよんでいる〈ナービ声〉では、別の「ふた声」、すなわち「うとぅもゆん　とぅたん／うちぃきゆん　ゆたん」がよまれるので、「ゆみがり　とぅたん／いじみがり　ゆたん」は、〈ヤーキャー声〉の終結部がやってくるまで登場することがない。

つまりアブンマは、〈祓い声〉〈ナービ声〉〈ヤーキャー声〉を連ねてよむことで、草創神たるンマヌカンのことば遣いと娘神のことば遣いとの違いを、かたちの違いとして明確に示しているのである。このかたちの違いが、狩俣の神体系の根幹をなすものとして機能していることは、アブンマ以外のサスが、この娘神のことば遣いを用いて神歌をよんでいることにあらわれている。そしてこの体系は、神の世界だけにとどまらず、ンマヌカンと狩俣の村人との関係にも引き延ばされる。村人たちは神歌の中で、ンマヌカンの「子孫《ふぁーまが》」とよまれるからである。

そして一番最後に、「んきゃぬたや　とぅたん／にだりまま　ゆたん［昔のまま、根立てたままよんだ］」とよまれてアブンマのフサは終了する。これまでよまれたことは、草創神であるンマヌカンの世のままであり、まったく変わりがない、ということが言明されて終了するのである。

以上述べてきた通り、狩俣の神役たちは、折々の祭儀の状況に応じて、入れなければならない「ふた声」を入れ、抜くものは抜き、よみあげつつ神歌を構成し直していることがわかる。これは多分に能動的な作業である。

憑依ということばをかりに、他のものに主体がのっとられるという意味で使うのなら、サスたちの神歌をよむという行為は、憑依とはかけ離れているように思われる。

しかし今一度、通常の〈祓い声〉にひとつの対句が付加されたことについて、私がアブンマに質問したおりの彼女の返事を思いおこして欲しい。彼女は「いつもと同じ」と答えた。彼女は、いつもよんでいない「ふた声」があったことなど、自分のあずかり知るところではないといっているのである。

彼女の口を、不意について出たものとしての一時的な「ふた声」は、通常の「ふた声」の連なりの狭間に生み落とされ、直ちに忘れ去られる。彼女のあずかり知らぬ「ふた声」、これを憑依の表現とするならば、その「ふた声」は、神歌に先がけてあるのではなく、このように、神歌の連なりが不意に生み落とし、取りこぼすものとしてある。そして、「うぷぐふ　うりてぃ」がそうであったように、一時的な「ふた声」は、無限にあると想定される神のことばのかたちの中から選ばれて現前する。なぜならそれをよみあげている神役は、意味と切り離されて継承される神歌のかたちの連なりによって、神のことばをよむ器としてつくりかえられてあるからだ。

「あんなに長い歌をどうやっておぼえるのですか」という調査者の質問に、「神がいわせるから大丈夫」という決まり文句で答えることは、狩俣の神役たちがしばしば行うことである。アブンマはこう語る。「次はなに、次はなに、と自然に出てくる」。神歌のかたちの連なりによって神のことばをよむ器につくりかえられた神役にとって、「自然に出てくる」＝「神がいわせる」ということは、真実なのである。

ところで、一時的な変化が〈祓い声〉に生じたとき、私はとても驚いた。いつもよまれていない詞章がよまれたからというよりも、他の神役たちが、何事もなかったかのように付け加えられた詞章を復唱したからである。アブンマだけでなく、他の神役たちも、神がいわせることばをそのままよみあげるものとしての、神のことばをよむ器なのである。狩俣の神歌は、このような一時的な変化を許容してしまう、いいかえると、変化が生じたことを無に帰してしまう神役社会において伝承されてきたのである。[7]

しかし一時的な「ふた声」が、際限なくうち続くという事態は生じない。それに歯止めをかけているのもまた、神歌のかたちである。「ふた声」の組み合わせ方、祭儀の状況に応じた使い分け、旋律や所作による区切りなど、さまざまなやり方で、神歌には明確なかたちが与えられている。そして最終的には、神役がどうよんだとしても、よまれたことばをすべて昔のままにしてしまう「ふた声」をもって、神歌はよみ終えられるというかたちを持っている。「んきゃぬたや　とぅたん／にだりまま　ゆたん［昔のままよんだ］」がそれである。神歌のかたちは、演唱のつど生じる変容を許容しつつそれを無に帰し、さらに要所要所ですべり止めのはたらきをして、憑依による際限のない展開を防いでいるのである。

（1）一九九一年一月三十日、同年十二月二十日、一九九二年一月十三日、一九九三年十二月二十一日に演唱されたもの。
（2）この問題を扱った研究に、高梨一美「南島の神女の『うた』と『ことば』」［高梨　一九九七］がある。狩俣の神歌の継承方法についても簡潔にまとめられている。
（3）儀礼のことばや音楽が特別な力を帯びることが可能なのは、それらが「音楽と言語におけるコミュニケーションの人間の間における了解構造を欠いたところに成立してい」ることによる［青木　一九七六：二四一］。
（4）一九九一年一月三十日　ウヤーン五回目［トゥディアギ］子の日、大城元の庭でよまれたもの。
（5）一九九五年七月十日［夏まつり初日］アブンマの独唱でよまれたタービの〈根口声〉。
（6）澤野由佳氏との共同インタビュー。
（7）しかしこのような場合、「今よみあげられたのは正しくない」と主張する神役があらわれて、葛藤が生ずることもあると付け加えておこう。なお狩俣においては、祭儀が改変された場合、葛藤期を経て改変事項が定着した後は、改変の事実が忘れられ、改変後の姿が昔のままと見なされるという報告もある［島村　一九九三］。神歌における可変と不変の問題については、祭儀および社会の構造との関連からも考察を深めてゆく必要があるだろう。

添付資料

歌詞資料一　アブンマのピャーシ［夏まつり］

大城元にて、一九九五年七月十日＝夏まつり初日

＊アブンマが先唱し、一同が復唱する。第一節目のみ、復唱の形を［　］に示した。

1てぃんだおぬ　やぐみょーいぬ　みよぷぎ
［てぃんだおぬ　やぐみょーいぬ　みよぷぎ］
2あさてぃだぬ　うやてぃだぬ　みよぷぎ
3よぼちぃきぃぬ　よぼてぃだぬ　みよぷぎ
4にだりぬしぃ　やぐみかん　わんなよ
5よぼむとぅぬ　よぼにびぬ　うぷかん
6かんま　やふぁ　ぬしぃさ　ぷゆたりるよ
7このところ　このふだみ　びよりいぃ

8ところ　うふ　ふだみ　うふかんどよ
9やふじぃより　やむてぃみょり　うぷかん
10うかまにーいぃ　まかまにーいぃ　うまいよ
11あさいーよん　ゆぶいーよん　まのしぃよ
12きた　ふみゃーいぃ　ゔぁーいぃ　ふみゃーいぃ
やぬかん
13むそーいぃのいぃ　んみかーのいぃ　びよりいぃ
14むむぱーかきぃ　やしぃざーおきぃ　まのしぃよ

15みちぃうまい　やふぁたりょーい　やのかん
16かん　ふみゃいぃ　うい　ふみゃいぃ　とぅらまい
17かんま　やふぁ　ぬしぃさ　ぷゆたりるよ

＊続けて次の歌がよまれる。アブンマが先唱し、一同が復唱する。第一節目のみ、復唱の形を［　］に示した。

1アジィラー　このいびま　びょりいぃ
［アジィラー　このいびま　びょりいぃ］
2アジィラー　このぴぃきぃま　びょりいぃ
3アジィラー　いびま　うぷかんま
4アジィラー　ぴぃきぃま　うぷかんま
5アジィラー　かんま　うぷからまい
6アジィラー　ぴぃきぃま　うぷからまい
7アジィラー　なーぴぃかり　かんま
8アジィラー　うらぴぃかり　かんま
9アジィラー　きゅーびおいぃ　おいや
10アジィラー　きゅーなおいぃ　おいや
11アジィラー　ばむとぅが　おいん
12アジィラー　うふむとぅが　おいん
13アジィラー　かんそろい　さまい
14アジィラー　ういそろい　さまい
15アジィラー　ゔぁーぐ　ふむたりょ
16アジィラー　ゔぁーぐ　ぱちぃたりょり
17アジィラー　なーぴぃかり　たうとぅ
18アジィラー　うらぴぃかり　みょーぷぎ
19アジィラー　いびま　だきぃ　まさり
20アジィラー　ぴぃきぃま　だきぃ　まさり
21アジィラー　きゅーびおいぃ　おいぬ
22アジィラー　きゅーなおいぃ　おいぬ
23アジィラー　ばむとぅが　おいん
24アジィラー　うふむとぅが　おいん
25アジィラー　かんそろい　さまい
26アジィラー　ういそろい　さまい
27アジィラー　にがいばいむぬや
28アジィラー　うさぎかぎむぬや
29アジィラー　なうぬ　うぬゆいが

30アジィラー　いきゃいきゃぬ　てぃどぅが
31アジィラー　うふぶゆーいぃ　てーっじ
32アジィラー　かんぷゆーいぃ　てーっじ
33アジィラー　にがいばい　てーっじ
34アジィラー　うさぎかぎ　てーっじ
35アジィラー　んきゃぬたや　やりば
36アジィラー　にだてぃまま　やりば
37アジィラー　くとぅしぃ　ゆる　とぅしぃぬ
38アジィラー　あきとぅい　としぃぬ
39アジィラー　とぅしぃあきさまじが
40アジィラー　ぱだきさまじが
41アジィラー　うふぶゆーいぃ　ちぃきぃぬ
42アジィラー　かんぷゆーいぃ　ちぃきぃぬ
43アジィラー　にがいちぃきぃ　ういぬ
44アジィラー　うさぎちぃきぃ　まいぬ
45アジィラー　いでぃからまじが
46アジィラー　たちぃからまじが
47アジィラー　うやまがや　ゆるしぃ
48アジィラー　うやばいや　ゆるしぃ
49アジィラー　しぃまぬにや　むちゅり

50アジィラー　ふんぬにや　だきょり
51アジィラー　てぃんがらの　ぴよいぃ
52アジィラー　うふぶゆい　なおいぃ
53アジィラー　しぃたいどん　くむい
54アジィラー　ゔぁーいどん　しぃらび
55アジィラー　ゆゆん　さまじがよ
56アジィラー　びぃりゅん　さまじがよ
57アジィラー　かんさじぃ　んみや
58アジィラー　ういさじぃ　んみや
59アジィラー　かんちぃから　いじゅり
60アジィラー　ういちぃから　こみゅり
61アジィラー　じぃがぬさん　むちゃい
62アジィラー　ましぃぬさん　だきゃい
63アジィラー　うりさしぃ　むとぅし
64アジィラー　かみさしぃ　むとぅし
65アジィラー　にがい　ふらまがぬ
66アジィラー　うさぎ　むむぱいぬ
67アジィラー　やなみかじぃ　おいん
68アジィラー　きゅーなみが　まいん
69アジィラー　あっさぎや　とりゅり

70アジィラー　ぴささぎや　とてぃが
71アジィラー　んまぬかん　わんな
72アジィラー　やぐみ　うぷかんま
73アジィラー　ゔぁーぐ　ふむ　たりょり
74アジィラー　ゔぁーぐ　ぱちぃ　たりょり
75アジィラー　ばんたしぃき　とらば
76アジィラー　かんたしぃき　とらば
77アジィラー　ば　うぷゆどぅんむ
78アジィラー　かん　うぷゆどぅんむ
79アジィラー　じぃがんぱい　むとぅし
80アジィラー　ましぃんぱい　むとぅし
81アジィラー　くがにじん　ういがみ
82アジィラー　なんざじん　ういがみ
83アジィラー　ゆーつぁー　てーっじ
84アジィラー　ふぃーつぁー　てーっじ
85アジィラー　っしぃてぃ　うきうがみ
86アジィラー　やぱてぃ　うきうがみ
87アジィラー　うがんばい　とりょり
88アジィラー　うがんしぃき　とてぃが
89アジィラー　にぬしぃま　おいぬ

90アジィラー　むとぅぬしぃま　おいぬ
91アジィラー　ふぁーまがぬ　んみや
92アジィラー　むむぱいぬ　んみや
93アジィラー　みゃーくとぅが　なぎん
94アジィラー　くどぅいが　なぎん
95アジィラー　まっづぁりぬ　ぷさん
96アジィラー　わーらりぬ　ぷさん
97アジィラー　やぐみさや　むちゅり
98アジィラー　うかぎさや　だきょり
99アジィラー　うふぶゆーいぃ　どぅんむ
100アジィラー　かんぷゆーいぃ　どぅんむ
101アジィラー　じぃがんぱいむぬよ
102アジィラー　ましぃんぱいむぬよ
103アジィラー　かみなみぬむぬゆ
104アジィラー　じぃぶなみぬむぬゆ
105アジィラー　やなみかじぃ　おいん
106アジィラー　きゅーなみが　まいん
107アジィラー　にまらし　とりょり
108アジィラー　ちぃまらし　とてぃが
109アジィラー　きゅーぬ　あさかたや

110 アジィラー　ゆーぬ　あきわんな
111 アジィラー　かんさじぃ　んみや
112 アジィラー　ういさじぃ　んみや
113 アジィラー　かんちぃから　いじゅり
114 アジィラー　ういちぃから　こみょり
115 アジィラー　うふぶゆーいぃ　どぅんぬ
116 アジィラー　かんぷゆーいぃ　どぅんぬ
117 アジィラー　かみなみぬものゆ
118 アジィラー　じぃぶなみぬむぬゆ
119 アジィラー　ばむとぅが　おいん
120 アジィラー　うふむとぅが　おいん
121 アジィラー　このざしぃきぃ　んてぃきゃ
122 アジィラー　このびよき　んてぃきゃ
123 アジィラー　むちぃんてぃ　とりょり
124 アジィラー　かみゆし　とぅてぃが
125 アジィラー　にぬしぃま　おいぬ
126 アジィラー　むとぅぬしぃま　おいぬ
127 アジィラー　ふぁーまがや　むとぅし
128 アジィラー　むむぱいや　むとぅし
129 アジィラー　うがんじぃま　ういがみ

130 アジィラー　あがーむら　ういがみ
131 アジィラー　しぃまじぃじぃま　ういがみ
132 アジィラー　なんぱらんが　ういがみ
133 アジィラー　まなちぃじぃま　ういがみ
134 アジィラー　いでぃむら　ういがみ
135 アジィラー　うぷらじぃま　ういがみ
136 アジィラー　いでぃむら　ういがみ
137 アジィラー　ぴぃさらじぃま　ういがみ
138 アジィラー　うやんそに　ういがみ
139 アジィラー　あーいじぃま　ういがみ
140 アジィラー　わーらじぃま　ういがみ
141 アジィラー　いらうじぃま　ういがみ
142 アジィラー　よろいじぃま　ういがみ
143 アジィラー　いきまじぃま　ういがみ
144 アジィラー　つふんむらが　ういがみ
145 アジィラー　いでぃぱいぬ　んみや
146 アジィラー　なみぱいぬ　んみや
147 アジィラー　みゃーくとぅが　なぎん
148 アジィラー　くどぅいが　なぎん
149 アジィラー　まづぁりぬ　ぷさん

150アジィラー　わーらりぬ　ぷさん
151アジィラー　やぐみさや　むちゅり
152アジィラー　うかぎさや　だきょり
153アジィラー　ななんみが　ういから
154アジィラー　ななしぃくが　ういから
155アジィラー　あっさぎや　とりょり
156アジィラー　ぴささぎや　とてぃが
157アジィラー　じぃがんぱいむぬゆ
158アジィラー　ましぃんぱいむぬゆ
159アジィラー　くがにじん　ういがみ
160アジィラー　なんざじん　ういがみ
161アジィラー　ぱいぱいぬむぬよ
162アジィラー　むてぃむてぃぬむぬよ
163アジィラー　ゆーつぁー　てーっじ
164アジィラー　つふぃーつぁー　てーっじ
165アジィラー　っしぃてぃ　うきうがみ
166アジィラー　やぱてぃ　うきうがみ
167アジィラー　かんさじぃ　んみや
168アジィラー　ういさじぃ　んみや
169アジィラー　びきりゃばな　ゆるす

170アジィラー　さむりゃばな　ゆるす
171アジィラー　みどぅんばな　ゆるす
172アジィラー　あんだばな　ゆるす
173アジィラー　うふぶゆーいぃ　どぅんぬ
174アジィラー　かんぷゆーいぃ　どぅんぬ
175アジィラー　かみなみぬむぬゆ
176アジィラー　？？？？むぬゆ
177アジィラー　かみかじぃが　ういから
178アジィラー　じぃぶかじぃが　まいから
179アジィラー　っしぃてぃ　うきうがみ
180アジィラー　やぱてぃ　うきうがみ
181アジィラー　くぬざしぃきぃ　んてぃきゃ
182アジィラー　くぬびよき　んてぃきゃ
183アジィラー　かんでぃかじぃ　おいん
184アジィラー　ぬしぃでぃかじぃ　まいん
185アジィラー　しぃきぬまーや　にやだ
186アジィラー　うきぬまーや　にやだ
187アジィラー　しぃきぬかじぃ　たうとぅ
188アジィラー　うきぬかじぃ　みょーぷぎ
189アジィラー　うさぎかぎ　とりょり

190アジィラー　みゃーしぃかぎ　とてぃが
191アジィラー　んまぬかん　わんな
192アジィラー　やぐみ　うぷかんま
193アジィラー　しぃきかじぃが　ういから
194アジィラー　うきかじぃが　まいから
195アジィラー　さらかじぃが　ういから
196アジィラー　さーふつが　まいから
197アジィラー　うふざらが　ういから
198アジィラー　とよちぃきゃーが　まいから
199アジィラー　ぴゃーしぐいがらよ
200アジィラー　いなうぐいがらよ
201アジィラー　ななちぃじぃが　ういから
202アジィラー　ななふさが　ういから
203アジィラー　ういとぅり　まさり
204アジィラー　ぱちぃとぅり　みゃーがり
205アジィラー　てぃん　まうさぎゆ
206アジィラー　ういん　まうさぎゆ
207アジィラー　うさぎかぎ　とりょり
208アジィラー　みゃーしぃかぎ　とてぃが
209アジィラー　ゆいかいどぅんま

210アジィラー　ぶんかいどぅんま
211アジィラー　んまぬかん　わんな
212アジィラー　やぐみ　うぷかんま
213アジィラー　ばんたしぃき　とぅらば
214アジィラー　かんたしぃき　とぅらば
215アジィラー　にぬしぃま　おいや
216アジィラー　むとぅぬしぃま　おいや
217アジィラー　しぃまみしぃら　むとぅよ
218アジィラー　むらみしぃら　むとぅよ
219アジィラー　しぃまみしぃら　ふぃゆば
220アジィラー　むらみしぃら　ふぃゆば
221アジィラー　しぃまみしぃら　いじゅり
222アジィラー　むらみしぃら　ぱより
223アジィラー　にぬしぃま　おいぬ
224アジィラー　むとぅぬしぃま　おいぬ
225アジィラー　ふぁーまがぬ　んみや
226アジィラー　むむぱいぬ　んみや
227アジィラー　みゃーくとぅが　なぎん
228アジィラー　くどぅいが　なぎん
229アジィラー　どぅどぅ　むとぅやりば

230 アジィラー　くるどぅ　むとぅやりば
231 アジィラー　うりさしぃ　むとぅし
232 アジィラー　かみさしぃ　むとぅし
233 アジィラー　しぃまぬにや　むとぅし
234 アジィラー　ふんぬにや　むとぅし
235 アジィラー　しぃしぃぽーざ　むとぅし
236 アジィラー　かぎぽーざ　むとぅし
237 アジィラー　さきとぅりゃ　むとぅし
238 アジィラー　みゅーとぅりゃ　むとぅし
239 アジィラー　じぃがとぅりゃ　むとぅし
240 アジィラー　ましぃとぅりゃ　むとぅし
241 アジィラー　かんさじぃ　むとぅし
242 アジィラー　ぬしぃてぃかじぃ　むとぅし
243 アジィラー　かんでぃかじぃ　むとぅし
244 アジィラー　ぬしぃてぃかじぃ　むとぅし
245 アジィラー　にがい　ふらまがぬ
246 アジィラー　うさぎ　むむぱいぬ
247 アジィラー　たるたる　にやだ
248 アジィラー　いじゃいじゃ　にやだ
249 アジィラー　どぅどぅゆふ　ふぃゆば

250 アジィラー　くるどぅゆふ　ふぃゆば
251 アジィラー　どぅどぅゆふ　いじゅり
252 アジィラー　くるどぅゆふ　ぱより
253 アジィラー　うふゆばい　ふぃゆば
254 アジィラー　てぃだゆんてぃ　ふぃゆば
255 アジィラー　うふゆばい　いじゅり
256 アジィラー　てぃだゆんてぃ　ぱより
257 アジィラー　ば　うぷゆどぅんむ
258 アジィラー　かん　うぷゆどぅんむ
259 アジィラー　しぃざだに　むとぅし
260 アジィラー　ぱちぃだに　むとぅし
261 アジィラー　うふぶゆーざ　むとぅし
262 アジィラー　だりぶーざ　むとぅし
263 アジィラー　とーぬきぃんがみよ
264 アジィラー　うちゃぬきぃんがみよ
265 アジィラー　じぃなみどぅんま
266 アジィラー　うらしぃなみどぅんま
267 アジィラー　あやみにゃーだ　ふぃゆば
268 アジィラー　ぶぃみにゃーだ　ふぃゆば
269 アジィラー　んじぃうぃぬぐまた

270 アジィラー　にゃーんたぬぐまた
271 アジィラー　つしぃぐみが　ういがみ
272 アジィラー　まぐみが　ういがみ
273 アジィラー　あかんどぅ　むとぅゆ
274 アジィラー　まぱだんどぅ　むとぅゆ
275 アジィラー　ななしぃなぬ　うふゆや
276 アジィラー　ななむてぃぬ　てぃだゆや
277 アジィラー　ゆしぃなぬ　ういから
278 アジィラー　ふぃしぃなぬ　まいから
279 アジィラー　ゆがさん　ふぃゆば
280 アジィラー　ふぃがさん　ふぃゆば
281 アジィラー　ゆがさん　いじゅり
282 アジィラー　ふぃがさん　ぱより
283 アジィラー　とぅしぃなみぬ　にがいぃ
284 アジィラー　ぱだなみぬ　うさぎ
285 アジィラー　にがいぐとぅ　ういや
286 アジィラー　うさぎぐとぅ　まいや
287 アジィラー　じぃがさがいざ　にやだ
288 アジィラー　まっさがいざ　にやだ
289 アジィラー　うさぎかぎ　とりょり

290 アジィラー　みゃーしぃかぎ　とてぃが
291 アジィラー　みやこ　かたぱらぬ
292 アジィラー　みやこ　よんそにぬ
293 アジィラー　しぃまぬゔぁーてぃ　とぅゆみ
294 アジィラー　むらぬゔぁーてぃ　みゃーがり
295 アジィラー　にぬしぃま　おいぬ
296 アジィラー　むとぅぬしぃま　おいぬ
297 アジィラー　つふぁーまがぬ　んみや
298 アジィラー　むむぱいぬ　んみや
299 アジィラー　みゃくとぅが　なぎん
300 アジィラー　くどぅいが　なぎん
301 アジィラー　んまぬかん　わんぬ
302 アジィラー　やぐみ　うぷかんむ
303 アジィラー　ゆむとぅぬ　かんむ
304 アジィラー　ゆにびぬ　かんむ
305 アジィラー　かんでぃかじぃ　ういゆ
306 アジィラー　ぬしぃでぃかじぃ　まいゆ
307 アジィラー　かんなーぎ　とよみ
308 アジィラー　ういんなーぎ　みゃーがり
309 アジィラー　きゅーびおいぃ　おいや

310アジィラー　きゅーなおいぃ　おいや
311アジィラー　んまぬかん　わんな
312アジィラー　やぐみ　うぷかんま
313アジィラー　ばむとぅが　おいん
314アジィラー　うふむとぅが　おいん
315アジィラー　まんざぬしぃ　とぅゆみゃどぅ
316アジィラー　まきゃどぅぬしぃ　かんどぅ
317アジィラー　かんでぃかじぃ　ういどぅ
318アジィラー　ぬしぃでぃかじぃ　まいどぅ
319アジィラー　ざしぃきばい　とりょり
320アジィラー　びゆぎばい　ぱより
321アジィラー　うふぶゆーいぃ　どぅんぬ
322アジィラー　かんぷゆーいぃ　どぅんぬ
323アジィラー　にがいばいむぬや
324アジィラー　うさぎかぎむぬや
325アジィラー　うふざらが　ういから
326アジィラー　とよちぃきゃーが　まいから
327アジィラー　ぴゃーしぐいどぅんむ
328アジィラー　いなうぐいどぅんむ
329アジィラー　しぃまてぃゆき　とぅゆてぃ
330アジィラー　ふんてぃゆき　とぅゆてぃ
331アジィラー　にがいかぎ　とぅたん
332アジィラー　うさぎかぎ　とぅたん
333アジィラー　うふぶゆーいぃ　うふざら
334アジィラー　かんぷゆーいぃ　とぅゆちぃきゃ
335アジィラー　にがいかぎ　うふざら
336アジィラー　うさぎかぎ　とぅゆちぃきゃ
337アジィラー　てぃんにゃ　とよちぃかまい
338アジィラー　ういん　とぅゆちぃかまい
339アジィラー　にっじゃ　いきちぃかし
340アジィラー　かなや　とぅゆちぃかし
341アジィラー　かんぴぃとぅ　ゆらまい
342アジィラー　ぬっしぃぴぃとぅ　くくる

＊続いて次の歌がよまれる。奇数節はアブンマ・ヤマトゥンマ、偶数節はそのほかの神役・女性の氏子たちがよむ。

1ウヤキー　ユーナオリャガ　うふぶゆーいぃ　うふざら
2ウヤキー　ユーナオリャガ　かんぷゆーいぃ　とぅゆちぃきゃ
3ウヤキー　ユーナオリャガ　にがいぃかぎ　うぷざら
4ウヤキー　ユーナオリャガ　うさぎかぎ　とぅゆちぃきゃ
5ウヤキー　ユーナオリャガ　てぃんにゃ　とぅゆちぃかまい
6ウヤキー　ユーナオリャガ　ういん　とぅゆちぃかまい
7ウヤキー　ユーナオリャガ　にいっじゃ　いきちぃかし
8ウヤキー　ユーナオリャガ　かなや　とぅゆちぃかし
9ウヤキー　ユーナオリャガ　かんぴぃとぅ　ゆらまい
10ウヤキー　ユーナオリャガ　ぬしぃぴぃとぅ　こころ

歌詞資料二　ヤマトゥンマのピャーシ［夏まつり］

大城元にて、一九九五年七月十日＝夏まつり初日

＊ヤマトゥンマが先唱し、一同が復唱する。第一節目のみ、復唱の形を［　］に示した。

1てぃんだおぬ　やぐみょーいぬ　みよぷぎ
［てぃんだおぬ　やぐみょーいぬ　みよぷぎ］
2にだてぃぬしぃ　やぐみかん　とぅゆみゃよ
3よぼむとぅぬ　よぼにびぬ　うぷかん
4かんま　やふぁ　ぬしぃさ　ぷゆたりるよ

5このところ　このふだみ　びよりいぃ
6ところ　うふ　ふだみ　うふかんどよ
7やふじぃより　やむてぃみょり　うぷかん
8うかまにーいぃ　まかまにーいぃ　うまいよ
9あさいーよん　ゆぶいーよん　まのしぃよ

10きた　ふみょーいぃ　ゔぁーいぃ　ふみょーいぃ
　ふらまい
11むむぱーかきぃ　やしぃざーおきぃ　まのしぃよ
12みちぃうまい　やふぁたりょーいぃ　やのかん
13かん　ふみゃいぃ　うい　ふみゃいぃ　とぅらまい
14かんま　やふぁ　ぬしぃさ　ぷゆたりるよ

＊続けて次の歌がよまれる。ヤマトゥンマが先唱し、一同が復唱する。第一節目のみ、復唱の形を［　］に示した。

1アジィラー　このいびま　びょりいぃ
［アジィラー　このいびま　びょりいぃ］
2アジィラー　このぴぃきぃま　びょりいぃ
3アジィラー　いびま　うぷかんま
4アジィラー　ぴぃきぃま　うぷかんま
5アジィラー　かんま　うぷからまい
6アジィラー　ぴぃきぃま　うぷからまい
7アジィラー　なーぴぃかり　かんま
8アジィラー　うらぴぃかり　かんま
9アジィラー　きゅーびおいぃ　おいや
10アジィラー　きゅーなおいぃ　おいや
11アジィラー　うふむとぅが　おいん
12アジィラー　にむとぅが　おいん
13アジィラー　かんそろい　さまい
14アジィラー　ういそろい　さまい
15アジィラー　ゔぁーぐ　ふむたりょり
16アジィラー　ゔぁーぐ　ぱちぃたりょり
17アジィラー　なーぴぃかり　たうとぅ
18アジィラー　うらぴぃかり　みょーぷぎ
19アジィラー　いびま　だきぃ　まさり
20アジィラー　ぴぃきぃま　だきぃ　まさり
21アジィラー　きゅーびおいぃ　おいぬ
22アジィラー　きゅーなおいぃ　おいぬ
23アジィラー　うふむとぅが　おいん
24アジィラー　にむとぅが　おいん
25アジィラー　かんそろい　さまい
26アジィラー　ういそろい　さまい
27アジィラー　にがいばいむぬや

28アジィラー　うさぎかぎむぬや
29アジィラー　なうぬ　うぬゆいが
30アジィラー　いきゃいきゃぬ　てぃどぅが
31アジィラー　うふぶゆーいぃ　てーっじ
32アジィラー　かんぷゆーいぃ　てーっじ
33アジィラー　にがいぃばい　てーっじ
34アジィラー　うさぎかぎ　てーっじ
35アジィラー　んきゃぬたや　やりば
36アジィラー　にだてぃまま　やりば
37アジィラー　くとぅしぃ　ゆる　とぅしぃぬ
38アジィラー　あきとぅい　としぃぬ
39アジィラー　とぅしぃあきさまじが
40アジィラー　ぱだきさまじが
41アジィラー　うふぶゆーいぃ　ちぃきぃぬ
42アジィラー　かんぷゆーいぃ　ちぃきぃぬ
43アジィラー　にがいぃちぃきぃ　ういぬ
44アジィラー　うさぎちぃきぃ　まいぬ
45アジィラー　いでぃがらまじが
46アジィラー　たちぃからまじが
47アジィラー　うやまがや　ゆるしぃ

48アジィラー　うやばいや　ゆるしぃ
49アジィラー　しぃまぬにや　むちゅり
50アジィラー　ふんぬにや　だきょり
51アジィラー　てぃんがらの　ぴよいぃ
52アジィラー　うふぶゆーいぃ　なおいぃ
53アジィラー　しぃたいどん　くむい
54アジィラー　ゔぁーいどん　しぃらび
55アジィラー　ゆゆん　さまじがよ
56アジィラー　びぃりゅん　さまじがよ
57アジィラー　かんさじぃ　んみや
58アジィラー　ういさじぃ　んみや
59アジィラー　かんちぃから　いじゅり
60アジィラー　ういちぃから　こみゅり
61アジィラー　じぃがぬさん　むちゃい
62アジィラー　ましぃぬさん　だきゃい
63アジィラー　うりさしぃ　むとぅし
64アジィラー　かみさしぃ　むとぅし
65アジィラー　にがいぃ　ふらまがぬ
66アジィラー　うさぎ　むむぱいぬ
67アジィラー　やなみかじぃ　おいん

68アジィラー　きゅーぬみが　まいん
69アジィラー　あっさぎや　とりゅり
70アジィラー　ぴささぎや　とてぃが
71アジィラー　あまてらす　わんな
72アジィラー　あおみかみ　わんな
73アジィラー　んまぬかん　とぅゆみゃどぅ
74アジィラー　やぐみ　うぷかんどぅ
75アジィラー　に??ま　だきぃん
76アジィラー　わーらしぃま　だきぃん
77アジィラー　ゔぁーぐ　ふむ　たりょり
78アジィラー　ゔぁーぐ　ぱちぃ　たりょり
79アジィラー　ばん　たしぃき　とらば
80アジィラー　かん　たしぃき　とぅらば
81アジィラー　じぃがんぱいむとぅし
82アジィラー　ましぃんぱいむとぅし
83アジィラー　くがにじん　ういがみ
84アジィラー　なんざじん　ういがみ
85アジィラー　ゆーつぁー　てーっじ
86アジィラー　ふぃーつぁー　てーっじ
87アジィラー　っしぃてぃ　うきうがみ

88アジィラー　やぱてぃ　うきうがみ
89アジィラー　うがんばい　とりょり
90アジィラー　うがんしぃき　とてぃが
91アジィラー　にぬしぃま　おいぬ
92アジィラー　むとぅぬしぃま　おいぬ
93アジィラー　ふぁーまがぬ　んみや
94アジィラー　むむぱいぬ　んみや
95アジィラー　みゃーくとぅが　なぎん
96アジィラー　くどぅいが　なぎん
97アジィラー　まっゔぁりぬ　ぷさん
98アジィラー　わーらりぬ　ぷさん
99アジィラー　やぐみさや　むちゅり
100アジィラー　うかぎさや　だきょり
101アジィラー　うふぶゆーいぃ　どぅんむ
102アジィラー　かんぷゆーいぃ　どぅんむ
103アジィラー　じぃがんぱいむぬよ
104アジィラー　ましぃんぱいむぬよ
105アジィラー　かみなみぬむぬゆ
106アジィラー　じぃぶなみぬむぬゆ
107アジィラー　やなみかじぃ　おいん

108アジィラー　きゅーぬみが　まいん
109アジィラー　にまらし　とりょり
110アジィラー　ちぃまらし　とてぃが
111アジィラー　きゅーぬ　あさかたや
112アジィラー　ゆーぬ　あきわんな
113アジィラー　かんさじぃ　んみや
114アジィラー　ういさじぃ　んみや
115アジィラー　かんちぃから　いじゅり
116アジィラー　ういちぃから　こみょり
117アジィラー　うふむとぅが　おいぬ
118アジィラー　にむとぅが　おいぬ
119アジィラー　このざしぃきぃ　んてぃきゃ
120アジィラー　このびよき　んてぃきゃ
121アジィラー　むちぃんてぃ　とりょり
122アジィラー　かみゆし　とぅてぃが
123アジィラー　にぬしぃま　おいぬ
124アジィラー　むとぅぬしぃま　おいぬ
125アジィラー　ふぁーまがや　むとぅし
126アジィラー　むむぱいや　むとぅし
127アジィラー　うがんじぃま　ういがみ

128アジィラー　あーじぃま　ういがみ
129アジィラー　しぃまじぃじぃま　ういがみ
130アジィラー　なんぱらが　ういがみ
131アジィラー　まなちぃじぃま　ういがみ
132アジィラー　いでぃむら　ういがみ
133アジィラー　うぷらじぃま　ういがみ
134アジィラー　いでぃむら　ういがみ
135アジィラー　ぴぃさらじぃま　ういがみ
136アジィラー　うやんそに　ういがみ
137アジィラー　あーいじぃま　ういがみ
138アジィラー　わーらじぃま　ういがみ
139アジィラー　いらうじぃま　ういがみ
140アジィラー　よろいじぃま　ういがみ
141アジィラー　いきまじぃま　ういがみ
142アジィラー　つふんむらが　ういがみ
143アジィラー　いでぃぱいぬ　んみや
144アジィラー　なみぱいぬ　んみや
145アジィラー　みゃーくとぅが　なぎん
146アジィラー　くどぅいが　なぎん
147アジィラー　まづぁりぬ　ぷさん

148 アジィラー　わーらりぬ　ぷさん
149 アジィラー　やぐみさや　むちゅり
150 アジィラー　うかぎさや　だきょり
151 アジィラー　ななんみが　ういがら
152 アジィラー　ななしぃくが　ういがら
153 アジィラー　あっさぎや　とりょり
154 アジィラー　ぴささぎや　とーてぃが
155 アジィラー　じぃがんぱいむぬゆ
156 アジィラー　ましぃんぱいむぬゆ
157 アジィラー　くがにじん　ういがみ
158 アジィラー　なんざじん　ういがみ
159 アジィラー　ゆーつぁー　てーっじ
160 アジィラー　っふぃーつぁー　てーっじ
161 アジィラー　ぱいぱいぬむぬよ
162 アジィラー　むてぃむてぃぬむぬよ
163 アジィラー　にまーらし　とぅりょり
164 アジィラー　じぃまーらし　とぅてぃが
165 アジィラー　うふむとぅが　おいぬ
166 アジィラー　にむとぅが　おいぬ
167 アジィラー　くぬざしぃきぃ　んてぃきゃ

168 アジィラー　くぬびよき　んてぃきゃ
169 アジィラー　むちぃんてぃ　とぅりょり
170 アジィラー　かみゆし　とぅてぃが
171 アジィラー　かんさじぃ　んみや
172 アジィラー　ういさじぃ　んみや
173 アジィラー　びきりゃばな　ゆるす
174 アジィラー　さむりゃばな　ゆるす
175 アジィラー　みどぅんばな　ゆるす
176 アジィラー　あんだばな　ゆるす
177 アジィラー　じぃがとぅりゃ　さまい
178 アジィラー　ましぃとぅりゃ　さまい
179 アジィラー　うふぶゆーいぃ　どぅんぬ
180 アジィラー　かんぷゆーいぃ　どぅんぬ
181 アジィラー　かみなみぬむぬゆ
182 アジィラー　じぃぶなみぬむぬゆ
183 アジィラー　かみかじぃが　ういから
184 アジィラー　??かじぃが　まいから
185 アジィラー　っしぃてぃ　うきうがみ
186 アジィラー　やぱてぃ　うきうがみ
187 アジィラー　くぬざしぃきぃ　んてぃきゃ

188 アジィラー　くぬびよき　んてぃきゃ
189 アジィラー　かんでぃかじぃ　おいん
190 アジィラー　ぬしぃでぃかじぃ　まいん
191 アジィラー　しぃきぬまや　にやだ
192 アジィラー　うきぬまや　にやだ
193 アジィラー　しぃきぬかじぃ　たうとぅ
194 アジィラー　うきぬかじぃ　みょーぷぎ
195 アジィラー　うさぎかぎ　とりょり
196 アジィラー　みゃーしぃかぎ　とてぃが
197 アジィラー　あまてらす　わんな
198 アジィラー　あおみかみ　わんな
199 アジィラー　しぃきかじぃが　ういから
200 アジィラー　うきかじぃが　まいから
201 アジィラー　さらかじぃが　ういから
202 アジィラー　???が　まいから
203 アジィラー　うふざらが　ういから
204 アジィラー　とよちぃきゃーが　まいから
205 アジィラー　ぴゃーしぐいがらよ
206 アジィラー　いなうぐいがらよ
207 アジィラー　ういとぅり　まさり

208 アジィラー　ぱちぃとぅり　みゃーがり
209 アジィラー　んまぬかん　おとも
210 アジィラー　やぐみかん　うしゃぎ
211 アジィラー　てぃん　まうさぎゆ
212 アジィラー　ういん　まうさぎゆ
213 アジィラー　うさぎかぎ　とりょり
214 アジィラー　みゃーしぃかぎ　とてぃが
215 アジィラー　ゆいかいどぅんま
216 アジィラー　ぶんかいどぅんま
217 アジィラー　あまてらす　わんな
218 アジィラー　あおみかみ　わんな
219 アジィラー　ばんたしぃき　とぅらば
220 アジィラー　かんたしぃき　とぅらば
221 アジィラー　にぬしぃま　おいや
222 アジィラー　むとぅぬしぃま　おいや
223 アジィラー　しぃまみしぃら　むとぅし
224 アジィラー　むらみしぃら　むとぅし
225 アジィラー　しぃまみしぃら　ふぃゆば
226 アジィラー　むらみしぃら　ふぃゆば
227 アジィラー　しぃまみしぃら　いじゅり

228アジィラー　むらみしぃら　ぱより
229アジィラー　にぬしぃま　おいぬ
230アジィラー　むとぅぬしぃま　おいぬ
231アジィラー　ふぁーまがぬ　んみや
232アジィラー　むむぱいぬ　んみや
233アジィラー　どぅどぅ　むとぅやりば
234アジィラー　くるどぅ　むとぅやりば
235アジィラー　うりざしぃ　むとぅし
236アジィラー　かみざしぃ　むとぅし
237アジィラー　にがい　ふらまがぬ
238アジィラー　うさぎ　むむぱいぬ
239アジィラー　たるたる　にやだ
240アジィラー　いじいじゃ　にやだ
241アジィラー　どぅどぅゆふ　ふぃゆば
242アジィラー　くるどぅゆふ　ふぃゆば
243アジィラー　どぅどぅゆふ　いじゅり
244アジィラー　くるどぅゆふ　ぱより
245アジィラー　うふゆばい　ふぃゆば
246アジィラー　てぃだゆんてぃ　ふぃゆば
247アジィラー　うふゆばい　いじゅり

248アジィラー　てぃだゆんてぃ　ぱより
249アジィラー　とぅしぃなみぬ　にがいぃ
250アジィラー　ぱだなみぬ　うさぎ
251アジィラー　にがいぃぐとぅ　うぃや
252アジィラー　うさぎぐとぅ　まいや
253アジィラー　じぃがさがいざ　にやだ
254アジィラー　まっさがいざ　にやだ
255アジィラー　うさぎかぎ　とりょり
256アジィラー　みゃーしぃかぎ　とてぃが
257アジィラー　みやこ　かたぱらぬ
258アジィラー　みやこ　よんそにぬ
259アジィラー　しぃまぬ　ゔぁーてぃ　とぅゆみ
260アジィラー　むらぬ　ゔぁーてぃ　みゃーがり
261アジィラー　にぬしぃま　おいぬ
262アジィラー　むとぅぬしぃま　おいぬ
263アジィラー　やまとぅゆー　やりば
264アジィラー　うぃかゆー　やりば
265アジィラー　やまとぅゆん　ぱより
266アジィラー　うぃかゆん　ぱより
267アジィラー　おきぃなじぃま　むとぅし

268 アジィラー　かよいじぃま　むとぅし
269 アジィラー　やまとぅぐに　ういがみ
270 アジィラー　???ぐに　ういがみ
271 アジィラー　くがにじん　ういゆば
272 アジィラー　なんざじん　ういゆば
273 アジィラー　???ざふ　とぅてぃが
274 アジィラー　ざしぃきざふ　とぅてぃが
275 アジィラー　あまてらす　わんな
276 アジィラー　あおみかみ　わんな
277 アジィラー　んまぬかん　とぅゆみゃどぅ
278 アジィラー　やぐみ　うぷかんどぅ
279 アジィラー　?しぃま　だきぃん
280 アジィラー　ならびま　だきぃん
281 アジィラー　ゔぁーぐ　ふむ　たりょり
282 アジィラー　ゔぁーぐ　ぱちぃ　たりょり
283 アジィラー　ばんたしぃき　とぅらば
284 アジィラー　かんたしぃき　とぅらば
285 アジィラー　つふぁーまがぬ　んみや
286 アジィラー　むむぱいぬ　んみや
287 アジィラー　くがにじん　ういがみ

288 アジィラー　なんざじん　ういがみ
289 アジィラー　???ざふ　とぅてぃが
290 アジィラー　???ざふ　とぅてぃが
291 アジィラー　???ぐとぅ　おいん
292 アジィラー　まーりぐとぅ　おいん
293 アジィラー　???ぐとぅ　おいん
294 アジィラー　びぃんぐとぅ　おいん
295 アジィラー　にぬしぃま　おいぬ
296 アジィラー　むとぅぬしぃま　おいぬ
297 アジィラー　やなみかじぃ　おいん
298 アジィラー　きゅーぬみが　まいん
299 アジィラー　っしぃてぃうき　とぅりょり
300 アジィラー　やぱてぃうき　とぅりょり
301 アジィラー　とぅしぃなみぬ　かじぃん
302 アジィラー　ぱだなみぬ　かじぃん
303 アジィラー　ゆーいぃぶいぃざ　ふぃゆば
304 アジィラー　しゅーぎぶいぃざ　ふぃゆば
305 アジィラー　ゆーいぃぶいぃざ　とぅよみ
306 アジィラー　しゅーぎぶいぃざ　みゃーがり
307 アジィラー　にぬしぃま　おいぬ

308 アジィラー　むとぅぬしぃま　おぃぬ
309 アジィラー　ふぁーまがぬ　んみや
310 アジィラー　むむぱいぬ　んみや
311 アジィラー　みゃくとぅが　なぎん
312 アジィラー　くどぅいが　なぎん
313 アジィラー　まづぁりぬ　ぷさん
314 アジィラー　わーらりぬ　ぷさん
315 アジィラー　やぐみさや　むちゅり
316 アジィラー　うかぎさや　だきょり
317 アジィラー　あまてらす　わんな
318 アジィラー　あおみかみ　わんな
319 アジィラー　んまぬかん　とぅゆみゃお
320 アジィラー　やぐみ　うぷかんむ
321 アジィラー　ゆむとぅぬ　かんむ
322 アジィラー　ゆにびぬ　かんむ
323 アジィラー　かんでぃかじぃ　うぃゆ
324 アジィラー　ぬしぃでぃかじぃ　まいゆ
325 アジィラー　かんなーぎ　とよみ
326 アジィラー　うぃんなーぎ　みゃーがり
327 アジィラー　あまてらす　わんな

328 アジィラー　あおみかみ　わんな
329 アジィラー　んまぬかん　みょーぷぎ
330 アジィラー　やぐみかん　みょーぷぎ
331 アジィラー　ゆらさまいぃ　みょーぷぎ
332 アジィラー　ぷがさまいぃ　みょーぷぎ
333 アジィラー　うふむとぅが　おぃん
334 アジィラー　にむとぅが　おぃん
335 アジィラー　んまぬかん　とうゆみゃどぅ
336 アジィラー　やぐみ　うぷかんどぅ
337 アジィラー　うぃかぬしぃ　かんぬ
338 アジィラー　くらぃぬしぃ　かんぬ
339 アジィラー　うりざしぃ　とぅんどぅ
340 アジィラー　かみざしぃ　とぅんどぅ
341 アジィラー　かんでぃかじぃ　うぃどぅ
342 アジィラー　ぬしぃでぃかじぃ　まいどぅ
343 アジィラー　ざしぃきばい　とりょり
344 アジィラー　びゆぎばい　ぱより
345 アジィラー　うふぶゆーいぃ　どぅんぬ
346 アジィラー　かんぷゆーいぃ　どぅんぬ
347 アジィラー　にがいぃかぎむぬゆ

348 アジィラー　うさぎかぎむぬゆ
349 アジィラー　うふざらが　ういから
350 アジィラー　とよちぃきゃーが　まいから
351 アジィラー　ぴゃーしぐいどぅんむ
352 アジィラー　いなうぐいどぅんむ
353 アジィラー　おともゆん　とぅたん
354 アジィラー　おちぃきゆん　とぅたん
355 アジィラー　うふぶゆーいぃ　うふざら
356 アジィラー　かんぷゆーいぃ　とぅゆちぃきゃ
357 アジィラー　にがいぃかぎ　うふざら
358 アジィラー　うさぎかぎ　とぅゆちぃきゃ
359 アジィラー　てぃんにゃ　とよちぃかまい
360 アジィラー　ういん　とぅゆちぃかまい
361 アジィラー　にっじゃ　いきちぃかし
362 アジィラー　かなや　とぅゆちぃかし
363 アジィラー　かんぴぃとぅ　ゆらまい
364 アジィラー　ぬっしぃぴぃとぅ　くくる

＊続いて次の歌がよまれる。奇数節はアブンマ・ヤマトゥンマ、偶数節はそのほかの神役・女性ファーマーたちがよむ。

1 ウヤキー　ユーナオリャガ　うふぶゆーいぃ　うふざら
2 ウヤキー　ユーナオリャガ　かんぷゆーいぃ　とぅゆちぃきゃ
3 ウヤキー　ユーナオリャガ　にがいぃかぎ　うぷざら
4 ウヤキー　ユーナオリャガ　うさぎかぎ　とぅゆちぃきゃ
5 ウヤキー　ユーナオリャガ　てぃんにゃ　とぅゆちぃかまい
6 ウヤキー　ユーナオリャガ　ういん　とぅゆちぃかまい
7 ウヤキー　ユーナオリャガ　にいっじゃ　いきちぃかし

8ウヤキー　ユーナオリャガ　かなや　とぅゆちぃかし
9ウヤキー　ユーナオリャガ　かんぴぃとぅ　ゆらまい
10ウヤキー　ユーナオリャガ　ぬしぃぴぃとぅ　こころ

歌詞資料三　アブンマのタービ〈根口声〉［夏まつり］　大城元にて、一九九五年七月十日＝夏まつり初日

＊アブンマの独唱。［　］内は録音不良のため、『大成』により補った部分。

1ア　てぃんだおぬ　みゅーぷぎヤ
2ア　やぐみょーいぬ　みょーぷぎヤ
3ア　あさてぃだぬ　みょーぷぎヤ
4ア　うやてぃだぬ　みょーぷぎヤ
5ア　ゆーちぃきぃぬ　みょーぷぎヤ
6ア　ゆーてぃだぬ　みょーぷぎヤ
7ア　にだてぃぬしぃ　わんなヤ
8ア　やぐみ　うぷかんまヤ
9ア　ゆぶむとぅぬ　かんまヤ
10ア　ゆーにびぬ　うぷかんまヤ
11ア　かんま　やぱたりるヤ
12ア　ぬっさ　ぷゆたりるヤ
13ア　このところ　びょりるヤ
14ア　このふだみ　びょりるヤ
15ア　とぅくる　うぷかんまヤ
16ア　ふだみ　うぷかんまヤ
17ア　やふじぃみょり　かんまヤ
18ア　やみゅてぃみょり　うぷかんまヤ
19ア　うかまみぃぃ　うまいヤ
20ア　まかまみぃぃ　うまいヤ
21ア　あさいゆん　まぬしぃヤ
22ア　ゆぶいゆん　まぬしぃヤ
23ア　きた　ふみゃいぃ　かんまヤ
24ア　ばいぃ　ふみゃいぃ　やのかんまヤ

25ア　うしぃいぃ　ぬいぃ　びょりるヤ
26ア　んみが　ぬいぃ　[びょりるヤ
27ア　むむぱーきぃ　まぬしぃや
28ア　やしぃざーうきぃ]　まぬしぃヤ
29ア　いっちぃーまい　かんまヤ
30ア　なーたりょーいぃ　やぬかんまヤ
31ア　かん　ふみゃい　とぅらまいヤ
32ア　うい　ふみゃい　とぅらまいヤ
33ア　かんま　やふぁたりるヤ
34ア　ぬっさ　ぷゆたりるヤ

歌詞資料四　アブンマのタービ〈ヤーキャー声〉[夏まつり]　大城元にて、一九九五年七月十日＝夏まつり初日

＊〈根口声〉[歌詞資料三] に続けてよまれる。アブンマの独唱。

フーシー　フーシー
1アー　てぃんだおの　みゅーぷぎ　ヤーキャー
2アー　やぐみおいぬ　みゅーぷぎ　ヤーキャー
3アー　あさてぃだぬ　みゅーぷぎ　ヤーキャー
4アー　うやてぃだぬ　みゅーぷぎ　ヤーキャー
5アー　ゆーちぃきぃぬ　みゅーぷぎ　ヤーキャー
6アー　ゆーてぃだぬ　みゅーぷぎ　ヤーキャー
7アー　にだてぃぬしぃ　わんな　ヤーキャー
8アー　やぐみ　うぷかんま　ヤーキャー
9アー　ゆーむとぅぬ　かんみょ　ヤーキャー
10アー　ゆーにびぬ　かんみょ　ヤーキャー
11アー　かんま　やぱたりる　ヤーキャー
12アー　ぬっさ　ぷゆたりる　ヤーキャー
13アー　んまぬかん　わんな　ヤーキャー
14アー　やぐみ　うぷかんま　ヤーキャー
15アー　いっちゅ　あらけんな　ヤーキャー
16アー　いっちゅ　ぱずみんな　ヤーキャー
17アー　ばんが　てぃんにゃ　ういん　ヤーキャー
18アー　ゆぬ　てぃんにゃ　ういん　ヤーキャー
19アー　はーる　かつぁ　なかん　ヤーキャー

20アー　まーる　かつぁなかん　ヤーキャー
21アー　やぱだりる　かんむ　ヤーキャー
22アー　みゃーこしゅいぃ　かんむ　ヤーキャー
23アー　あさてぃだがらよ　ヤーキャー
24アー　うやてぃだがらよ　ヤーキャー
25アー　なかじまん　うりてぃ　ヤーキャー
26アー　なかだらん　うりてぃ　ヤーキャー
27アー　ふぁーまがん　あたり　ヤーキャー
28アー　むむぱいん　あたり　ヤーキャー
29アー　うふゆん　あたり　ヤーキャー
30アー　てぃだゆん　あたり　ヤーキャー
31アー　みょーにん　あたり　ヤーキャー
32アー　いちぃぐん　あたり　ヤーキャー
33アー　あたらしゅいぃ　わんな　ヤーキャー
34アー　みちぃきしゅいぃ　わんな　ヤーキャー
35アー　きゅーびおい　おいや　ヤーキャー
36アー　きゅーなおいぃ　おいや　ヤーキャー
37アー　ばむとぅが　おいん　ヤーキャー
38アー　うぷむとぅが　おいん　ヤーキャー
39アー　かんでぃかず　おいん　ヤーキャー

40アー　ぬしぃてぃかず　まいん　ヤーキャー
41アー　ざしぃきばい　とぅりゅり　ヤーキャー
42アー　びゅーぎばい　ぱゆり　ヤーキャー
43アー　ばにふつ　おこい　ヤーキャー
44アー　かんむだま　まこい　ヤーキャー
45アー　たーびふつ　おこい　ヤーキャー
46アー　びゅーぎふつ　まこい　ヤーキャー
47アー　ゆみがり　とぅゆま　ヤーキャー
48アー　いじみがり　みゃーがら　ヤーキャー
49アー　きゅーびおいぃ　おいや　ヤーキャー
50アー　きゅーなおいぃ　おいや　ヤーキャー
51アー　ばむとぅが　おいん　ヤーキャー
52アー　うぷむとぅが　おいん　ヤーキャー
53アー　かんそろい　さまい　ヤーキャー
54アー　ういそろい　さまい　ヤーキャー
55アー　にがいばいむぬよ　ヤーキャー
56アー　うさぎかぎむぬよ　ヤーキャー
57アー　なおぬ　うぬゆいが　ヤーキャー
58アー　いきゃいきゃぬ　てぃどぅが　ヤーキャー
59アー　うふぶゆいぃ　てーっじ　ヤーキャー

60アー　かんぷゆいぃ　てーっじ　ヤーキャー
61アー　にがいばい　てーっじ　ヤーキャー
62アー　うさぎかぎ　てーっじ　ヤーキャー
63アー　んきゃぬたや　やりば　ヤーキャー
64アー　にだてぃまま　やりば　ヤーキャー
65アー　くとぅしぃ　ゆる　とぅしぃぬ　ヤーキャー
66アー　あきとぅいぃ　とぅしぃぬ　ヤーキャー
67アー　とぅしぃ　あきさまじが　ヤーキャー
68アー　ぱだきさまじが　ヤーキャー
69アー　うふぶゆーいぃ　とぅしぃぬ　ヤーキャー
70アー　かんぷゆーいぃ　とぅしぃぬ　ヤーキャー
71アー　にがいちぃきぃ　ういぬ　ヤーキャー
72アー　うさぎちぃきぃ　まいぬ　ヤーキャー
73アー　いでぃからまじが　ヤーキャー
74アー　たちぃからまじが　ヤーキャー
75アー　うやまがや　ゆるしぃ　ヤーキャー
76アー　うやばいや　ゆるしぃ　ヤーキャー
77アー　しぃまぬにーや　むちゅり　ヤーキャー
78アー　ふんぬにーや　だきょり　ヤーキャー
79アー　てぃんがらの　ぴゆいぃ　ヤーキャー

80アー　うふぶゆいぃ　なおいぃ　ヤーキャー
81アー　しぃたいどん　くむい　ヤーキャー
82アー　ゔぁーいどん　しぃらび　ヤーキャー
83アー　ゆゆん　さまじがよ　ヤーキャー
84アー　びぃりゅん　さまじがよ　ヤーキャー
85アー　かんさじぃ　んみぬ　ヤーキャー
86アー　ういさじぃ　んみぬ　ヤーキャー
87アー　かんちぃから　いじゅり　ヤーキャー
88アー　ういちぃから　こみゅり　ヤーキャー
89アー　じぃがぬさん　むちゃい　ヤーキャー
90アー　ましぃぬさん　だきゃい　ヤーキャー
91アー　うりさしぃ　むとぅし　ヤーキャー
92アー　かみさしぃ　むとぅし　ヤーキャー
93アー　にがい　ふらまがぬ　ヤーキャー
94アー　うさぎ　むむぱいぬ　ヤーキャー
95アー　やなみかじぃ　おいん　ヤーキャー
96アー　きゅーなみが　まいん　ヤーキャー
97アー　あっさぎや　とりゅり　ヤーキャー
98アー　ぴささぎや　とてぃが　ヤーキャー
99アー　んまぬかん　わんな　ヤーキャー

100アー　やぐみ　うぷかんま　ヤーキャー
101アー　ゔぁーぐ　ふむ　たりょり　ヤーキャー
102アー　ゔぁーぐ　ぱちぃ　たりょり　ヤーキャー
103アー　ばんたしぃき　とらば　ヤーキャー
104アー　かんたしぃき　とらば　ヤーキャー
105アー　ば　うぷゆどぅんむ　ヤーキャー
106アー　かん　うぷゆどぅんむ　ヤーキャー
107アー　じぃがんぱい　むとぅし　ヤーキャー
108アー　ましぃんぱい　むとぅし　ヤーキャー
109アー　くがにじん　ういがみ　ヤーキャー
110アー　なんざじん　ういがみ　ヤーキャー
111アー　ゆーつぁー　てーっじ　ヤーキャー
112アー　ふぃーつぁー　てーっじ　ヤーキャー
113アー　っしぃてぃ　うきうがみ　ヤーキャー
114アー　やぱてぃ　うきうがみ　ヤーキャー
115アー　うがんばい　とりょり　ヤーキャー
116アー　うがんしぃき　とてぃが　ヤーキャー
117アー　にーぬしぃま　おいぬ　ヤーキャー
118アー　むとぅぬしぃま　おいぬ　ヤーキャー
119アー　ふぁーまがぬ　んみぬ　ヤーキャー

120アー　むむぱいぬ　んみぬ　ヤーキャー
121アー　みゃーくとぅが　なぎん　ヤーキャー
122アー　くどぅいが　なぎん　ヤーキャー
123アー　まっゔぁりぬ　ぷさん　ヤーキャー
124アー　わーらりぬ　ぷさん　ヤーキャー
125アー　やぐみさや　むちゅり　ヤーキャー
126アー　うかぎさや　だきょり　ヤーキャー
127アー　うふぶゆーいぃ　どぅんむ　ヤーキャー
128アー　かんぷゆーいぃ　どぅんむ　ヤーキャー
129アー　じぃがんぱいむぬよ　ヤーキャー
130アー　ましぃんぱいむぬよ　ヤーキャー
131アー　かみなみぬむぬよ　ヤーキャー
132アー　じぃぶなみぬむぬよ　ヤーキャー
133アー　やなみかじぃ　おいん　ヤーキャー
134アー　きゅーなみが　まいん　ヤーキャー
135アー　にまらし　とりょり　ヤーキャー
136アー　ちぃまらし　とてぃが　ヤーキャー
137アー　きゅーぬ　あさかたや　ヤーキャー
138アー　ゆーぬ　あきわんな　ヤーキャー
139アー　かんさじぃ　んみぬ　ヤーキャー

140アー　ういさじぃ　んみぬ　ヤーキャー
141アー　かんちぃから　いじゅり　ヤーキャー
142アー　ういちぃから　こみゅり　ヤーキャー
143アー　うふぶゆーいぃ　どぅんむ　ヤーキャー
144アー　かんぷゆーいぃ　どぅんむ　ヤーキャー
145アー　かみなみぬものゆ　ヤーキャー
146アー　じぃぶなみぬむぬゆ　ヤーキャー
147アー　ばむとぅが　おいん　ヤーキャー
148アー　うぷむとぅが　おいん　ヤーキャー
149アー　このざしぃきぃ　んてぃきゃ　ヤーキャー
150アー　このびよき　んてぃきゃ　ヤーキャー
151アー　かんさじぃ　んみぬ　ヤーキャー
152アー　ういさじぃ　んみぬ　ヤーキャー
153アー　びきりゃばな　ゆるす　ヤーキャー
154アー　さむりゃばな　ゆるす　ヤーキャー
155アー　みどぅんばな　ゆるす　ヤーキャー
156アー　あんだばな　ゆるす　ヤーキャー
157アー　うふぶゆーいぃ　どぅんむ　ヤーキャー
158アー　かんぷゆーいぃ　どぅんむ　ヤーキャー
159アー　かみなみぬむぬゆ　ヤーキャー

160アー　じぃぶなみぬむぬゆ　ヤーキャー
161アー　かみかじぃが　ういから　ヤーキャー
162アー　じぃぶかじぃが　まいから　ヤーキャー
163アー　っしぃてぃ　うきうがみ　ヤーキャー
164アー　やぱてぃ　うきうがみ　ヤーキャー
165アー　くぬざしぃきぃ　んてぃきゃ　ヤーキャー
166アー　くぬびよき　んてぃきゃ　ヤーキャー
167アー　かんでぃかじぃ　おいん　ヤーキャー
168アー　ぬしぃでぃかじぃ　まいん　ヤーキャー
169アー　しぃきぬまや　にやだ　ヤーキャー
170アー　うきぬまや　にやだ　ヤーキャー
171アー　しぃきぬかじぃ　たうとぅ　ヤーキャー
172アー　うきぬかじぃ　みょーぷぎ　ヤーキャー
173アー　うさぎかぎ　とりょり　ヤーキャー
174アー　みゃーしぃかぎ　とてぃが　ヤーキャー
175アー　んまぬかん　わんな　ヤーキャー
176アー　やぐみ　うぷかんま　ヤーキャー
177アー　しぃきかじぃが　ういから　ヤーキャー
178アー　うきかじぃが　まいから　ヤーキャー
179アー　さらかじぃが　ういから　ヤーキャー

180アー　さーふつが　まいから　ヤーキャー
181アー　たーびふつ　ういから　ヤーキャー
182アー　びゅーぎふつ　まいから　ヤーキャー
183アー　ななちぃじぃが　ういから　ヤーキャー
184アー　ななふさが　ういから　ヤーキャー
185アー　ういとぅり　まさり　ヤーキャー
186アー　ぱちぃとぅり　みゃーがり　ヤーキャー
187アー　てぃんまう　うさぎゅ　ヤーキャー
188アー　ういんまう　うさぎゅ　ヤーキャー
189アー　うさぎかぎ　とりょり　ヤーキャー
190アー　みゃーしぃかぎ　とてぃが　ヤーキャー
191アー　ゆいかいどぅんま　ヤーキャー
192アー　ぶんかいどぅんま　ヤーキャー
193アー　んまぬかん　わんな　ヤーキャー
194アー　やぐみ　うぷかんま　ヤーキャー
195アー　ばんたしぃき　とぅらば　ヤーキャー
196アー　かんたしぃき　とぅらば　ヤーキャー
197アー　にぬしぃま　おいや　ヤーキャー
198アー　むとぅぬしぃま　おいや　ヤーキャー
199アー　しぃまみしぃら　むとぅどぅ　ヤーキャー

200アー　むらみしぃら　むとぅどぅ　ヤーキャー
201アー　しぃまみしぃら　ふぃゆば　ヤーキャー
202アー　むらみしぃら　ふぃゆば　ヤーキャー
203アー　しぃまみしぃら　いじゅり　ヤーキャー
204アー　むらみしぃら　ぱゆり　ヤーキャー
205アー　にぬしぃま　おいぬ　ヤーキャー
206アー　むとぅぬしぃま　おいぬ　ヤーキャー
207アー　ふぁーまがぬ　んみぬ　ヤーキャー
208アー　むむぱいぬ　んみぬ　ヤーキャー
209アー　みゃーくとぅが　なぎん　ヤーキャー
210アー　くどぅいが　なぎん　ヤーキャー
211アー　どぅどぅ　むとぅやりば　ヤーキャー
212アー　くるどぅ　むとぅやりば　ヤーキャー
213アー　うりさしぃ　むとぅし　ヤーキャー
214アー　かみさしぃ　むとぅし　ヤーキャー
215アー　しぃまぬにや　むとぅし　ヤーキャー
216アー　ふんぬにや　むとぅし　ヤーキャー
217アー　しぃしぃぽーざ　むとぅし　ヤーキャー
218アー　かぎぽーざ　むとぅし　ヤーキャー
219アー　さしぃとぅりゃ　むとぅし　ヤーキャー

220アー　にゅーとぅりゃ　むとぅし　ヤーキャー
221アー　じぃがとぅりゃ　むとぅし　ヤーキャー
222アー　ましぃとぅりゃ　むとぅし　ヤーキャー
223アー　かんさじぃ　むとぅし　ヤーキャー
224アー　ういさしぃ　むとぅし　ヤーキャー
225アー　かんでぃかじぃ　むとぅし　ヤーキャー
226アー　ぬしぃてぃかじぃ　むとぅし　ヤーキャー
227アー　にがい　ふらまがぬ　ヤーキャー
228アー　うさぎ　むむぱいぬ　ヤーキャー
229アー　たるたる　にやだ　ヤーキャー
230アー　いじゃいじゃ　にやだ　ヤーキャー
231アー　どぅどぅゆふ　ふぃゆば　ヤーキャー
232アー　くるどぅゆふ　ふぃゆば　ヤーキャー
233アー　どぅどぅゆふ　いじゅり　ヤーキャー
234アー　くるどぅゆふ　ぱより　ヤーキャー
235アー　うふゆぶい　ふぃゆば　ヤーキャー
236アー　てぃだゆんてぃ　ふぃゆば　ヤーキャー
237アー　うふゆぶい　いじゅり　ヤーキャー
238アー　てぃだゆんてぃ　ぱより　ヤーキャー
239アー　ばー　うぷゆどぅんむ　ヤーキャー

240アー　かん　うぷゆどぅんむ　ヤーキャー
241アー　しぃざだに　むとぅし　ヤーキャー
242アー　ぱちぃだに　むとぅし　ヤーキャー
243アー　うふぶゆーざ　むとぅし　ヤーキャー
244アー　だりぶーざ　むとぅし　ヤーキャー
245アー　とーぬきぃんがみよ　ヤーキャー
246アー　うちゃぬきぃんがみよ　ヤーキャー
247アー　じぃなみどぅんま　ヤーキャー
248アー　うらしぃなみどぅんま　ヤーキャー
249アー　あやみにゃーだ　ふぃゆば　ヤーキャー
250アー　ぶいみにゃーだ　ふぃゆば　ヤーキャー
251アー　んじぃういぬぐまた　ヤーキャー
252アー　にゃーんたぬぐまた　ヤーキャー
253アー　つしぃぐみが　ういがみ　ヤーキャー
254アー　まーぐみが　ういがみ　ヤーキャー
255アー　あかんどぅ　むとぅどぅ　ヤーキャー
256アー　まぱだんどぅ　むとぅどぅ　ヤーキャー
257アー　ななしぃなぬ　うふゆ　ヤーキャー
258アー　ななむてぃぬ　てぃだゆ　ヤーキャー
259アー　ゆしぃなぬ　ういから　ヤーキャー

260アー　ふぃしぃなぬ　まいから　ヤーキャー
261アー　ゆがさん　ふぃゆば　ヤーキャー
262アー　ふぃがさん　ふぃゆば　ヤーキャー
263アー　ゆがさん　いじゅり　ヤーキャー
264アー　ふぃがさん　ぱより　ヤーキャー
265アト　とぅしぃなみぬ　にがいぃ　ヤーキャー
266アー　ぱだなみぬ　うさぎゅ　ヤーキャー
267アー　にがいぐとぅ　ういゆ　ヤーキャー
268アー　うさぎぐとぅ　まいゆ　ヤーキャー
269アー　じぃがさがいぃざ　にーやだ　ヤーキャー
270アー　まっさがいぃざ　にーやだ　ヤーキャー
271アー　うさぎかぎ　とりょり　ヤーキャー
272アー　みゃーしぃかぎ　とてぃが　ヤーキャー
273アー　みゃーこ　かたぱらぬ　ヤーキャー
274アー　みゃーこ　よんそにぬ　ヤーキャー
275アー　しぃまぬ　ヴぁーてぃ　とぅゆみ　ヤーキャー
276アー　むらぬ　ヴぁーてぃ　みゃーがり　ヤーキャー
277アー　にぬしぃま　おいぬ　ヤーキャー
278アー　むとぅぬしぃま　おいぬ　ヤーキャー
279アー　つふぁーまがぬ　んみぬ　ヤーキャー

280アー　むむぱいぬ　んみぬ　ヤーキャー
281アー　みゃくとぅが　なぎん　ヤーキャー
282アー　くどぅいが　なぎん　ヤーキャー
283アー　んまぬかん　わんぬ　ヤーキャー
284アー　やぐみ　うぷかんむ　ヤーキャー
285アー　ゆむとぅぬ　かんむ　ヤーキャー
286アー　ゆにびぬ　かんむ　ヤーキャー
287アー　かんでぃかじぃ　ういゆ　ヤーキャー
288アー　ぬしぃてぃかじぃ　まいゆ　ヤーキャー
289アー　かんなーぎ　とぅよみ　ヤーキャー
290アー　ういんなーぎ　みゃーがり　ヤーキャー
291アー　きゅーびおいぃ　おいや　ヤーキャー
292アー　きゅーなおいぃ　おいや　ヤーキャー
293アー　んまぬかん　わんな　ヤーキャー
294アー　やぐみ　うぷかんま　ヤーキャー
295アー　ばむとぅが　おいん　ヤーキャー
296アー　うふむとぅが　おいん　ヤーキャー
297アー　かんでぃかじぃ　おいん　ヤーキャー
298アー　ぬしぃてぃかじぃ　まいん　ヤーキャー
299アー　ざしぃきばい　とりょり　ヤーキャー

300アー　びゆぎばい　ぱより　ヤーキャー
301アー　ばにふつ　おこい　ヤーキャー
302アー　かんむだま　まこい　ヤーキャー
303アー　たーびふつ　おこい　ヤーキャー
304アー　びゅーぎふつ　まこい　ヤーキャー
305アー　ゆみがり　とぅたん　ヤーキャー
306アー　いじみがり　ゆたん　ヤーキャー
307アー　んきゃぬたや　とぅたん　ヤーキャー
308アー　にだてぃまま　ゆたん　ヤーキャー
フーシーフーシー

歌詞資料五　アブンマのタービ〈山のふしらいぃ〉［夏まつり］　大城元にて、一九九五年七月十日＝夏まつり初日

＊アブンマによる独唱。［歌詞資料四］に続けてよまれる。

1やまぬ　ふしらいぃざ　キョ
ふらぬ　うぱらじぃざ　キョ
2ふらがんどぅ　やりば　キョ
またがんどぅ　やりば　キョ
3んまぬかん　みょぷぎ　キョ
やぐみかん　みょぷぎ　キョ
4ゆらさまいぃ　みょぷぎ　キョ
　ぷがさまいぃ　みょぷぎ　キョ
5ばが　にふちぃ　おこい　キョ
かんむだま　まこい　キョ
6たかびふちぃ　おこい　キョ
びゆぎふちぃ　まこい　キョ
7うとぅむゆん　とぅゆま　キョ
うちぃきゆん　みゃーがら　キョ
フーシーフーシー
8アー　やまぬ　ふしらいぃざ　ヤーキャーゲー

9アー　ふぁぬ　うぱらじぃざ　ヤーキャーゲー
10アー　いっちゅ　あらけんな　ヤーキャーゲー
11アー　いっちゅ　ぱずみんな　ヤーキャーゲー
12アー　まいにゃうふや　まんざん　ヤーキャーゲー
13アー　あらうりが　まきゃどぅん　ヤーキャーゲー
14アー　やーがまお　たてょり　ヤーキャーゲー
15アー　いさぐやーや　たてょり　ヤーキャーゲー
16アー　うぷぐふむとぅぬ　ヤーキャーゲー
17アー　さとぅんなかむとぅぬ　ヤーキャーゲー
18アー　なぎん　うきとりょり　ヤーキャーゲー
19アー　ちぃまん　うきとりょり　ヤーキャーゲー
20アー　てぃらぬぷじぃとぅゆみゃう　ヤーキャーゲー
21アー　ういなっづぁまのしぃ　ヤーキャーゲー
22アー　おーやらびがまぬ　ヤーキャーゲー
23アー　おぶしぃながまぬ　ヤーキャーゲー
24アー　ちぃきぃぬみちぃきぃ　ないぃきゃ
ヤーキャーゲー
25アー　てぃらももか　んてぃきゃ　ヤーキャーゲー
26アー　やらぎがに　やまう　ヤーキャーゲー
27アー　しぃるぎがに　やまう　ヤーキャーゲー

28アー　やまぬ　ふしらいぃざ　ヤーキャーゲー
29アー　ふぁぬ　うぱらじぃざ　ヤーキャーゲー
30アー　ばん　やらばだらどぅ　ヤーキャーゲー
31アー　さしぃば　やらばだどぅ　ヤーキャーゲー
32アー　ぶりゃぎどぅいぃ　とりょり　ヤーキャーゲー
33アー　しぃるぎどぅいぃ　とりょり　ヤーキャーゲー
34アー　やらぎがに　やまう　ヤーキャーゲー
35アー　しぃるぎがに　やまう　ヤーキャーゲー
36アー　ただぬ　ぴぃとぅとぅきぃん　ヤーキャーゲー
37アー　ただの　かたときぃん　ヤーキャーゲー
38アー　なぎゃぎでぃがらよ　ヤーキャーゲー
39アー　しぃりゃーぎでぃがらよ　ヤーキャーゲー
40アー　やまぬ　ふしらいぃざ　ヤーキャーゲー
41アー　ふぁぬ　うぱらじぃざ　ヤーキャーゲー
42アー　てぃんぬまま　あらだ　ヤーキャーゲー
43アー　ういぬまま　あらだ　ヤーキャーゲー
44アー　うぷにきし　とぅてぃが　ヤーキャーゲー
45アー　まーにきし　とぅてぃが　ヤーキャーゲー
46アー　ふんむいぃが　やまう　ヤーキャーゲー
47アー　んなだぎが　やまう　ヤーキャーゲー

48アー　かにゃーうぷちぃかさ　とぅゆみゃどぅ
ヤーキャーゲー
49アー　とよんうぷちぃかさどぅ　ヤーキャーゲー
50アー　ざしぃきぃばい　とぅりゅり　ヤーキャーゲー
51アー　びゅーぎばい　ぱゆり　ヤーキャーゲー
52アー　にぬしぃま　おいぬ　ヤーキャーゲー
53アー　むとぅぬしぃま　おいぬ　ヤーキャーゲー
54アー　ふぁーまがぬ　んみん　ヤーキャーゲー
55アー　むむぱいぬ　んみん　ヤーキャーゲー
56アー　うふなっつぁ　さだみ　ヤーキャーゲー
57アー　まーみっつぁ　さだみ　ヤーキャーゲー
58アー　んぎゃいぃが　ういぬ　ヤーキャーゲー
59アー　からいぃが　ういぬ　ヤーキャーゲー
60アー　うぷぐふむとぅぬ　ヤーキャーゲー
61アー　さとぅんなかむとぅぬ　ヤーキャーゲー
62アー　にがいぐとぅ　ういゆ　ヤーキャーゲー
63アー　うさぎぐとぅ　まいゆ　ヤーキャーゲー
64アー　んまぬかん　とぅゆみゃどぅ　ヤーキャーゲー
65アー　やぐみ　うぷがんどぅ　ヤーキャーゲー
66アー　ざしぃきぃばい　とぅりゅり　ヤーキャーゲー

67アー　びゅーぎばい　ぱゆり　ヤーキャーゲー
68アー　ういとぅり　まさり　ヤーキャーゲー
69アー　ぱちぃとぅり　みゃーがり　ヤーキャーゲー
70アー　てぃんまう　うさぎゅ　ヤーキャーゲー
71アー　ういんまう　うさぎゅ　ヤーキャーゲー
72アー　うさぎかぎ　とぅりゅり　ヤーキャーゲー
73アー　みゃーしぃかぎ　とぅてぃが　ヤーキャーゲー
74アー　しぃまや　むちぃなおしぃ　ヤーキャーゲー
75アー　ふんま　だきぃなおしぃ　ヤーキャーゲー
76アー　やまぬ　ふしらいぃざ　ヤーキャーゲー
77アー　ふぁーぬ　うぱらじぃざ　ヤーキャーゲー
78アー　ふらがんどぅやりば　ヤーキャーゲー
79アー　またがんどぅやりば　ヤーキャーゲー
80アー　んまぬかん　みゅーぷぎ　ヤーキャーゲー
81アー　やぐみかん　みゅーぷぎ　ヤーキャーゲー
82アー　ゆらさまいぃ　みゅーぷぎ　ヤーキャーゲー
83アー　ぷがさまいぃ　みゅーぷぎ　ヤーキャーゲー
84アー　ばにふちぃ　おこい　ヤーキャーゲー
85アー　かんむだま　まこい　ヤーキャーゲー
86アー　たーびふちぃ　おこい　ヤーキャーゲー

87アー　びゅーぎふちぃ　まこい　ヤーキャーゲー
88アー　うとぅむゆん　とぅたん　ヤーキャーゲー
89アー　うちぃきゆん　ゆたん　ヤーキャーゲー
90アー　んきゃぬたや　とぅたん　ヤーキャーゲー
91アー　にだてぃまま　ゆたん　ヤーキャーゲー

フーシーフーシー

歌詞資料六　〈上の屋まとぅるぎのタービ〉

大城元にて、一九九六年三月二十二日、カタフチィウプナー

＊アブンマによる独唱。

1ういにゃ　うや　アまとぅるぎや
ういにゃ　うや　アふじぃざよ
2いびまイか　アん　やりば
びゆぎか　アん　ンやりば
3んまぬイか　アん　みょーぷぎ
やぐみか　アん　ンみょーぷぎ
4ゆらさイィま　アいぃ　みょーぷぎ
ぷがさイィま　アいぃ　イィみょーぷぎ
5ばがにふ　ウちぃ　こいよ
かんむイだ　アま　アまこいよ
6たかびふ　ウちぃ　こいよ
びゆぎふ　ウちぃ　イィまこいよ
7おともイ??「「よん」か」　とぅゆま
おちぃきぃよ　オん　ンみゃーがら

フーシーフーシー

8ういにゃ　まとぅるぎやよイ
ういにゃ　うやふじぃざよ
9いびまかん　やりばよイ
ぴぃきぃまかん　やりばよ
10なら　みゃーこ　ぱだんよイ

なら　いちぃてぃ　ぱだんよ
11たびぃかりゅーや　とぅりょりよイ
うきかりゅーや　とぅりょりよ
12うぷどぅ　いきぃばなんよイ
とぅなだきぃばなんよ
13んぎぃ　ぴぃだいぃ　おしょりばイ
うしぃびぃだいぃ　おしょりば
14んざしぃまどぅ　とぅみてぃがイ
じぃまとぅみどぅ　ちぃきでぃが
15みぶる　まーり　たちゅりばイ
みだか　まーり　うりゅりば
16たおぬ　くに　ちぃきりばイ
うちゃぬ　くに　ちぃきりば
17ういやどぅん　ぱよてぃよイ
かいやどぅんよ　ぱよてぃよ
18あさぼん　ぱよてぃよイ
ゆいぃぶん　ぱよてぃよ
19だんなしゅーん　ぱよてぃよイ
かしらしゅーん　ぱよてぃよ
20ばが　みゃーく　ふぃーさまばイ

しぃでぃ　みゃーく　ふぃーさまば
21うぷうしぃ　ころしょりイ
むーうしぃ　ころしょり
22じぃがとぅりゃう　さまいよイ
ましぃとぅりゃう　さまいよ
23ぷとぅきぃざふ　ばうさぎゅイ
なうしぃざふ　ばうさぎゅ
24ういにゃ　まとぅるぎやよイ
ういにゃ　うやぷじぃざよ
25うちゃいぃかん　やりばよイ
みうとぅかん　やりばよ
26んまぬかん　おみょーぷぎ
やぐみかん　おみょーぷぎ
27ゆらさまいぃ　おみょーぷぎ
ぷがさまいぃ　おみょーぷぎ
28ばが　にふちぃ　おこいよイ
かんむだま　まこいよ
29たかびふちぃ　おこいよイ
びゆぎふちぃ　まこいよ
30おともよん　とぅたんよイ

おちぃきぃよん　ゆたんよ

31んきゃぬたや　とぅたんよイ　　フーシーフーシー

にだてぃまま　ゆたんよ

歌詞資料七　アブンマのフサ〈祓い声〉［冬まつり］

一九九五年十一月二十九日　イダス　下山［子の日の午後］、大城元の庭にて

＊大城元の庭で最初によまれるもの。アブンマが先唱し、一同はアブンマがよんだ詞章のうち、ハヤシ詞「ハライハライ」以外の部分をくり返しよむ。第一節のみ、くり返しの部分を［　］に示す。

1やふぁだれる　むむかん　ハライハライ　［やふぁだれる　むむかん］
2なごだりる　ゆなおさ　ハライハライ
3てぃんだおの　みょーぷぎ　ハライハライ
4やぐみかん　みょーぷぎ　ハライハライ
5あさてぃだの　みょーぷぎ　ハライハライ
6うやてぃだの　みょーぷぎ　ハライハライ
7ゆーちぃきぃの　みょーぷぎ　ハライハライ
8ゆーてぃだの　みょーぷぎ　ハライハライ
9にだりぬしぃ　わんな　ハライハライ
10やぐみ　うふかんま　ハライハライ
11ゆーむとぅぬ　かんみょー　ハライハライ
12ゆーにびぬ　かんみょー　ハライハライ
13うしぃばぬしぃ　みょーぷぎ　ハライハライ
14まきゃんぬしぃ　みょーぷぎ　ハライハライ
15んまぬかん　わんな　ハライハライ
16やぐみ　うふかんま　ハライハライ
17たばりじぃーん　うりてぃ　ハライハライ
18かんぬじぃーん　うりてぃ　ハライハライ
19かなぎがーぬ　みずゆ　ハライハライ
20かんぬかーぬ　みずゆ　ハライハライ
21しぃるまふちぃ　うきてぃ　ハライハライ

22かぎまふちぃ　うきてぃ　ハライハライ
23かなぎがーぬ　みずざ　ハライハライ
24かんぬかーぬ　みずざ　ハライハライ
25みず　うふさやいぃしぃが　ハライハライ
26ゆー　うふさやいぃしぃが　ハライハライ
27かなぎがーの　みずざ　ハライハライ
28かんぬかーぬ　みずざ　ハライハライ
29みず　あふぁさやりば　ハライハライ
30ゆー　あぱさやりば　ハライハライ
31しぃとぅきぃみず　ならん　ハライハライ
32いのいぃみず　ならん　ハライハライ
33まぱら　むちぃかいし　ハライハライ
34あだか　がみかいし　ハライハライ
35うしぃなおし　んみゃい　ハライハライ
36ぬいぃなぬり　んみゃい　ハライハライ
37くるぎぃがーぬ　みずゆ　ハライハライ
38かんぬかーぬ　みずゆ　ハライハライ
39しぃるまふちぃ　うきてぃ　ハライハライ
40かぎまふちぃ　うきてぃ　ハライハライ
41くるぎぃがーぬ　みずざ　ハライハライ

42かんぬかーぬ　みずざ　ハライハライ
43みず　んまさやいぃしぃが　ハライハライ
44ゆー　んまさやいぃしぃが　ハライハライ
45みず　いきりゃがりば　ハライハライ
46ゆー　いきりゃがりば　ハライハライ
47しぃとぅきぃみず　ならん　ハライハライ
48いのいぃみず　ならん　ハライハライ
49まぱら　むちかいし　ハライハライ
50あだか　がみかいし　ハライハライ
51うしぃなおし　んみゃい　ハライハライ
52ぬいぃなのり　んみゃい　ハライハライ
53やまだがーぬ　みずゆ　ハライハライ
54かんぬかーぬ　みずゆ　ハライハライ
55みず　うふさやいぃしぃが　ハライハライ
56ゆー　うふさやいぃしぃが　ハライハライ
57いんきらり　みずりば　ハライハライ
58しぃーきらり　みずりば　ハライハライ
59しぃとぅきぃみず　ならん　ハライハライ
60いのいぃみず　ならん　ハライハライ
61まぱら　むちかいし　ハライハライ

62あだか　がみかいし　ハライハライ
63うしぃなおし　んみゃい　ハライハライ
64ぬいぃなのり　んみゃい　ハライハライ
65しぃますずん　さだみ　ハライハライ
66ふんすずん　さだみ　ハライハライ
67いしぃがじぃーん　うりてぃ　ハライハライ
68かんぬじぃーん　うりてぃ　ハライハライ
69いしぃがーぬ　みずゆ　ハライハライ
70かんぬかーぬ　みずゆ　ハライハライ
71しぃるまふちぃ　うきてぃ　ハライハライ
72かぎまふちぃ　うきてぃ　ハライハライ
73いしぃがーぬ　みずざ　ハライハライ
74かんぬかーぬ　みずざ　ハライハライ
75みず　んまさやりば　ハライハライ
76ゆー　んまさやりば　ハライハライ
77みず　いきりゃがりゃまい　ハライハライ
78ゆー　いきりゃがりゃまい　ハライハライ
79しぃとぅきぃみず　なりゆ　ハライハライ
80いのいぃみず　なりゆ　ハライハライ
81しぃますずん　のより　ハライハライ
82ふんすずん　のより　ハライハライ
83しぃまにまいぃざ　とりょり　ハライハライ
84ふんにまいぃざ　とりょり　ハライハライ
85ういじぃみさやいぃしぃが　ハライハライ
86ふんじぃみさやいぃしぃが　ハライハライ
87とぅらぬふぁぬ　かじぬ　ハライハライ
88かんぬにーぬ　かじぬ　ハライハライ
89いんなーぬ　おとろイ　ハライハライ
90のいぃーなーぬ　おとろ　ハライハライ
91うぷぐふ　うりてぃ　ハライハライ
92さとぅんなか　おりてぃ　ハライハライ

歌詞資料八　アブンマのフサ〈ナービ声〉［冬まつり］

一九九五年十一月二十九日　イダス　下山［子の日の午後］、大城元の庭にて

＊大城元の庭で「歌詞資料七」の〈祓い声〉に続けてよまれる。アブンマが先唱し、一同はアブンマがよんだ詞

章の一部をくり返す。そのかたちを第一節のみ［　］で示す。

1アー　やまぬ　ふしらいぃざ　ヤーキヤー　［やまぬ］
2アー　ふらぬ　うぱらじぃざ　ヤーキヤー
3アー　いっちゅ　あらけんな　ヤーキヤー
4アー　いっちゅ　ぱずみんな　ヤーキヤー
5アー　まいにゃうふや　まんざん　ヤーキヤー
6アー　あらうりが　まきゃどぅん　ヤーキヤー
7アー　やーがまお　たてょり　ヤーキヤー
8アー　いつぁぐやーや　たてょり　ヤーキヤー
9アー　うふぐふ　むとぅぬ　ヤーキヤー
10アー　さとぅんなか　むとぅぬ　ヤーキヤー
11アー　なぎん　うきとりょり　ヤーキヤー
12アー　ちぃまん　うきとりょり　ヤーキヤー
13アー　てぃらぬぷじぃとぅゆみゃう　ヤーキヤー
14アー　ういなっづぁまのしぃ　ヤーキヤー
15アー　おーやらびがまぬ　ヤーキヤー
16アー　おぶしぃながまぬ　ヤーキヤー
17アー　ちぃきぃぬみちぃきぃ　ないきゃ　ヤーキヤー
18アー　やらぎがに　やまう　ヤーキヤー
19アー　しぃるぎがに　やまう　ヤーキヤー
20アー　やまぬ　ふしらいぃざ　ヤーキヤー
21アー　ふらぬ　うぱらいぃざ　ヤーキヤー
22アー　ばん　やらばだらどぅ　ヤーキヤー
23アー　さしぃば　やらばだどぅ　ヤーキヤー
24アー　ぶりゃぎどぅいぃ　とりょり　ヤーキヤー
25アー　しぃるぎどぅいぃ　とりょり　ヤーキヤー
26アー　やらぎがにやまう　ヤーキヤー
27アー　しぃるぎがにやまう　ヤーキヤー
28アー　ただぬ　ぴぃとぅとぅきぃん　ヤーキヤー
29アー　ただの　かたときぃん　ヤーキヤー
30アー　やらぎがにやまう　ヤーキヤー
31アー　しぃるぎがにやまう　ヤーキヤー
32アー　なぎゃぎでぃがらよ　ヤーキヤー
33アー　しぃりゃーぎがらよ　ヤーキヤー
34アー　やまぬ　ふしらいぃざ　ヤーキヤー
35アー　ふらぬ　うぱらいぃざ　ヤーキヤー
36アー　てぃんぬまま　あらだ　ヤーキヤー

37アー　うぃぬまま　あらだ　ヤーキヤー
38アー　うぷにきし　とぅてぃが　ヤーキヤー
39アー　まーにきし　とぅてぃが　ヤーキヤー
40アー　ふんむぃぃが　やまう　ヤーキヤー
41アー　んなだぎが　やまう　ヤーキヤー
42アー　かにゃー　？？とぅゆみゃどぅ　ヤーキヤー
43アー　とよん　うふちぃかさど　ヤーキヤー
44アー　ざしぃきぃばい　とぅりゅり　ヤーキヤー
45アー　びゅーぎばい　ぱゆり　ヤーキヤー
46アー　ふぁーまがぬ　うぃん　ヤーキヤー
47アー　むむぱいぬ　んみん　ヤーキヤー
48アー　うふなっつぁ　さだみ　ヤーキヤー
49アー　まーみっつぁ　さだみ　ヤーキヤー
50アー　んぎゃぃぃが　うぃぬ　ヤーキヤー
51アー　からぃぃが　うぃぬ　ヤーキヤー
52アー　うふぐふむとぅ　うりてぃ　ヤーキヤー
53アー　さとぅんなかむとぅ　うりてぃ　ヤーキヤー
54アー　うしぃがぐとぅうぃゆ　ヤーキヤー
55アー　うさぎぐとぅまぃゆ　ヤーキヤー
56アー　んまぬかん　とぅゆみゃどぅ　ヤーキヤー

57アー　やぐみ　うふがんどぅ　ヤーキヤー
58アー　ざしぃきぃばい　とぅりゅり　ヤーキヤー
59アー　びゅーぎばい　ぱゆり　ヤーキヤー
60アー　うぃとぅり　まさり　ヤーキヤー
61アー　ぱちぃとぅり　みゃーがり　ヤーキヤー
62アー　てぃんまう　うさぎゅ　ヤーキヤー
63アー　うぃんまう　うさぎゅ　ヤーキヤー
64アー　しぃまや　むちぃなおしぃ　ヤーキヤー
65アー　ふんま　だきぃなおしぃ　ヤーキヤー
66アー　やまぬ　ふしらぃぃざ　ヤーキヤー
67アー　ふぁーぬ　うぱらぃぃざ　ヤーキヤー
68アー　ふらがんどぅやりば　ヤーキヤー
69アー　またがんどぅやりば　ヤーキヤー
70アー　んまぬかん　みゅーぷぎ　ヤーキヤー
71アー　やぐみかん　みゅーぷぎ　ヤーキヤー
72アー　ゆらさまぃぃ　みゅーぷぎ　ヤーキヤー
73アー　ぷがさまぃぃ　みゅーぷぎ　ヤーキヤー
74アー　ばにふちぃ　おこぃ　ヤーキヤー
75アー　かんむだま　まこぃ　ヤーキヤー
76アー　うとぅむゆん　とぅたん　ヤーキヤー

77アー　うちぃきゆん　ゆたん　ヤーキャー

歌詞資料九　アブンマのフサ〈ヤーキャー声〉［冬まつり］

一九九五年十一月二十九日　イダス　下山［子の日の午後］、大城元の庭にて

＊大城元の庭で、〈祓い声〉〈ナービ声〉に続けてよまれる。アブンマが先唱し、ほかの神役はハヤシ詞「アー」「ヤーキャー」以外の部分をくり返しよむ。第一節のみそのかたちを［　］に示す。

1アー　てぃんだおの　みゅーぷぎ　ヤーキャー
［てぃんだおの　みゅーぷぎ］
2アー　やぐみゅいぬ　みゅーぷぎ　ヤーキャー
3アー　あさてぃだぬ　みゅーぷぎ　ヤーキャー
4アー　うやてぃだぬ　みゅーぷぎ　ヤーキャー
5アー　ゆーちぃきぃぬ　みゅーぷぎ　ヤーキャー
6アー　ゆーてぃだぬ　みゅーぷぎ　ヤーキャー
7アー　にだてぃぬしぃ　わんな　ヤーキャー
8アー　やぐみ　うぷかんま　ヤーキャー
9アー　ゆーむとぅぬ　かんみょ　ヤーキャー
10アー　ゆーにびぬ　かんみょ　ヤーキャー
11アー　うしぃばぬしぃ　みゅーぷぎ　ヤーキャー
12アー　まきゃんぬしぃ　みゅーぷぎ　ヤーキャー
13アー　んまぬかん　わんな　ヤーキャー
14アー　やぐみ　うぷかんま　ヤーキャー
15アー　ばにふつ　おこい　ヤーキャー
16アー　かんむだま　まこい　ヤーキャー
17アー　ゆみがり　とぅゆま　ヤーキャー
18アー　じみがり　みゃーがら　ヤーキャー
19アー　んきゃぬたや　やりば　ヤーキャー
20アー　にだでぃまま　やりば　ヤーキャー
21アー　うやまがや　ゆるしぃ　ヤーキャー
22アー　うやばいや　ゆるしぃ　ヤーキャー
23アー　しぃまぬにーや　むちゅり　ヤーキャー
24アー　ふんぬにーや　だきゅり　ヤーキャー
25アー　てぃんがらぬ　ぴゆいぃ　ヤーキャー

26アー　まんざらが　なおいぃ　ヤーキャー
27アー　しぃたいどん　くむい　ヤーキャー
28アー　うぁーいどん　しぃらび　ヤーキャー
29アー　ゆゆん　さまじがよ　ヤーキャー
30アー　びぃるん　さまじがよ　ヤーキャー
31アー　ばやそのさしぃぼ　ヤーキャー
32アー　かんみきょなはやいぃ　ヤーキャー
33アー　しぃまむちぃどぅ　やりば　ヤーキャー
34アー　ふんまだきぃどぅ　やりば　ヤーキャー
35アー　ばんとぅきぃが　んなか　ヤーキャー
36アー　かんどぅきぃが　んなか　ヤーキャー
37アー　まいばなだ　うどぅの　ヤーキャー
38アー　しぃまだきぃが　ぎょらいん　ヤーキャー
39アー　ただぬ　ぴぃとぅとぅきぃん　ヤーキャー
40アー　ただぬ　かたとぅきぃん　ヤーキャー
41アー　あっしぃゆりゃい　さまい　ヤーキャー
42アー　ぴさゆりゃい　さまじが　ヤーキャー
43アー　やまぬふしらいぃざ　ヤーキャー
44アー　ばかびりぬ　まぬしぃ　ヤーキャー
45アー　ばやそのさしぃぼ　ヤーキャー

46アー　かんみきょなはやいぃ　ヤーキャー
47アー　ばさぬかじぃ　ういかう　ヤーキャー
48アー　まちぃじぃかみ　ういかう　ヤーキャー
49アー　ただぬ　ぴぃとぅとぅきぃん　ヤーキャー
50アー　ただぬ　かたとぅきぃん　ヤーキャー
51アー　うしぃば　ばか　びぃらし　ヤーキャー
52アー　まきゃん　しぃら　むわし　ヤーキャー
53アー　ばかびりでぃがらよ　ヤーキャー
54アー　しぃらむりでぃがらよ　ヤーキャー
55アー　にだりぬしぃ　わんな　ヤーキャー
56アー　やぐみ　うぷかんま　ヤーキャー
57アー　うどぅぬだみゃ　ゆままい　ヤーキャー
58アー　ぎょらいだみゃ　ゆままい　ヤーキャー
59アー　うぷゆだみがみよ　ヤーキャー
60アー　てぃだゆだみがみよ　ヤーキャー
61アー　ぱいぱいん　ゆままい　ヤーキャー
62アー　むてぃむてぃん　ゆままい　ヤーキャー
63アー　ゆまさまじがらよ　ヤーキャー
64アー　びらさまじがらよ　ヤーキャー
65アー　ばやそのさしぃぼ　ヤーキャー

66アー　かんみきょなはやいぃ　ヤーキャー
67アー　うどぬから　よいぃでぃ　ヤーキャー
68アー　ぎょらいから　よいぃでぃ　ヤーキャー
69アー　うしぃなおし　んみゃい　ヤーキャー
70アー　ぬいぃなぬり　めじが　ヤーキャー
71アー　うふざ　うぱらじぃが　ヤーキャー
72アー　いそざ　かみゃらじぃが　ヤーキャー
73アー　ならびよいぃ　さまい　ヤーキャー
74アー　かんでぃよいぃ　さまい　ヤーキャー
75アー　まぬかまいぃ　みゅーぷぎ　ヤーキャー
76アー　ゆらばまいぃ　みゅーぷぎ　ヤーキャー
77アー　ばやそのさしぃぼ　ヤーキャー
78アー　かんみきょなはやいぃ　ヤーキャー
79アー　ちょーんな　ぱいどぅ　ヤーキャー
80アー　てぃかみんな　ぱいどぅ　ヤーキャー
81アー　んきゃぬたや　さまい　ヤーキャー
82アー　にだりまま　さまい　ヤーキャー
83アー　とぅむやが　なかん　ヤーキャー
84アー　やとぅいやが　なかん　ヤーキャー
85アー　とぅむやだみゃ　さまい　ヤーキャー

86アー　やとぅいだみゃ　さまい　ヤーキャー
87アー　やまぬぬしぃ　はやか　ヤーキャー
88アー　やまぬいちぃ　はやか　ヤーキャー
89アー　ならだう　かきゅでぃ　ヤーキャー
90アー　かんだう　かきゅでぃ　ヤーキャー
91アー　まぬかまいぃ　みゅーぷぎ　ヤーキャー
92アー　ゆらばまいぃ　みゅーぷぎ　ヤーキャー
93アー　ばやそのさしぃぼ　ヤーキャー
94アー　かんみきょなはやいぃ　ヤーキャー
95アー　とぅむやから　よいぃでぃ　ヤーキャー
96アー　やとぅいから　よいぃでぃ　ヤーキャー
97アー　あーちぃかさ　しぃーわり　ヤーキャー
98アー　ゆーだん　しぃーわり　ヤーキャー
99アー　しぃばーぎぬ　かんま　ヤーキャー
100アー　かん　やぐみ　かんま　ヤーキャー
101アー　んちぃ　ぴぃきぃ　まさり　ヤーキャー
102アー　とー　ぴぃきぃ　まさり　ヤーキャー
103アー　おーやまん　ばたら　ヤーキャー
104アー　ふるやまん　ばたら　ヤーキャー
105アー　むむいぃ　ばたら　ヤーキャー

106アー　むむたき　ばたら　ヤーキャー
107アー　うしぃなおし　んみゃい　ヤーキャー
108アー　ぬいぃなぬり　めじが　ヤーキャー
109アー　いだしぃかん　やりば　ヤーキャー
110アー　びゅーぎがん　やりば　ヤーキャー
111アー　ばやそのさしぃぼ　ヤーキャー
112アー　かんみきょなはやいぃ　ヤーキャー
113アー　おーやまが　うぃん　ヤーキャー
114アー　ふるやまが　うぃん　ヤーキャー
115アー　びぃがゆか　ないぃきゃ　ヤーキャー
116アー　ゆーがぷが　んてぃきゃ　ヤーキャー
117アー　ばんま　ばた　だきょり　ヤーキャー
118アー　かんま　ばた　だきょり　ヤーキャー
119アー　あさちゃん　わしぃり　ヤーキャー
120アー　ゆーちゃん　わしぃり　ヤーキャー
121アー　うふしぃかま　とぅりゃぎ　ヤーキャー
122アー　うふだや　とぅりゃぎ　ヤーキャー
123アー　あみしぃとぅん　あうてぃ　ヤーキャー
124アー　かじしぃとぅん　あうてぃ　ヤーキャー
125アー　いふきぃ　ふきぃ　ゆるす　ヤーキャー

126アー　とぅびふきぃ　ゆるす　ヤーキャー
127アー　きゅーびおいぃ　おいや　ヤーキャー
128アー　きゅーなおいぃ　おいや　ヤーキャー
129アー　まんざらが　てぃいぃる　ヤーキャー
130アー　まきゃどぅが　なおす　ヤーキャー
131アー　あーちぃかさ　んみや　ヤーキャー
132アー　ゆーだや　んみや　ヤーキャー
133アー　ばんが　やぐみさん　ヤーキャー
134アー　かんぬ　やぐみさん　ヤーキャー
135アー　あさかたや　さだみ　ヤーキャー
136アー　ぴゃーかたや　さだみ　ヤーキャー
137アー　てぃだんながみよ　ヤーキャー
138アー　ぴぃるんながみよ　ヤーキャー
139アー　ゆさらびがみよ　ヤーキャー
140アー　ゆーしみがみよ　ヤーキャー
141アー　ちょー　とぅいぃさまい　ヤーキャー
142アー　てぃかみ　とぅいぃさまじが　ヤーキャー
143アー　ばやそのさしぃぼ　ヤーキャー
144アー　かんみきょなはやいぃ　ヤーキャー
145アー　ちょーんな　ぱいどぅ　ヤーキャー

146アー　てぃかみんな　ぱいどぅ　ヤーキャー
147アー　おやまが　ういから　ヤーキャー
148アー　ふるやまが　ういから　ヤーキャー
149アー　むむむいぃが　ういから　ヤーキャー
150アー　むむたきが　ういから　ヤーキャー
151アー　うしぃなおし　んめい　ヤーキャー
152アー　ぬいぃなぬり　めじが　ヤーキャー
153アー　みーまんざが　ういん　ヤーキャー
154アー　みまきゃどぅが　ういん　ヤーキャー
155アー　まんざばい　とぅりゅり　ヤーキャー
156アー　まきゃどぅばい　ぱゆり　ヤーキャー
157アー　ぴぃさらしぃびぃ　こいゆ　ヤーキャー
158アー　まーにしぃびぃ　こいゆ　ヤーキャー
159アー　あしぃぱらぬ　いでぃきゃ　ヤーキャー
160アー　ぴぃさばらぬ　いでぃきゃ　ヤーキャー
161アー　ふぁーまがぬ　んみん　ヤーキャー
162アー　むむぱいぬ　んみん　ヤーキャー
163アー　うがんばい　とぅらしぃ　ヤーキャー
164アー　うがんしぃき　とぅらしぃ　ヤーキャー
165アー　んきゃぬたや　やりば　ヤーキャー

166アー　にだりまま　やりば　ヤーキャー
167アー　いだしぃかん　やりば　ヤーキャー
168アー　びゅーぎがん　やりば　ヤーキャー
169アー　うやまがや　ゆるしぃ　ヤーキャー
170アー　うやばいや　ゆるしぃ　ヤーキャー
171アー　しぃまぬにーや　むちゅり　ヤーキャー
172アー　ふんぬにーや　だきゅり　ヤーキャー
173アー　てぃんがらぬ　ぴゆいぃ　ヤーキャー
174アー　まんざらが　なおいぃ　ヤーキャー
175アー　しぃたいどぅん　くむい　ヤーキャー
176アー　ゔぁいどぅん　しぃらび　ヤーキャー
177アー　ゆゆんさまじがよ　ヤーキャー
178アー　びぃるんさまじがよ　ヤーキャー
179アー　かんさずんにぬ　ヤーキャー
180アー　ういさずんにぬ　ヤーキャー
181アー　かんちぃから　いじゅり　ヤーキャー
182アー　ういちぃから　こみゅり　ヤーキャー
183アー　じぃがぬさん　むちゃり　ヤーキャー
184アー　ますぬさん　だきゃい　ヤーキャー
185アー　うりさす　むとぅし　ヤーキャー

186アー　かみさす　むとぅし　ヤーキャー
187アー　にがいふらまがの　ヤーキャー
188アー　うさぎむむぱいぬ　ヤーキャー
189アー　やぬみかじぃ　ういん　ヤーキャー
190アー　きゅーぬ　みがまいん　ヤーキャー
191アー　あっさぎーや　とぅりゅり　ヤーキャー
192アー　ぴささぎや　とぅてぃが　ヤーキャー
193アー　んまぬかん　わんな　ヤーキャー
194アー　やぐみ　うぷかんま　ヤーキャー
195アー　ばんたしぃき　とぅらば　ヤーキャー
196アー　かんたしぃき　とぅらば　ヤーキャー
197アー　ばー　ぷゆどぅんむ　ヤーキャー
198アー　かん　ぷゆどぅんむ　ヤーキャー
199アー　じぃがんぱい　むとぅし　ヤーキャー
200アー　ましぃんぱい　むとぅし　ヤーキャー
201アー　くがにじん　ういがみ　ヤーキャー
202アー　なんざじん　ういがみ　ヤーキャー
203アー　ゆーつぁー　てっじ　ヤーキャー
204アー　ふぃーつぁー　てっじ　ヤーキャー
205アー　っしぃてぃ　うきうがみ　ヤーキャー

206アー　やぱてぃ　うきうがみ　ヤーキャー
207アー　うがんばい　とぅりゅり　ヤーキャー
208アー　うがんしぃき　とぅてぃが　ヤーキャー
209アー　にぬしぃま　ういぬ　ヤーキャー
210アー　むとぅぬしぃま　ういぬ　ヤーキャー
211アー　ふぁーまがぬ　んみぬ　ヤーキャー
212アー　むむぱいぬ　んみぬ　ヤーキャー
213アー　みゃーくとぅが　なぎん　ヤーキャー
214アー　くどぅいが　なぎん　ヤーキャー
215アー　まっうぁりぬ　ぷさん　ヤーキャー
216アー　わーらりぬ　ぷさん　ヤーキャー
217アー　やぐみさや　むちゅり　ヤーキャー
218アー　うかぎさや　だきょり　ヤーキャー
219アー　じぃがんぱいむぬよ　ヤーキャー
220アー　ましぃんぱいむぬよ　ヤーキャー
221アー　かみなみぬむぬよ　ヤーキャー
222アー　じぃぶなみぬむぬよ　ヤーキャー
223アー　やぬみかじぃ　ういん　ヤーキャー
224アー　きゅーぬ　みがまいん　ヤーキャー
225アー　にまーらし　とぅりゅり　ヤーキャー

226アー　ちぃまーらし　とぅてぃが　ヤーキャー
227アー　きゅーぬ　あさかたや　ヤーキャー
228アー　ゆーぬ　あきわんな　ヤーキャー
229アー　びきりゃばな　んみぬ　ヤーキャー
230アー　さむりゃばな　んみぬ　ヤーキャー
231アー　かんちぃから　いじゅり　ヤーキャー
232アー　ういちぃから　こみゅり　ヤーキャー
233アー　かみなみぬむぬよ　ヤーキャー
234アー　じぃぶなみぬむぬよ　ヤーキャー
235アー　みーまんざが　ういん　ヤーキャー
236アー　み？？？？［「まきゃどぅ」か］　ういん
ヤーキャー
237アー　ばむとぅが　ういん　ヤーキャー
238アー　ふむとぅが　ういん　ヤーキャー
239アー　くぬざしぃきぃ　んてぃきゃ　ヤーキャー
240アー　くぬびゅーき　んてぃきゃ　ヤーキャー
241アー　むちぃんてぃ　とぅりゅり　ヤーキャー
242アー　かみゆし　とぅてぃが　ヤーキャー
243アー　かんさじぃ　んみぬ　ヤーキャー
244アー　ういさじぃ　んみぬ　ヤーキャー

245アー　かんちぃから　いじゅり　ヤーキャー
246アー　ういちぃから　こみゅり　ヤーキャー
247アー　みどぅんばな　ゆるしぃ　ヤーキャー
248アー　あんだばな　ゆるしぃ　ヤーキャー
249アー　かみなみぬむぬよ　ヤーキャー
250アー　じぃぶなみぬむぬよ　ヤーキャー
251アー　かみかじぃが　ういから　ヤーキャー
252アー　じぃぶかじぃが　まいから　ヤーキャー
253アー　っしぃてぃ　うきうがみ　ヤーキャー
254アー　やぱてぃ　うきうがみ　ヤーキャー
255アー　くぬざしぃきぃ　んてぃきゃ　ヤーキャー
256アー　くぬびゅーき　んてぃきゃ　ヤーキャー
257アー　かんでぃかじぃ　ういん　ヤーキャー
258アー　ぬしぃてぃかじぃ　まいん　ヤーキャー
259アー　しぃきぬまや　にやだ　ヤーキャー
260アー　うきぬまや　にやだ　ヤーキャー
261アー　しぃきぬかじぃ　たおどぅ　ヤーキャー
262アー　うきぬかじぃ　みゅーぷぎ　ヤーキャー
263アー　うさぎかぎ　とぅりゅり　ヤーキャー
264アー　みゃーしぃかぎ　とぅてぃが　ヤーキャー

265 アー　んまぬかん　わんな　ヤーキャー
266 アー　やぐみ　うぷかんま　ヤーキャー
267 アー　しぃきぃかずが　うぃから　ヤーキャー
268 アー　うきかずが　まいから　ヤーキャー
269 アー　さらかずが　うぃから　ヤーキャー
270 アー　さーふつが　まいから　ヤーキャー
271 アー　うしぃばぬしぃ　うぃから　ヤーキャー
272 アー　まきゃんぬしぃ　うぃから　ヤーキャー
273 アー　うぃとぅり　まさり　ヤーキャー
274 アー　ぱちぃとぅり　みゃーがり　ヤーキャー
275 アー　てぃんまう　うさぎゅ　ヤーキャー
276 アー　うぃんまう　うさぎゅ　ヤーキャー
277 アー　うさぎかぎ　とぅりゅり　ヤーキャー
278 アー　みゃーしぃかぎ　とぅてぃが　ヤーキャー
279 アー　ゆーいかいどぅんま　ヤーキャー
280 アー　ぶんかいどぅんま　ヤーキャー
281 アー　んまぬかん　わんな　ヤーキャー
282 アー　やぐみ　うぷかんま　ヤーキャー
283 アー　ばんたしぃき　とぅらば　ヤーキャー
284 アー　かんたしぃき　とぅらば　ヤーキャー

285 アー　にーぬしぃま　うぃや　ヤーキャー
286 アー　むとぅぬしぃま　うぃや　ヤーキャー
287 アー　しぃまみしぃら　むとぅど　ヤーキャー
288 アー　むらみしぃら　むとぅど　ヤーキャー
289 アー　しぃまみしぃら　ふぃゆば　ヤーキャー
290 アー　むらみしぃら　ふぃゆば　ヤーキャー
291 アー　しぃまみしぃら　いじゅり　ヤーキャー
292 アー　むらみしぃら　ぱゆり　ヤーキャー
293 アー　にーぬしぃま　うぃぬ　ヤーキャー
294 アー　むとぅぬしぃま　うぃぬ　ヤーキャー
295 アー　ふぁーまがぬ　んみぬ　ヤーキャー
296 アー　むむぱいぬ　んみぬ　ヤーキャー
297 アー　みゃーくとぅが　なぎん　ヤーキャー
298 アー　くどぅいが　なぎん　ヤーキャー
299 アー　どぅどぅ　むとぅやりば　ヤーキャー
300 アー　くるどぅ　むとぅやりば　ヤーキャー
301 アー　うりさしぃ　むとぅし　ヤーキャー
302 アー　かみさしぃ　むとぅし　ヤーキャー
303 アー　しぃまぬにゃ　むとぅし　ヤーキャー
304 アー　ふんぬにゃ　むとぅし　ヤーキャー

305アー　しぃしぃぽーざ　むとぅし　ヤーキャー
306アー　かぎぽーざ　むとぅし　ヤーキャー
307アー　さすとぅりゃ　むとぅし　ヤーキャー
308アー　ゆーとぅりゃ　むとぅし　ヤーキャー
309アー　じぃがとぅりゃ　むとぅし　ヤーキャー
310アー　ましぃとぅりゃ　むとぅし　ヤーキャー
311アー　かんさじぃ　むとぅし　ヤーキャー
312アー　ういさじぃ　むとぅし　ヤーキャー
313アー　かんでぃかじぃ　むとぅし　ヤーキャー
314アー　ぬしぃてぃかじぃ　むとぅし　ヤーキャー
315アー　にがい　ふらまがぬ　ヤーキャー
316アー　うさぎ　むむぱいぬ　ヤーキャー
317アー　たるたる　にやだ　ヤーキャー
318アー　いじゃいじゃ　にやだ　ヤーキャー
319アー　どぅどぅゆふ　ふぃゆば　ヤーキャー
320アー　くるどぅゆふ　ふぃゆば　ヤーキャー
321アー　どぅどぅゆふ　いじゅり　ヤーキャー
322アー　くるどぅゆふ　ぱゆり　ヤーキャー
323アー　うふゆばい　ふぃゆば　ヤーキャー
324アー　てぃだゆんてぃ　ふぃゆば　ヤーキャー

325アー　うふゆばい　いじゅり　ヤーキャー
326アー　てぃだゆんてぃ　ぱゆり　ヤーキャー
327アー　ばー　うふゆどぅんむ　ヤーキャー
328アー　かん　ぷゆどぅんむ　ヤーキャー
329アー　しぃざだに　むとぅし　ヤーキャー
330アー　ぱちぃだに　むとぅし　ヤーキャー
331アー　うふぶゆざ　むとぅし　ヤーキャー
332アー　だりぶざ　むとぅし　ヤーキャー
333アー　とーぬきぃんがみよ　ヤーキャー
334アー　うちゃぬきぃんがみよ　ヤーキャー
335アー　じぃーなみどぅんま　ヤーキャー
336アー　うらしぃなみどぅんま　ヤーキャー
337アー　あやみにゃーだ　ふぃゆば　ヤーキャー
338アー　ぶいみにゃーだ　ふぃゆば　ヤーキャー
339アー　んじぃういぬぐまた　ヤーキャー
340アー　にゃーんたぬぐまた　ヤーキャー
341アー　っしぃぐみが　ういがみ　ヤーキャー
342アー　まーぐみが　ういがみ　ヤーキャー
343アー　あかんどぅ　むとぅど　ヤーキャー
344アー　まぱだんどぅ　むとぅど　ヤーキャー

345 アー ななしぃなぬ うふゆ ヤーキャー
346 アー ななむてぃぬ てぃだゆ ヤーキャー
347 アー ゆぬしぃなぬ ういから ヤーキャー
348 アー ふぃぬしぃなぬ まいから ヤーキャー
349 アー ゆがさん ふぃゆば ヤーキャー
350 アー ふぃがさん ふぃゆば ヤーキャー
351 アー ゆがさん いじゅり ヤーキャー
352 アー ふぃがさん ぱゆり ヤーキャー
353 アー とぅしぃなみぬ にがいぃ ヤーキャー
354 アー ぱだなみぬ うさぎゅ ヤーキャー
355 アー にがいぐとぅ ういゆ ヤーキャー
356 アー うさぎぐとぅ まいゆ ヤーキャー
357 アー じぃがさがいぃざ にやだ ヤーキャー
358 アー まっさがいぃざ にやだ ヤーキャー
359 アー うさぎかぎ とりょり ヤーキャー
360 アー みゃーしぃかぎ とぅてぃが ヤーキャー
361 アー みゃーく かたぱらぬ ヤーキャー
362 アー みゃーく よんそにぬ ヤーキャー
363 アー しぃまぬ ゔぁーてぃ とぅゆみ ヤーキャー
364 アー むらぬ ゔぁーてぃ みゃーがり ヤーキャー

365 アー にぬしぃま ういぬ ヤーキャー
366 アー むとぅぬしぃま ういぬ ヤーキャー
367 アー ふぁーまがぬ んみぬ ヤーキャー
368 アー むむぱいぬ んみぬ ヤーキャー
369 アー みゃーくとぅが なぎん ヤーキャー
370 アー こどいが なぎん ヤーキャー
371 アー んまぬかん わんぬ ヤーキャー
372 アー やぐみ うぷかんむ ヤーキャー
373 アー ゆむとぅぬ かんむ ヤーキャー
374 アー ゆにびぬ かんむ ヤーキャー
375 アー かんでぃかじぃ ういゆ ヤーキャー
376 アー ぬしぃでぃかじぃ まいゆ ヤーキャー
377 アー かんなーぎ とぅよみ ヤーキャー
378 アー ういなーぎ みゃーがり ヤーキャー
379 アー きゅーびおいぃ おいや ヤーキャー
380 アー きゅーなおいぃ おいや ヤーキャー
381 アー んまぬかん わんな ヤーキャー
382 アー やぐみ うぷかんま ヤーキャー
383 アー ばむとぅが おいん ヤーキャー
384 アー うふむとぅが おいん ヤーキャー

385アー　まんざばいや　とぅりゅり　ヤーキャー
386アー　まきゃどぅばいや　ぱゆり　ヤーキャー
387アー　ばにふちぃ　おこい　ヤーキャー
388アー　かんむだま　まこい　ヤーキャー
389アー　ゆみがり　とぅたん　ヤーキャー
390アー　いじみがり　ゆたん　ヤーキャー
391アー　んきゃぬたや　とぅたん　ヤーキャー
392アー　にだりまま　ゆたん　ヤーキャー

主要語句解説・索引

アーブーイィ
粟の豊年祭。ナツブーイィとも夏まつりともよばれる。旧暦六月寅の日より四日間行われる。初日には、各元のウヤパーによってタービがよまれる。四日の間、毎日ピャーシがよまれる。
アブンマ
狩俣の神役組織の最高位の神役。集落の草創神であるンマヌカン［母の神］の司祭役。
イビマ
拝所［三三頁］。
氏子
ムトゥ［元］とよばれる祭場の祭儀をともに行う祭儀集団。狩俣のことばではファーマーという［三二頁］。
ウパラズンマ
ザーという祭場の司祭であるほか、イツカフ元の司祭もかねる。
ウヤパー
ムトゥ［元］とよばれる祭場の司祭をウヤパーという。「元のサス」ともいう［三二～三三頁］。

ウヤーン［ウヤガン］

旧暦十月から十二月の三ケ月間に、五回にわたって行われる祖神祭。冬まつりともよばれる。聖なる山での数日間の山ごもりや、フサと呼ばれる神歌が歌われることで知られる［第六章］。

大城元《うぷぐふむとぅ》

ウフムトゥともよばれる。狩俣草創の神ンマヌカン［母の神］を祭神とするもっとも位の高い元である。最高位の神役アブンマが司祭をつとめる［口絵5・三三頁］。

カミフツ

神様にお茶をあげたり、お祈りするときによまれる神歌。神の司祭であるサスたちがよむもの［第三章］。

ザー

命を司る神がまつられる聖地。ウパラズンマという神役がその司祭となる。

サス

神の司祭をサスという。狩俣の神々は、基本的に人格神であるが、神ひとりに対してサスひとりがそのまつり手として対応する［第一章二］。

志立元《しだていむとぅ》

狩俣第三の元。農耕を司る神をまつる。ユーヌヌスという神役が司祭である。

タービ

主として、旧暦三月のムギブーイィ［麦の豊年祭］と旧暦六月のアーブーイィ［粟の豊年祭］でよまれる神歌。各元それぞれにおいて、ウヤパーの独唱でよまれる。パニ［神のことばではウヤーンという］と呼ばれる神衣を捧げ持ち、それをふるわせながらよむのを特徴とする［第五章］。

ティンドー

狩俣でもっとも高いとされる聖地。天の神をまつる。

仲間元《なーまむとぅ》

狩俣第二の元。航海安全の神をまつる。ミョーニヌスツカサアンという神役が司祭となる。

仲嶺元《なーんみむとぅ》

狩俣第四の元。水の神をまつる。ミズヌヌスという神役がその司祭である。

夏まつり

アーブーイィの項を参照。

ニーラアーグ

男性が歌う神歌。狩俣の歴史が叙事される。アーグシューという役が先唱すると一同が復唱する。主として、旧暦六月の夏まつりと旧正月に、大城元でよまれる［八頁］。

根口声《にふちいぐい》

ピャーシ、タービ、フサなどの神歌においてはじめによまれる定型詞章。およびその旋律。

祓い声《はらいぐい》

サスが先唱するフサの冒頭でよまれるもの。サスのフサの冒頭では、祭場の違いに応じて、根口声か祓い声のいずれかがよまれる。

ピャーシ

神酒もしくは泡盛を酒器に注ぎ、それを前にして手拍子を打ちながらよむ神歌。旧暦六月のアーブーイィ［粟の豊年祭］では、四日間、各元で毎日よまれる［第四章］。

フサ

ウヤーンの祭儀でよまれる神歌の総称。ウヤーンとは祖神のことである。蔓草でつくった冠や帯などを身につけるのを特徴とする［第六章］。

フサヌス

ウヤーン祭儀でフサという神歌を先唱することを役割とする神役。

ムギブーイィ

麦の豊年祭。旧暦三月の寅の日から三泊四日かけて、各元で行われる。初日には各元でウヤパーがタービをよむ。

ムトゥ［元］

宗家の家とされるが、現在は人は居住しておらず、祭場として使用されている。夏の祭儀で使用される七元［大城元・仲間元・志立元・仲嶺元・カニャー元・新城元・イツカフ元］と、冬のウヤーン祭儀で使用される三元［大城元・西の家元・前の家元］とがある。集落の各家々は、いずれかの元に所属し、ファーマー［氏子］と称される祭儀集団の一員として祭儀を営む［三三一〜三四頁］。

ムヌス

神と直接的に交流する能力を持ち、人々の個人的な依頼に応じて、占いをしたり、祈願をしたり、原因不明の災厄について、その取り除き方を指導したりする［第一章五］。

ヤーキザス

各家庭において神への祈願を行う人。サスのつとめを終えて、後継者へ役を譲り渡した人がつとめる［第一章四］。

ユタ

狩俣においてはムヌスと同義で使用される。人々の個人的な依頼に応じて、神と直接交流し、神への祈願や占い、神のまつり方などの指導をする［第一章五］。

ユームトゥ［四元］

狩俣の第一位の元である大城元、第二の仲間元、第三の志立元、第四の仲嶺元を総称してこのようにいう。この四大元の司祭［サス・ウヤパー］を総称して「ユームトゥのウヤパー」という。

ンマヌカン

母の神のこと。井戸を求めてさまよい歩き、狩俣によい井戸を見つけて、ここなら村がつくれるということで、狩俣におちついた、という神話を持つ神。狩俣集落の草創神であり、神役組織の長であるアブンマがその司祭をつとめる。大城元にまつられている。

語り手の生年

Iさん［一九二四年生］　Dさん［一九二七年生］　Jさん［一九三三年生］　Mさん［一九一七年生］

Rさん［一九二九年生］　Tさん［一九三四年生］　Gさん［一九二六年生］　Kさん［一九二一年生］

Nさん［一九二七年生］　Lさん［一九二九年生］

宮古郡各村別士族・平民人口比率［明治36年末］［田里　1983：117］

	士族	平民
(平良間切)		
東仲宗根	86.1%	13.9%
西仲宗根	59.5	40.5
荷川取	34.7	65.3
西原	0	100.0
大浦	0	100.0
島尻	0	100.0
狩俣	65.4	34.6
大神	1.3	98.7
池間	0	100.0
前里	0	100.0
池間添	0	100.0
前里添	0	100.0
比嘉	42.8	57.2
長間	19.0	81.0
東仲宗根添	11.5	88.5
平均	32.7	67.3
(砂川間切)		
下里	58.1	41.9
西里	68.8	31.2
松原	0	100.0
宮国	3.8	96.2
新里	6.5	93.5
砂川	4.5	95.5
友利	16.1	83.9
西里添	38.5	61.5
福里	38.7	61.3
保良	3.6	96.4

	士族	平民
新城	24.4%	75.6%
下里添	31.2	68.8
野原	16.3	83.7
平均	35.1	64.9
(下地間切)		
佐和田	40.8	59.2
長浜	63.2	36.8
国仲	42.4	57.6
仲地	69.9	30.1
伊良部	62.0	38.0
久貝	2.1	97.9
川満	14.8	85.2
上地	39.0	61.0
洲鎌	24.7	75.3
与那覇	51.7	48.3
来間	2.5	97.5
嘉手苅	16.8	83.2
平均	38.9	61.1
(多良間島)		
仲筋	61.4	38.6
塩川	47.5	52.5
水納	0	100.0
平均	49.2	50.8
総平均	36.4	63.6

参考文献［五十音順］

青木保
一九七六「象徴と認識」、徳永恂編『知識社会学』〈社会学講座一一〉、東京大学出版会
赤嶺政信
一九八九「沖縄の霊魂観と他界観」、渡邊欣雄編『祖先祭祀』〈環中国海の民俗と文化三〉、凱風社
網野善彦
一九八八「高声と微音」、網野善彦他編『ことばの文化史　中世一』、平凡社
池上良正
一九九二『民俗宗教と救い――津軽・沖縄の民間巫者』、淡交社
池宮正治
一九八二［一九七九］「宮古狩俣のニーリ――五〇年前のノート――」、『琉球文学論の方法』、三一書房
一九九五『混効験集の研究』〈南島文化叢書一七〉、第一書房
居駒永幸
一九九四「南島歌謡論――狩俣・志立元の叙事伝承」、『明治大学人文科学研究所紀要』第三六冊、明治大学
一九九六「宮古島狩俣の叙事歌――神の自叙としての『祓い声』」、『日本歌謡研究』第三六号、日本歌謡学会
一九九八「神歌の叙事構造――宮古島狩俣の『舟んだぎ司のタービ』をめぐって」、『奄美沖縄民間文芸研究』第二一号、奄美沖縄民間文芸研究会
稲村賢敷
一九五七a『宮古島庶民史』、稲村賢敷発行

一九五七b『琉球諸島における倭寇史跡の研究』、吉川弘文館
一九六二『宮古島旧記並史歌集解』、琉球文教図書
上地太郎
不明『狩俣民俗史』、上地太郎発行
上原孝三
一九九〇「女神『山のフシライ』をめぐって」、『沖縄文化』第七三号、沖縄文化協会
内田るり子
一九八九『沖縄の歌謡と音楽』、第一書房
大本憲夫
一九八三「祭祀集団と神役・巫者――宮古群島の場合――」、北見俊夫編『南西諸島における民間巫者（ユタ・カンカカリャー等）の機能的類型と民俗変容の調査研究（昭和五七年度文部省科学研究費補助金（総合A）研究成果報告書）』、筑波大学歴史・人類学系
一九九一「沖縄の御嶽信仰」、植松明石編『神々の祭祀』〈環中国海の民俗と文化二〉、凱風社
大橋英寿
一九九八『沖縄シャーマニズムの社会心理学的研究』、弘文堂
岡本恵昭
一九七一「宮古島の祖神祭――狩俣・島尻村を中心として」、『まつり』第一七号、まつり同好会
沖縄県教育委員会[編]
一九九一『沖縄県歴史の道調査報告書Ⅷ――宮古諸島の道――』、沖縄県教育委員会
沖縄県宮古農業改良普及所[編]
一九九〇『かりまたのいさみが――健康で豊かな里づくりへの提言――』、沖縄県宮古農業改良普及所
沖縄大百科事典刊行事務局[編]
一九八三『沖縄大百科事典』上・中・下巻、沖縄タイムス社

奥濱幸子
一九九七『暮らしと祈り――琉球弧・宮古諸島の祭祀世界――』、ニライ社
一九九八「祭祀と環境――宮古狩俣村落（ズマ）の神行事を通して――」、『沖縄県女性史研究』第二号、沖縄県教育委員会
小野重朗
一九七七『南島歌謡』〈NHKブックス二七五〉、日本放送出版協会
折口信夫
一九七七『古代研究　国文学篇一』、角川書店
折口博士記念古代研究所［編］
一九七六『折口信夫全集』第七巻、中央公論社
加藤九祚
一九七六『天の蛇――ニコライ・ネフスキーの生涯』、河出書房新社
金城厚
一九八九「八重山民謡の音楽形式と詩形」、『文学』第五七巻第一一号、岩波書店
鎌倉芳太郎
一九八二『沖縄文化の遺宝』、岩波書店
鎌田久子
一九六五「宮古島の祭祀組織」、東京都立大学南西諸島研究委員会編『沖縄の社会と宗教』、平凡社
嘉味田宗栄
一九八二『琉球文学小見』、沖縄時事出版
狩俣小学校創立百周年記念事業期成会［編］
一九八八『百年誌』、狩俣小学校創立百周年記念事業期成会
狩俣康子

一九九〇「神事に関わる歌」、日本放送協会編『日本民謡大観(沖縄・奄美)宮古諸島篇』、日本放送出版協会
一九九一「狩俣の神歌」、『南日本文化』第二三号、鹿児島短期大学付属南日本文化研究所
川田順造
一九八八『聲』、筑摩書房
一九九二『口頭伝承論』、河出書房新社
川村只雄
一九三九『南方文化の探求』、創元社
菊川丞
一九九〇「『狩俣文書』とその周辺――宮古島旧記類の時代――」、『関西外国語大学研究論集』第五二号、関西外国語大学
慶世村恒任
一九七六［一九二七］『宮古史伝（初版復刻）』、吉村玄得発行
小島美子
一九七六「宮古島の神歌――その音楽史的発展――」、『芸能論纂』、錦正社
一九八〇「宮古島の神歌とその流れをめぐって」、『沖縄文化研究』七、法政大学沖縄文化研究所
在沖狩俣郷友会［編］
一九八九『在沖狩俣郷友会結成二十周年記念誌　かりまた』、在沖狩俣郷友会
酒井卯作
一九八七『琉球列島における死霊祭祀の構造』、第一書房
酒井正子
一九九六『奄美歌掛けのディアローグ――あそび・ウワサ・死――』、第一書房
桜井徳太郎
一九七三『沖縄のシャマニズム――民間巫女の生態と機能――』、弘文堂

佐々木伸一
一九八三「宮古島の民間巫者と神役――その重層性と分化」、北見俊夫編『南西諸島における民間巫者（ユタ・カンカカリャー等）の機能的類型と民俗変容の調査研究（昭和五七年度文部省科学研究費補助金（総合A）研究成果報告書）』、筑波大学歴史・人類学系
一九八八「カンカカリ達――宮古島その他のシャーマン的宗教者――」、北見俊夫編『日本民俗学の展開――筑波大学創立十周年記念民俗学論集――』、雄山閣
佐々木宏幹
一九九五『宗教人類学』〈講談社学術文庫一一六一〉、講談社
佐渡山安公
一九九三『ぴるます話』、かたりべ出版
柴田武
一九八〇「沖縄宮古語の語彙体系①～③」、『言語』一月号～三月号、大修館書店
島村恭則
一九九三「民間巫者の神話的世界と村落祭祀体系の改変――宮古島狩俣の事例――」、『日本民俗学』第一九四号、日本民俗学会
下地一秋
一九七九『宮古群島語辞典』、下地米子発行
新里幸昭
一九七七「宮古島の神謡――狩俣部落を中心に――」、講座日本の神話編集部編『日本神話と琉球』〈講座日本の神話一〇〉、有精堂
一九七八「狩俣部落の神祭りと年中行事」、外間守善・新里幸昭編『南島歌謡大成Ⅲ宮古篇』、角川書店
一九八〇「狩俣の神々――タービ・ピャーシをもとに――」、『沖縄文化研究』七、法政大学沖縄文化研究所
一九八八「宮古島狩俣の神歌補遺――仲間元のタービと祖神祭のフサ――」、『沖縄文化』第七〇号、沖縄文化協会

一九九六　「ユピトゥシューヌフサ――宮古島狩俣・池間平治家だけに伝承されている神歌――」、『沖縄文化』第八四号、沖縄文化協会
関根賢司
一九八七　「神語りから物語へ」、日本民俗研究体系編集委員会編『言語伝承』〈日本民俗研究体系七〉、国学院大学
平良新亮
一九七八　「神歌の世界」、『宮古研究』創刊号、宮古郷土史研究会
一九八〇　「古謡鑑賞『祓い声』」、『宮古研究』第二号、宮古郷土史研究会
高梨一美
一九八九　「神に追われる女たち――沖縄の女性司祭者の就任過程の検討――」、大隅和雄他編『巫と女神』〈女性と仏教四〉、平凡社
一九九七　「南島の神女の『うた』と『ことば』」、『女性文学の現在』〈東横学園女子短期大学　女性文化研究所叢書第八輯〉
滝口直子
一九九一　『宮古島シャーマンの世界――シャーマニズムと民間心理療法』、名著出版
田里友哲
一九八三　『論集　沖縄の集落研究』、離宇宙社
谷川健一
一九八七　『南島論序説』〈講談社学術文庫七七三〉、講談社
一九九一　『南島文学発生論』、思潮社
谷川健一[編]
一九八九　『巫女の世界』〈日本民俗文化資料集成六〉、三一書房
谷川健一・古橋信孝・島村幸一
一九九三　「南島文学の発生と伝承(鼎談)」、『季刊　自然と文化』四〇［春季号］、日本ナショナルトラスト

玉木順彦
一九九六　『近世先島の生活習俗』、ひるぎ社
田村浩
一九二七　『琉球共産村落之研究』、岡書院
徳丸吉彦
一九八九　「メリスマ」、平野健次他監修『日本音楽大事典』、平凡社
那覇市制七〇周年記念企画「歴史をひらく・琉球文化秘宝展」実行委員会［編］
一九九一　『歴史をひらく・琉球文化秘宝展』、同実行委員会
長浜数子
一九七九　「宮古歌謡ピャーシグイ論（上）――歌謡と場の関連を中心に――」、『沖縄文化』第五二号、沖縄文化協会
名嘉真三成
一九九二　『琉球方言の古層』、第一書房
仲松弥秀
一九七五　『神と村』、伝統と現代社［初版一九六八　琉球大学沖縄文化研究所］
中本正智
一九八三　『琉球語彙史の研究』、三一書房
日本放送協会［編］
一九九〇　『日本民謡大観（沖縄・奄美）宮古諸島篇』、日本放送出版協会
ネフスキー、ニコライ
一九七一　『月と不死』〈東洋文庫一八五〉、平凡社
一九九八　『宮古のフォークロア』、砂子屋書房
野口武徳
一九七二　『沖縄池間島民俗誌』、未来社

野原三義
一九九六「平良市狩俣方言の助詞(一)」、『宮古、平良市調査報告書(一)』、沖縄国際大学南島文化研究所
一九九七「平良市狩俣方言の助詞(二)」、『宮古、平良市調査報告書(二)』、沖縄国際大学南島文化研究所
比嘉康雄
一九九一『遊行する祖霊神［ウヤガン・宮古島］』〈神々の古層三〉、ニライ社
平山輝男［編著］
一九八三『琉球宮古諸島方言基礎語彙の総合的研究』、桜楓社
平良市
一九九九『第二七回　平良市統計書　平成一〇年版』、平良市役所
平良市史編さん委員会［編］
一九八七『平良市史』第七巻・資料編五、平良市教育委員会
福田晃
一九九三「宮古島狩俣聚落の祖神祭〈イダスウプナー〉――芸能発生の一基底として――」、『芸能史研究』一二〇号、芸能史研究会
藤井貞和
一九八〇『古日本文学発生論　記紀歌謡前史』、思潮社
一九九〇『「おもいまつがね」は歌う歌か――古日本文学発生論・続――』〈叢刊・日本の文学八〉、新典社
古橋信孝
一九八二『古代歌謡論』、冬樹社
一九八九『幻想の古代――琉球文学と古代文学――』〈叢刊・日本の文学四〉、新典社
一九九〇「神々の系譜と神謡・神話――宮古島狩俣の伝承」、『奄美沖縄民間文芸研究』第一三号、奄美沖縄民間文芸研究会
一九九一「神謡・神話の発生――宮古島狩俣を中心に」、『現代詩手帖』一〇月号、思潮社

一九九二『神話・物語の文芸史』、ぺりかん社
一九九六a『雨夜の逢引――和語の生活誌』、大修館書店
一九九六b「巫歌と史歌――宮古島」、久保田淳他編『琉球文学、沖縄の文学』〈岩波講座　日本文学史一五〉、岩波書店

外間守善
一九六八「宮古島狩俣の神歌」『文学』一二月号、岩波書店
一九七二a「南島歌謡の系譜(上)」『文学』四月号、岩波書店
一九七二b「南島歌謡の系譜(下)」『文学』五月号、岩波書店
一九七八「宮古の歌謡」、外間守善・新里幸昭編『南島歌謡大成Ⅲ宮古篇』、角川書店

外間守善・新里幸昭[編]
一九七二『宮古島の神歌』、三一書房
一九七八『南島歌謡大成Ⅲ宮古篇』、角川書店

真下厚
一九八四「沖縄説話の源流――宮古の始祖神伝承をめぐって――」、福田晃編『昔話の発生と伝播』〈日本昔話研究集成二〉、名著出版
一九九四「韻文文学〈歌〉の成立」、福田晃他編『伝承文学とは何か』〈講座　日本の伝承文学一〉、三弥井書店
一九九五「神話の表現・叙述――民間神話から文献神話に及んで――」、美濃部重克他編『散文文学〈物語〉の世界』〈講座　日本の伝承文学三〉、三弥井書店
一九九六「民間神話と呪詞」、福田晃他編『民話の原風景――南島の伝承世界――』、世界思想社

本永清
一九七七[一九七三]「三分観の一考察――平良市狩俣の事例――」、日本文学研究資料刊行会編『日本神話Ⅱ』〈日本文学研究資料叢書〉、有精堂
一九九一「宮古狩俣のウヤガン祭祀」、植松明石編『神々の祭祀』〈環中国海の民俗と文化二〉、凱風社
一九九四「神話・儀礼・神歌――宮古狩俣の事例から――」、古橋信孝他編『都と村』〈古代文学講座三〉、勉誠社

山下欣一
一九七七『奄美のシャーマニズム』、弘文堂
一九七九『奄美説話の研究』、法政大学出版局
一九八三「平家伝説」、沖縄大百科事典刊行事務局編『沖縄大百科事典』下巻、沖縄タイムス社
一九九三「ノロとユタ――奄美・宮古諸島の視点から――」、大林太良他編『日中文化研究』五、勉誠社
一九九八『南島説話生成の研究――ユタ・英雄・祭儀――』、第一書房
横山重［他編］
一九四〇『琉球史料叢書』第一巻・第二巻、名取書店
琉球大学沖縄文化研究所［編］
一九六六『宮古諸島学術調査研究報告(地理・民俗編)』、同研究所
一九六八『宮古諸島学術調査研究報告(言語・文学編)』、同研究所
琉球大学民俗研究クラブ［編］
一九六六『沖縄民俗』第一二号、同クラブ
渡邊欣雄
一九八七『沖縄の祭礼――東村民俗誌――』、第一書房
一九九〇『民俗知識論の課題――沖縄の知識人類学――』、凱風社

おわりに

二、三年までは、まちがえたらいけないという集中がある。五、六ケ年、七、八ケ年になると少し油断がくる。それをこえると神歌の順序・意味がわかってくる。元サスが語ったこのことばが、本書をまとめている間、くり返し思いおこされた。

現在の目で学位論文を見直すと、若干の事実誤認が認められる。それでも執筆中は、「まちがえたらいけない」という思いが強かった。そもそも、狩俣の祭儀を対象に研究をはじめるきっかけになったのは、「せっかく勉強しに来たのだから、まちがえないで書いてちょうだいね」というある女性神役のひとことだった。演唱のつど神歌にはヴァリアンテが生ずる。祭儀や神歌についての説明は、尋ねるたびに異なる部分が出てくる。それらを「まちがえないで書く」にはどうしたらよいのか。それらのつじつまあわせをしなければいいのだが、しかし、バラバラなものをバラバラなままにしておくことが学問になるのだろうか。ある神役のひとことが、私の研究の動機となった。

多様であることを指摘するのはたやすい。しかし、それをそのままにしておくことは難しい。もっともらしい説明を加えて落ち着きたくなってしまう。狩俣の神歌を、なんだかわかったような気になって解説しているところが本書の中にも見うけられる。狩俣の神役の成長過程になぞらえると、ちょうど今が油断の期間に相当する。おそらく本書でとりあげた演唱例・インタビュー例を別の機会・人のものと入れ替えると、本文で述べている説明と矛盾することもあるだろう。改稿の過程でそうした事態に出くわす場合があったのでそう思う。そのような時、冒頭のことばが思い出された。論理の全能を夢見て油断がきていると。

ひとりひとり、ひとつひとつ異なっている。ヴァリアンテの海に溺れて思い知ったのはそのことだ。他の社会、他のことを調べたり観察したりする場合にも、大事なことかもしれない。バラバラにしてそのままほうっておくという方法による学問の種を、私は狩俣から受け取ったと思う。

最後になったが、以下の方々に心から御礼申しあげたい。

東京芸術大学［音楽学部・大学院音楽研究科修士課程］でご指導いただいた上参郷祐康氏、蒲生郷昭氏、蒲生美津子氏に。また、同大学民族音楽ゼミナールの各氏に。

総合研究大学院大学［文化科学研究科博士後期課程］でご指導いただいた中西進氏、杉本秀太郎氏、井波律子氏、笠谷和比古氏に。

論文審査で多くの示唆を下さった鈴木貞美氏、光田和伸氏、谷川健一氏、古橋信孝氏に。

狩俣で出会った研究者たちに。とりわけ、奥濱幸子氏、比嘉康雄氏、上原孝三氏、佐渡山安公氏、澤野由佳氏に。それぞれの個性的なフィールドワークから多くのことを学んだ。

国立歴史民俗博物館の民俗研究部の諸氏に。はじめての本の執筆に右往左往している私をさまざまに励ましてくれた。

ラカン派の精神分析家・小笠原晋也氏に。フィールドワーカーが聞きたいことだけ聞いて来る調査であってていいのか、また、フィールドワーカーとインフォーマントとの間で交わされることばを如何に位置づけ、それをもとにどのように研究するのかという問いに取り組んでいるうちに、ことばについてのジャック・ラカンの理論と実践を学んでみたいと思うようになった。小笠原氏との精神分析および氏の主宰するラカンのテクストの読書会における経験は、本書とは不即不離の関係にある。

そして誰よりも、狩俣のかたたちに深く感謝している。アブンマをはじめとする神役・神役経験者のかたがたには、多くのご教示とともに、たくさんの励ましを受けた。ここにお名前をあげることはできないが、ひとりひとりに厚く御礼申しあげたい。

最後に、思文閣出版の林秀樹氏に。狩俣では、神は生きており、畏怖されている。現在継承されていない神役や神歌は多々あっても、近い将来、後継者が出ることを願っている神役たち、神役経験者たちが存在する。もし後継者が定まれば、すぐさま神歌の継承がはじまる。そうした現状を鑑みて、「神歌資料集」としての性格が本書より若干強かった当初の構想に変更を加えることにした。そのことで林氏の手を煩わせてしまった。本書がどうにかかたちを成したのは、林氏のご助力あってのことである。

二〇〇〇年二月

内田順子

⊙著者略歴⊙

内田順子（うちだ　じゅんこ）

1967年　茨城県生
1993年　東京芸術大学大学院音楽研究科修士課程修了
1997年　総合研究大学院大学文化科学研究科博士課程修了
　　　　日本学術振興会特別研究員を経て
現　在　国立歴史民俗博物館民俗研究部助手

宮古島狩俣《みやこじまかりまた》の神歌《かみうた》──その継承《けいしょう》と創成《そうせい》

2000（平成12）年２月20日　発行

定価：本体6,600円（税別）

著　者　内田順子
発行者　田中周二
発行所　株式会社思文閣出版
　　　　606-8203 京都市左京区田中関田町2-7
　　　　電話 075－751－1781（代表）

印　刷　同朋舎
製　本　大日本製本紙工

ISBN4-7842-1036-9　C3039